概説 キリシタン史

浅見雅一
Asami Masakazu

慶應義塾大学出版会

新・日本史特殊II　—キリシタン史—＊目次

序章　キリシタン史料

キリシタン史とは何か

キリシタン史とは、一六世紀中葉に日本にキリスト教が伝えられてから、禁教の時代を経て江戸幕府による「鎖国」に至るまでの、約一世紀にわたる日本におけるキリスト教の歴史を指す。ロンドン大学のチャールズ・ボクサー教授が『日本のキリシタン世紀』(Charles R. Boxer, *The Christian Century in Japan*, London, 1951) を著して以来、この時代は「キリシタン時代」ないし「キリシタンの世紀」と呼ばれている。キリシタンとは、ポルトガル語 'Christão' に由来しており、「キリスト教の」という意味の形容詞と「キリスト教徒」という意味の名詞にあたる。同時代には「吉利支丹」と表記されていたが、禁教の影響によって「切支丹」などと表記されるようになった。現在では、学術用語として「キリシタン」という表記が定着している。

カトリック教会は、大航海時代にポルトガルとスペインというイベリア半島の二つの国の世俗の権力と密接に結びつきながら海外布教を推進した。ローマ教皇がイベリア両国の海外への勢力拡大に権威を与え、その代わりに両国を後ろ盾としてカトリック宣教師達が布教のために海外に進出していったのである。ポルトガルは、アフリカからインドや東南アジア方面に進出し、一六世紀中葉には日本にまで到達した。こうして、日本とポルトガルとの関係が成立し、間もなく日本においてキリスト教の布教が開始された。本書は、この時代の日本の対外関係をカトリック教会の布教事業を軸として捉えることを試みるものである。

キリシタン史は、一六世紀中葉から約一世紀間の日本とヨーロッパとの接触の歴史でもある。日本の対外関係史の一部と見なすことが可能であるが、前近代の国家間のいわば公的関係ではなく、カトリック教会との関係であり、国家を単位とするならば、私的要素の強い関係である。それと同時に、キリシタン史は、イベリア両国の海外進出史の一部として捉えることも可能である。イベリア両国の海外進出において、インド経由のポルトガルと発見されて間もない新大陸経由のスペインとが地球の反対側で交錯する地点がまさしく日本であった。

カトリック教会がイベリア両国王の布教保護権下にあったので、キリシタン史は国家と教会の問題としても捉えられる。また、キリシタン史は、ポルトガル国王の布教保護権下にあったイエズス会と、スペイン国王の布教保護権下にあったフランシスコ会、ドミニコ会、アウグスティノ会という托鉢《たくはつ》修道会の布教史としても捉えられる。当時のカトリック教会においては、修道会が海外に宣教師を派遣し、海外布教を主導していた。これらの修道会は、布教保護権によって後ろ盾とする国家の違いもあって、相互に対立することが頻繁に見られた。日本布教をめぐっても、彼らの間では様々な議論が交わされた。

キリシタン史料の性質

キリシタン史について述べる前に、キリシタン史を研究するための史料について説明しておきたい。キリシタン史料は、国内史料と海外史料に大別される。このうち、キリシタン史の研究のためには、どうしても海外史料が中心になる。海外史料は、イエズス会を始めとするカトリック修道会の宣教師達がヨーロッパの故国や修道会本部に送付した欧文の書翰《しょかん》や報告書がおもなものである。イエズス会がポルトガル系の修道会であったことから、文書はポルトガル語で記されたものが多く、次いでスペイン語、イタリア語、ラテン語となっている。こうした欧文史料は、現在ではおおむね手書きの文書として南ヨーロッパ各地の図書館や文書館に所蔵されている。中でも、ローマ・イエズス会文書館は、最も良質で膨大な史料を所蔵している。一九七〇年代にローマ・イエズス会文書館が一般の研究者にその膨大な所蔵史料を公開

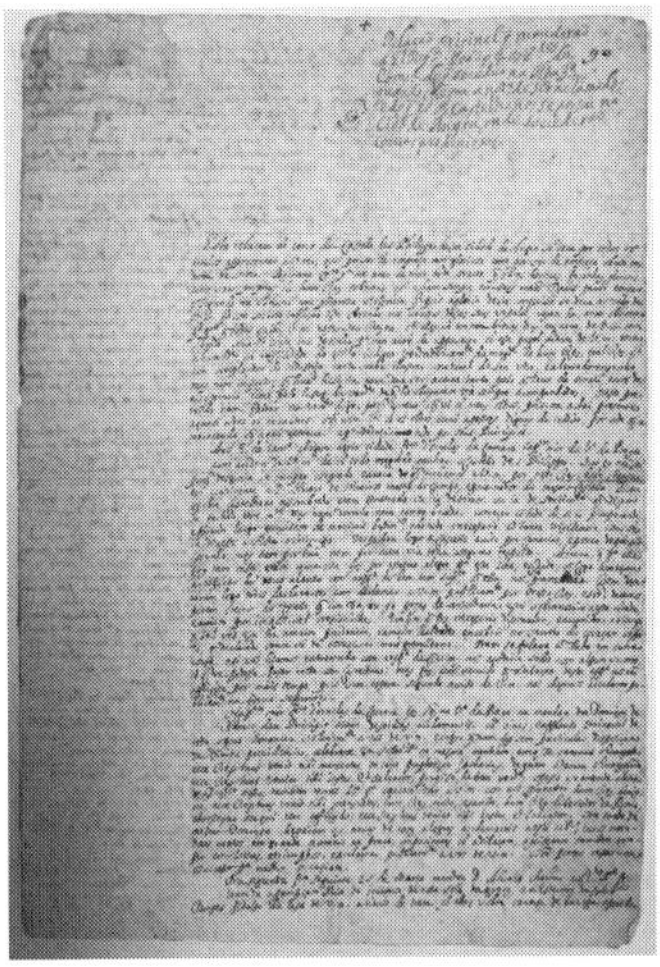
イエズス会員の書翰

したことが、キリシタン史研究の飛躍的向上に寄与することとなった。

キリシタン史料には、禁教令に関する文書、江戸時代の宗門《しゅうもん》改帳《あらためちょう》など日本語の史料も含まれるが、これらは布教活動の実態を示す一次史料であるとは言えない。教理書や排耶書《はいやしょ》は、キリシタン史研究のための史料としては、欧文史料を用いた研究以上の成果を挙げてはいないと言える。しかも、江戸時代における禁教令によって、現存する日本語の史料には内容に著しい偏りがある。したがって、これら国内史料は、たとえキリシタン関係史料に分類することが可能であるとしても、欧文史料に対してはおおむね史料価値が劣ると考えてよい。国内史料を用いた研究にも新たな可能性は秘められているが、日本側の史料にのみ偏る姿勢はキリシタン史研究の核心からは離れている。

イエズス会の書翰や報告書は、布教地からローマのイエズス会本部に送付されるが、中継地点において筆写されたうえで、保管され、その土地のイエズス会士の教化と啓蒙に利用すべきであると『イエズス会会憲』には定められている。ただし、これが常に厳格に守られたわけではない。イエズス会の書翰や報告書は、日本からはインド経由で「長崎→マカオ→ゴア→リスボン→ローマ」の順に送付されることになる。海難事故による文書の喪失を防止するために、通常でも三便、多ければ五便が作成されるが、マカオやゴアなどの中継地点においても写本が作成されることがあるので、現在、同一の書翰や報告書に対して数種類の写本が見られることがある。写本には要約や抜粋があるので、内容は完全に同一というわけではない。

中継地点においては、書翰や報告書がその土地の宣教師の教化のために読み継がれていた。東アジア関係の写本の中で有名なものに、一八世紀中葉にマカオにおいて作成され、現在、リスボンのアジュダ図書館が所蔵する写本集「アジアのイエズス会士」がある。アジュダ図書館は、かつてのポルトガル王宮附属図書館である。この写本集は、一八世紀中葉にポルトガル王立歴史学士院の指示によって、マカオのコレジオ（学院、神学校、神学大学）に保管されていた文書をイエズス会のジョゼ・モンターニャとジョアン・アルヴァレスが多数の筆耕を指揮して組織的に筆写したものである。この写本の中核は、インド経由でポルトガル王立歴史学士院ではなくリスボンのイエズス会日本管区代理部に送付されることとなった。その後、コインブラの修道院に移管されたりしたが、現在はリスボンのアジュダ図書館が所蔵している。マカオに遺《のこ》っていた原本の方は、一八三五年の聖パウロ教会の火災によって焼失してしまったと考えられている。

史料の分類

イエズス会の日本関係文書について、高瀬弘一郎氏は、イエズス会員の書翰、報告書、年報、会議記録、規則、カタログ、会計帳簿に分類している（高瀬弘一郎「イエズス会関係文書」『日本古文書学講座』第六巻、雄山閣、一九七九年）。この分類は、イエズス会のあらゆる布教地の史料に当てはまると考えてよい。ただし、書翰と報告書のように、分類項目によっては相互の境界が曖昧なものもあり、必ずしもすべてが明確に分類できるわけではない。また、会計帳簿のように実際にはほとんど現存していないものもある。このうち、イエズス会史料の基本となるのは会員の書翰である。書翰には、通常は職務上の事柄が記載されるが、それとは直接の関係がない個人書翰も存在する。年報は、各地から送られる「摘要《ポントス》」と呼ばれる個別報告書を基にして作成され、年次報告書としてローマの本部に送付されたものである。

日本においては、大半が長崎において作成されている。通常はポルトガル語で執筆されているが、ヨーロッパにおいてラテン語やイタリア語などに翻訳されたうえで出版されたものも少なくない。すべての年報が印刷されたわけではないが、年報は執筆時から出版が想定されていた。したがって、イエズス会による文書の編纂と出版の歴史は、近年に始まったことではないと言える。布教地からヨーロッパに届けられた書翰や報告書の一部は同時代に出版されており、布教成果の宣伝による教化を意図していた。それゆえ、内容には取捨選択がなされている。年報は布教の早期から執筆されているが、一五七九年にアレッサンドロ・ヴァリニャーノが「日本年報」の執筆を制度化すると、イエズス会員の個人書翰の送付が制限されたので、年報制度の確立は、通信制度の全般的変革を伴っていることになる。

現在、イエズス会の日本関係文書の多くは、南ヨーロッパ各地の図書館や文書館に散在している。かつて布教地の先端であった日本はもちろんのこと、極東地域とヨーロッパとの中継地点であるマカオやゴアにも大量の文書が存在していたはずであるが、現在ではその多くが散逸してしまっている。日本とポルトガルとの関係は、直接の地域としては日本とマカオとの関係になるので、ポルトガルの公文書やポルトガル系修道会であるイエズス会文書については、日本関係文書に分類されていない文書群はおおむねマカオ関係文書に含まれている。スペインとの関係は、直接の地域としてはフィリピンとの関係になるので、大抵はフィリピン関係文書に見出すことができる。

フィリピンを始めとして東アジア各地において執筆されたスペインの文書は、新大陸経由でスペイン本国に齎《もたら》された。しかし、現在、スペインにはインド経由で齎されたポルトガル語の文書も少なからず残存している。イエズス会の文書もまた然《しか》りである。一五八〇年、スペイン国王フェリペ二世が血縁上の理由からポルトガル王位を継承しているが、その後、一六四〇年までのスペイン国王がポルトガル国王を兼ねていた期間にイエズス会文書の一部がポルトガルからスペインに移管されたからである。

ローマ・イエズス会文書館

現在、イエズス会本部内には、ローマ・イエズス会文書館が併設されており、創設以来の膨大な史料が所蔵されている。これは、イエズス会関係文書の中では最大規模のものであり、最も重要な史料群である。元文書館長エドモン・ラマーユ神父によれば、所蔵文書は三種類に大別されるという。（1）一五四〇年の創設から一七七三年の解散までの史料群、（2）一八一四年の再結成以降の史料群、（3）「イエズス会史料」（Fondo Gesuitico）の史料群の三種類である。「イエズス会史料」は、以下のような経緯をたどっている。一八七三年、ローマにあったイエズス会所蔵史料の一部がイタリア政府によって没収された。一九世紀の文書を中心とする同史料群は、一九二四年にイエズス会に返却された後、ローマのジェズ教会に所蔵されることとなった。一九三一年、ローマのイエズス会の本部内にローマ・イエズス会文書館が設立された。一九五一年、同史料群はジェズ教会から同文書館に移管され、現在の「イエズス会史料」となっている。一九九三年、ローマ・イエズス会文書館は、本部建物の改築工事を終え、ほぼ現在の設備と体制になった。その後も何度か閲覧室の改築工事を行なったが、文書庫の整理状況に大きな変化はない。なお、イエズス会本部内には文書館のほかに図書館が設置されており、イエズス会関係を中心とした約七万五〇〇〇冊の書籍が所蔵されている。

イエズス会本部（ローマ）

イエズス会が所蔵する文書の編纂は、ローマにあるイエズス会歴史研究所によって進められてきた（アントニ・ウセレル「ローマ・イエズス会歴史研究所における史料編纂活動——その過去、現在、そして未来」東京大学史料編纂所編『歴史学と史料研究』山川出版社、二〇〇三年）。イエズス会歴史研究所は、イエズス会の歴史を専門とする研究および出版センターである。同研究所は、一八〇四年以降に活動しているマドリードにおいてイエズス会創設者の中心的存在であったイグナシオ・デ・ロヨラの書翰を出版することを意図した数名の聖職者グループに端を発している。一八〇四年の時点では、イエズス会は、ローマ教皇によって解散を命令されているので、一般に存在しなかったことになっている。同出版計画は、一八八九年まで継続しており、当時の総長ルイス・マルティン神父は、「文筆家協会」（Colegio de Escritores）を設立し、『イエズス会記録』（*Monumenta Historica Societatis Iesu*）の出版を指揮した。一九一一年には、同出版計画の拡大が図られた。一九三〇年、総長ウラジミール・レドコフスキー神父は、文筆家協会をマドリードからローマに移転させ、翌三一年にイエズス会歴史研究所を組織した。第二次世界大戦の終結後、イエズス会が所蔵文書を疎開地からローマの本部内に設置されている文書館に移管したことを受けて、同研究所は一時中断していたイエズス会文書の編纂作業を再開した。

同研究所は、マドリードにおける出版事業の期間を含めると、すでに一世紀以上にわたる出版活動を続けている。一九八〇年代までは三〇名近くのイエズス会の司祭がスタッフとして研究に従事していたが、近年の組織改編によって現在は文書館長が所長を兼任するなど運営規模を著しく縮小している。これまでの研究成果は多大なものであり、研究紀要を除いても、既刊の出版物は二五〇冊を越えている。同研究所は、研究紀要 *Archivum Historicum Societatis Iesu*（イエズス会歴史文書）を一九三二年以降刊行しており、各巻末に同研究所の年度ごとの活動を簡略に紹介している。同研究紀要は、一八九四年から一九二四年までマドリードで計六二巻が出版された『イエズス会記録』が、同研究所のローマ移管に伴ってイエズス会の研究紀要になったものである。

イエズス会の日本に関する史料編纂は、ローマ・イエズス会歴史研究所のゲオルク・シュルハンマー神父、ヨゼフ・ヴィッキ神父、ヨゼフ・シュッテ神父、ホアン・ルイズデメディナ神父によって進められてきた。また、イエズス会では、ローマのグレゴリアン大学布教学部のヘスス・ロペス・ガイ神父がキリシタン時代の典礼に関する一連の優れた研究を集中的に発表してきた。イエズス会以外では、一九七〇年代にローマ・イエズス会文書館に所蔵されている文書が一般の研究者に公開されたことを契機として、キリシタン史の研究が飛躍的に進展した。この時期に発表された代表的研究としては、高瀬弘一郎氏の『キリシタン時代の研究』（岩波書店、一九七七年）を挙げることができる。同書は、それまでの殉教を基軸とするキリシタン史に対する認識を一変させた画期的研究である。イエズス会は世界規模で布教を展開してきたので、イエズス会の歴史研究は世界的に注目されるところとなったが、とりわけ日本研究が先駆けとなったのである。

書翰の記述内容

イエズス会史料の中心をなすイエズス会員の書翰の内容について触れておきたい。イエズス会の書翰集を印刷する際、元となる書翰の記述が原文書から著しく削除、改変される傾向がある。それゆえ、研究の際には、原文書に遡及することが重要であると言われる。イエズス会の内部の問題を扱った書翰は、確かに書翰集など印刷物への収録対象にはならないので、研究のためには原文書への遡及が当然のことながら重要になってくる。しかし、印刷書翰集の収録対象となる個別書翰については、イエズス会員は、職務上の書翰以外には私信を勝手に送付できなかったうえに、『イエズス会会憲』には職務上の書翰は教化に役立つ事柄のみを認めるよう規定されている。イエズス会員の書翰の記述内容には、そもそも一定の枠組みが塡《は》められていたのである。それゆえ、日本年報の制度が確立する以前の書翰については、教化に役立たないと判断される内容はそもそも記述されないか、たとえ記述されても原則的に送付は認められなかったのである。したがって、イエズス会員の書翰が書翰集に収録される際、その書翰集が印刷される段階で書翰の記述が著しく削除、改変されることは、初期の段階に限定すれば従来考えられてきたほどには認められないのが実情である。

イエズス会員の書翰が印刷に際して削除や改変がなされるのは、①個人情報と人事記録、②商業活動などの記事を含む場合である。イエズス会員が自分達に関して記した個人情報は、印刷の際には削除することが原則であった。人事記録は、そもそも印刷の対象にはならないが、印刷可能な事項でも次のような事情で削除される場合がある。ある事柄に関与したイエズス会員が後に退会すると、その事柄についての情報がおおむね削除されるが、同時代の刊本のみならず写本においても退会者名を削除した痕跡が確認できることがある。商業活動などに関する記事については、書翰の原文にイエズス会の商業活動の情報が盛り込まれている場合、印刷の際には該当個所を削除すべきであるとされた。ただし、初期の日本発信書翰に限れば、商業活動に関する記事はそれほど多くはないので、実際に削除された事例は多くは認められない。そのほか、書翰の便数の相違によって、複数の書翰に要約などによる精粗が確認できる場合、退会者の情報や商業活動に関する記事がない書翰が選択される傾向がある。

カトリック教会がかつて編纂・出版した史料集は、教化と啓蒙を目的とした布教史料集であるという性格から、その意図に沿わない記述は削除、改変される傾向にあると言われてきた。こうした教化と啓蒙を目的に出版された史料集は、十分な校訂を経なければ研究利用には耐えられるものではない。しかし、イエズス会歴史研究所が編纂・出版している史料集は、特定の目的のために史料の取捨選択がなされたような偏った内容のものではない。イエズス会が所蔵する原文書を中心として校訂した良質なものであり、研究の基礎となるものである。現在のキリシタン史研究は、原文書やこれら良質の史料集に立脚しながらキリシタン史を記述している。

第一章

大航海時代と日本

1　大航海時代の国家と教会

大航海時代

一五世紀に始まる大航海時代とは、いわゆる地理上の発見によって、ポルトガルとスペインというイベリア半島の二つの国が地球規模の発展を遂げた時代である。イベリア両国の海外進出は、スペインの新大陸発見とポルトガルのインド航路開拓に代表される。これらによって地球規模の交通が可能となったのである。新大陸からは大量のメキシコ銀がヨーロッパに流入し、その後のヨーロッパ経済を一変させただけでなく、中国にまで影響を与えるなどして、経済が世界規模で変化していく契機となった。一六世紀前半、ローマ・カトリック教会は、ドイツにおいて発生した宗教改革に対する新たな枠組みを模索していたが、ひとつの打開策として布教保護権を基にしてイベリア両国の国家事業である海外進出の枠組みに乗ることになった。その際に海外布教を主導したのはカトリック修道会であった。カトリック修道会では、世界布教を目的に創設された直後のイエズス会がポルトガルの布教保護権下にあるインドに進出し、スペイン系の托鉢《たくはつ》修道会がスペインの布教保護権下にある新大陸、さらにフィリピン諸島へと進出していったのである。

一五世紀にポルトガルは、エンリケ航海王子（一三九四～一四六〇）の主導の下、植民地を求めて海外進出を試みていた。一四一五年にセウタを攻略した後、一四一九年から二〇年にかけてマデイラ諸島を、一四二七年から五二年にかけてアソーレス諸島を、一四五〇年代にはヴェルデ沖諸島を発見している。アフリカ大陸においては、ポルトガルは西海岸を徐々に南下しており、エンリケ航海王子の没後も探検事業は継続している。一五世紀を通して南下しているが、一四八八年にはアフリカ最南端の喜望峰にまで到達しており、喜望峰からは東へ進出する形となっている。一四九八年にヴァスコ・ダ・ガマ（一四六〇頃～一五二四）は、インドのカリカットに到達し、インド航路を東回りで航海することに成功した。ポルトガルは、リスボン＝ゴア間の航路を確保するために、一五〇五年にソファラ、一五〇七年にはモザンビークに要塞を築いた。一五一一年には、インドにおける最高責任者であるインド副王に任命されたアフォンソ・デ・アルブケルケ（一四五三～一五一五）がマラッカを占領するに至っている。マラッカは、香料を産出するモルッカ諸島に進出するための足がかりとなる場所であった。ポルトガルは、インド航路を確保することによって香料貿易を行なっていたのである。

インド航路は、一五世紀初頭の明代に成祖《せいそ》（当初は太宗）永楽帝《えいらくてい》（一三六〇～一四二四）が宦官鄭和《かんがんていわ》（一三七一～一四三四）に南海遠征を命じたことによってすでに東から西への方向で開拓されていたが、それ以降、中国においては自ら開拓した航路に関心が示されることはなかった。インド航路は、イスラム教徒などによって部分的に使われていたに過ぎない。ポルトガルは、インド航路を発見したのではなく、それまで使われていなかった航路を改めて使ったのである。それゆえ、インド航路は、正確に言うならば、ポルトガル人によって「再発見」されたことになる。ポルトガル人は、かつて中国が開拓した既存の航路の枠組みの中に入り込んだのである。ポルトガルは、インドを中心とするポルトガルの勢力圏を「ポルトガル領インド」（Estado da India）と呼んでいた。当時のポルトガルは、海外に勢力を拡大していたとはいえ、人口は約一〇〇万人に過ぎなかったと考えられている。

布教保護権

カトリック教会が持つ保護権のひとつに、布教保護権（Patronato Real）と呼ばれるものがある。ゲルマン法では、ある教会を設立した領主はその教会の所有権と聖職者の任命権を保持するとされていたが、八世紀にローマ教皇グレゴリウス三世（在位：七三一～四一）は、これを廃止して領主の持つ権利を保護権に変えた。それによって、教会関係の施設を設立した領主は、その教会の所有権を持つだけでなくそれを維持する義務をも負い、従来のように聖職者の任命権ではなく、斡旋権を持つに過ぎないとされたのである。たとえ教会を設立した領主といえども、教会を恣意的に処分できなくなったのである。教会とは、狭義には教会の建物を始めとする施設を指すものであるが、広義にはその概念を拡大してキリスト教圏全域を指すものである。それゆえ、キリスト教圏を教会と呼ぶことも可能であり、「キリスト教界」と表記することもある。

大航海時代には、布教保護権の概念がイベリア両国の海外進出に適用された。布教保護権がイベリア両国の海外進出と植民地支配を正当化することとなったのである。布教保護権に基づいて、植民地の司牧と布教の義務が本国の政府と国王にあるとされ、本国の政府と国王が教会関係施設の設立と運営の義務を負い、司教と宣教師の人物選択に対して権限を持つとされたのである。こうして、布教保護権が大航海時代における教権と俗権との関係を密接なものにしていったのである。

「征服に属する地域」の境界

大航海時代には、ローマ教皇が発給した勅書がイベリア両国の海外進出に対して裏づけを与えていた。ローマ教皇勅書は、イベリア両国が探検事業によって新たに発見した土地に対して発見の都度発給されている。イベリア両国が海外に新たに土地を発見すると、カトリック教会がその土地をイベリア両国の「征服に属する地域」であると見なして、その地域の航海、貿易、布教の独占権、さらに事実上の、あるいは潜在的な領有を正式に承認していたのである。

ポルトガルのアフリカ沿岸の探検事業に対しては、新たな土地が発見されるたびにローマ教皇から大勅書（Bulla）が与えられてきた。ポルトガルがアフリカ西海岸を南下して新たに土地を発見すると、ローマ教皇がポルトガル国王に対して、その都度「征服に属する地域」であることを承認する勅書を発給していた。当初、ポルトガルは、スペインとアフリカ北海岸の領有を競合していたが、やがて西海岸を独占的に南下するようになっていった。ポルトガルの海外進出がアフリカ西海岸を南下する形態を採ったので、ローマ教皇の承認も徐々に南下していった。つまり、ローマ教皇の承認は、緯線を基準として更新されていたのである。

しかし、一四九二年にスペインが新大陸を発見したことによって様相が一変する。緯線ではなく、経線による分割承認が必要となったのである。こうして、ローマ教皇庁がスペインの新大陸とポルトガルのインドをそれぞれ承認することになったのである。一四九三年、ローマ教皇アレキサンデル六世（在位：一四九二～一五〇三）は、五月四日付の大勅書インテル・カエテラ（inter caetera）およびエクジミナエ・デヴォティオニス（Eximinae devotionis）によって、アソーレス諸島とヴェルデ岬諸島の西一〇〇レグアのところを境界として極から極に線を引いて地球を二分割し、東側をポルトガル、西側をスペインのそれぞれ「征服に属する地域」と定めた。この地球二分割を一般に「デマルカシオン」と言う。ここに至って、承認の形態が緯線から経線に変わったのである。なお、アソーレス諸島とヴェルデ岬諸島の西一〇〇レグアの地点の延長線上に極点はないので、この分割線は正確なものではない。

翌九四年六月七日には、スペイン国王フェルナンド（一四五二～一五一六）とポルトガル国王ジョアン二世（一四五五～九五）の間で、この二分割線をヴェルデ岬諸島の西側三七〇レグアのところに変更した。ローマ教皇アレキサンデル六世の分割線を西に平行移動したのである。この変更は、イベリア両国王という世俗の王権の間で成立したものであり、ローマ教皇

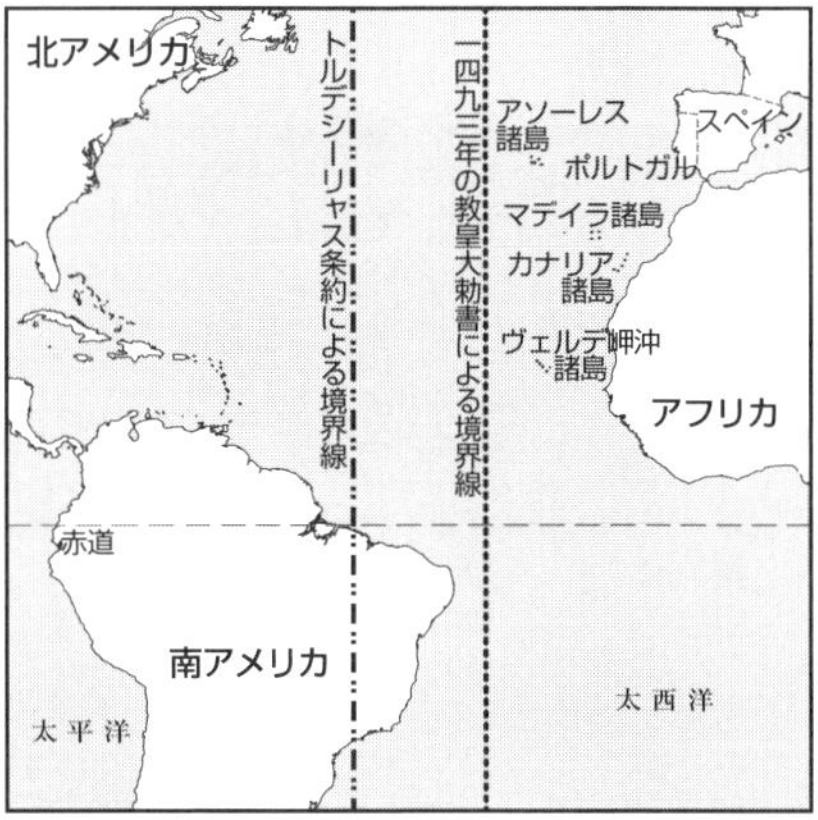

大西洋地図

庁は関与していない。このイベリア両国王の間で交わされた条約は、スペインのカスティーリャにある締結地の名をとってトルデシーリャス条約と呼ばれる。なお、一レグアは、約五・六キロメートルに相当する。

ブラジルの最東端は、ポルトガルとアソーレス諸島の倍あまりの距離であり、正式には確認されていないが、ポルトガルからブラジルには実際には漂着などの形で古くから到達していたと見られている。一五〇〇年四月にポルトガルがブラジルを発見したことを正式に公表すると、その所属をめぐってイベリア両国間で問題が発生した。ローマ教皇アレキサンデル六世の大勅書によれば発見地ブラジルはスペイン領になるが、その後のトルデシーリャス条約によればポルトガル領となることが判明したのである。結局、この問題は、発見地ブラジルをポルトガル領とすることで決着した。スペインがいかなる理由からこれほどまでポルトガルに譲歩したのかは明らかではない。

ところが、地球の反対側である東半球の扱いについては、ローマ教皇アレキサンデル六世の大勅書もトルデシーリャス条約も全く言及していなかった。この後、これは地球の反対側に位置する日本の所属をめぐる問題を引き起こしているが、当初はモルッカ諸島の領有をめぐる問題として提起された。一五二九年四月二二日、イベリア両国の間でサラゴサ条約が締結され、モルッカ諸島がポルトガルの征服に属する地域であることが承認され、大西洋上の分割線は東へ平行移動することとなった。この結果、ポルトガルは、スペインに譲歩してもらった見返りとして多額の賠金を支払うことになったのである。

植民地支配の権原

日本とイベリア両国の関係としては、ポルトガルとの関係は直接的には日本とマカオとの関係になり、スペインとの関係は直接的には日本とフィリピンとの関係になる。ポルトガル系の修道会であるイエズス会の文書は、ポルトガルの布教保護権の下、日本からインド経由でポルトガルに齎《もたら》されている。他方、スペイン系の托鉢修道会の文書は、スペインの布教保護権の下、フィリピンから新大陸のヌエバ・エスパーニャ（メキシコ）経由でスペイン本国に齎されている。布教保護権によって、文書の送付経路が明確に切り分けられていたのである。一五八〇年、ポルトガルの王位が空位となり、スペイン国王フェリペ二世（一五二七〜九八）が血縁上の理由からポルトガル王位を継承することとなった。スペイン国王がポルトガル国王を併称することになったのである。それによって、一六四〇年まで、スペイン国王がポルトガル国王を兼ねていた期間には、イエズス会の文書の一部がポルトガルからスペインに移管されるなど、ポルトガルとスペインの布教保護権は原則的には区分されないものとなったのである。

しかし、フランシスコ・ザビエルがマラッカ総督アルヴァロ・デ・アタイーデによって日本渡航をたびたび妨害されたように、インドや東南アジアにおいてはポルトガルの布教保護権が原則通りに機能していたとは言い難いところがある。インドや東南アジアは、ポルトガルの最先端の海外布教地として本国からはあまりにも離れていた。その反面、フェリペ二世の時代以降も、スペインとポルトガルが同じ国王を戴いていながらも、布教保護権はポルトガルとスペインで別個に機能しており、全く意味をなさないことはなかったのである。

スペインの植民地支配の権原については、カトリック教会の神学者達によって早くから議論されていた。スペインが新たに発見した土地に対する支配は、いかなる法に基づいているのか。スペインは、新たに発見した土地に対していかなる権利を持ち、その土地の住民に対していかなる権力を持つのか。こうした問題に対して、スペインの神学者達が自説を展開していった。サラマンカ大学の神学者達が中心となっていることから、彼らは、サラマンカ学派と呼ばれている。ローマ教皇アレキサンデル六世の世界二分割論が新大陸支配の権原とするには十分ではないことは、サラマンカ学派の神学者達によって早くから主張されていたのである。

サラマンカ学派の筆頭としては、サラマンカ大学の教授を務めていたドミニコ会士フランシスコ・デ・ビトリア（一四九二頃〜一五四六）を挙げることができる。当時の神学教授は、トマス・アクィナス（一二二五頃〜七四）の『神学大全』などの注解を講義していたが、学期の合間に正教授の義務として時事問題を扱う特別講義を受け持つことがあった。ビトリアは、トマスの注解よりもその特別講義によって知られている。彼の特別講義「インディオについて」と「戦争の法について」は、新大陸における法の確立を目指したものである。彼は、スペインの新大陸支配の権原について議論しており、教皇アレキサンデル六世の二分割論によらずともスペインのインディアス支配が正当なものであると見なした。ビトリアの理論は、インディオに抵抗権を認めてスペインの新大陸支配を糾弾したにもかかわらず、結果的には理論的に支配を正当化した側面がある。インディアス支配の権原をめぐるビトリアの議論は、ドミンゴ・デ・ソト（一四九四～一五六〇）やメルシオール・カノ（一五〇九～六〇）らに継承されている。

イエズス会のフランシスコ・スアーレス（一五四八～一六一七）は、歴代のローマ教皇から学識を称賛された当時のカトリック教会を代表する神学者である。スアーレスは、スペインの新大陸支配の権原についてはビトリアの議論を批判的に継承しており、スペインに領有権があることは否定しつつも布教権があることを重視している。布教権に基づいて、スアーレスは、未信者に対しては暴力や武力によって布教を妨害するならば、彼らを征服できると主張している。ビトリアの議論が皇帝教権説であるとするならば、スアーレスの議論は教皇至上権説と呼ぶべきものである。スアーレスの議論は、イエズス会の日本布教にも少なからぬ影響を与えている。

他方、ポルトガルについては、スペインほど権原論が議論されたわけではないが、セラフィン・デ・フレイタス（一五七〇～一六三三）がポルトガルによるアジア支配の権原を議論している。フレイタスは、プロテスタントのオランダ出身のフーゴ・グロティウス（一五八三～一六四五）の『自由海論』（ルーヴァン、一六〇九年）に反駁する形で、『アジアにおけるポルトガル人の正当な支配について』（バリャドリ、一六二五年）を出版した。グロティウスは、ポルトガルのアジア支配の正当性を否定していたが、フレイタスは、ポルトガルのアジア支配が正当なものであるとしてグロティウスの見解を論駁したのである。フレイタスは、ローマ教皇アレキサンデル六世の大勅書がポルトガルのアジア進出の権原であると主張している。フレイタスの議論は、支配の権原論としてはビトリア以前の議論に逆行したものであると言えよう。

布教聖省（Sacra Congregatio de Propaganda Fide）の成立

一六二二年、ローマ教皇庁は、イベリア両国の布教保護権によって俗権と教権とが癒着している状況を打破するために、教皇庁における一省庁として布教聖省を設立した。これによって、布教保護権は、それまでイベリア両国王の下に実践されていたが、布教聖省の管轄下に移行することになった。ローマ教皇庁は、布教聖省の設立によって布教保護権を教権から切り離すことを意図していたが、布教聖省の設立は、かえってカトリック教会が国家の植民地支配を肯定する要素と見られてしまった。その結果、布教聖省の存在自体が、カトリック教会が悪評を受ける原因になってしまった。布教聖省を設立した時点では、オランダやイギリスの台頭によって、イベリア両国の海外進出の占める割合は相対的に低下していた。なお、布教保護権の制度は二〇世紀まで続いたが、第二ヴァチカン公会議によって正式に廃止され、教会法からは削除された。現在、かつての布教聖省の建物がローマ市内に残存しており、布教保護権に関する文書が保管されている。

現在、ローマ教皇庁は、ヴァチカン市国という国家の形態を採っている。その組織は、ローマ教皇を元首として、一二聖省、三裁判所、五官署が設置されているが、それらとは別にローマ教皇の直下に枢機卿団が設置されている。カトリック教会の公職の品級には、司教、司祭、助祭、副助祭、侍祭《じさい》などがある。上品三級は、司祭、助祭、副助祭を指す。下品四級は、侍祭、祓魔師《ふつまし》、読師《どくし》、守門《しゅもん》を指す。修道会は、公職の品級とは別になっており、修道会長（院長）は、ローマ教皇の直下に位置する。修道会には、修道会独自の品級があり、司祭、修道士、神学生などに分類されている。司祭をあえて区別する場合、教会の公職である教区付きの司祭は教区司祭または在俗司祭と呼ばれるが、修道会所属の司祭は修道司祭と呼ばれる。修道司祭の場合、三回ほどの誓願を重ねていくが、イエズス会司祭は最多で四回の誓願を行なう。

キリシタン時代の日本におけるイエズス会の教会には、司祭（神父）、修道士、同宿《どうじゅく》、小者《こもの》、看坊《かんぼう》という位階があった。司祭は、ポルトガル語ではパードレ（Padre）と呼ばれ、修道士は、イルマン（Irmão）と呼ばれる。スペイン語では司祭はポルトガル語と同じであるが、修道士はエルマーノ（Hermano）となる。同宿は、伝道師（カテキスタ（Catechista））を指す言葉であるが、神学生も含んでいる。同宿という言葉は、宿坊に住む者を指しており、本来は仏教用語であったのをキリシタン教会が転用したものである。一六世紀には、日本人のイエズス会士は、ヨーロッパ人聖職者の補助的役割を果たすものとして修道士（イルマン）や同宿の地位に留まっていた。小者は、教会内の雑役を担う者である。看坊は、司祭が巡回によって不在となる教会建物の管理と維持に当たる役職であり、大抵は一般信徒の中の有力者が担っていた。小者と看坊は、いずれも一般信徒などの俗人が就く役職であった。

イエズス会とは

大航海時代、カトリック教会は、プロテスタントに対抗して自らの改革を推進していった。こうした動きは、カトリック宗教改革または反（対抗）宗教改革と呼ばれる。カトリック教会の改革としては、トリエント公会議の開催とイエズス会の創設が挙げられる。一五四五年以降、トリエント公会議が開催され、カトリック教会の様々な方針が確定されていった。他方、イエズス会は、イグナシオ・デ・ロヨラらが設立したカトリック修道会である。修道会の起源は、五世紀頃にローマにおいて共同生活を営む集団が生まれたことに始まる。それが修道院となり、やがて修道会として組織されていったのである。修道会の構成員が修道士である。修道士とは、本来は隠修士《いんしゅうし》、または独住《どくじゅう》修士を指す言葉であったが、修道院において清貧、貞潔、従順の誓願を立てて、特定の規則に従って共同生活を営む男性を指すようになっている。イエズス会の創設は、結果的にカトリック教会の新たな方向を示すこととなった。イエズス会は、カトリック教会の世界布教、とりわけポルトガルの海外進出に伴った東方布教を志向していくことになる。

イグナシオ・デ・ロヨラ（一四九一～一五五六）は、スペインのバスク地方にあるロヨラという町の地方貴族の末っ子として生まれた。イグナシオは、ラテン語読みにするとイグネティウスになる。また、イニゴとも呼ばれる。元来、彼は貴婦人に仕えることを夢見ており、軍人として成功することを願っていた。一五一二年、スペイン国王フェルナンド（一四五二～一五一六）は、フランス侵攻のために、ナバラ王国に侵攻したので、ナバラ王国はフランスと同盟を結んで、スペインに対抗することを選んだ。一五二一年、パンプローナがフランス軍の攻撃を受けると、スペイン側の軍人として籠城していたロヨラは、大砲の弾によって右脚に重傷を負ってしまった。治療のための麻酔もなく、治療技術もない当時にあっては、瀕死の重傷であった。この戦争は、ロヨラにとっては実は勝ち戦《いく》さであったのだが、彼自身は瀕死の重傷を負ってしまったのである。

イグナシオ・デ・ロヨラ

ロヨラは、戦後まで捕虜となっていたが、身《み》請金《うけきん》の支払いによって釈放されると、怪我の治療を本格的に受けることになった。しかし、捕虜の時点での待遇が悪く、怪我の直後に十分な治療を受けていなかったので、右脚の状態が極度に悪化していた。彼の治療は、右脚の骨折部分の不自然な癒着を切開したうえで牽引して引き離すという困難なものであった。この治療は麻酔のない当時にあっては大きな苦痛を伴う過酷なものであったが、彼は苦痛を耐え忍んだ。この怪我のために右脚の手術を繰り返したが、彼の右脚は少し短くなってしまい、生涯にわたって右脚を少し引きずっていたという。彼は、療養中に退屈しのぎに騎士物語を読もうとしたところ、そうしたものがあいにく手許《てもと》になく、やむなく代わりに読んだルドルフ・デ・サクソニア（一二九五頃～一三七七）の『キリストの生涯』とヤコボ・ア・ヴォラギネ（一二三〇頃～九八）の『黄金伝説〔聖人伝〕』に深い感銘を受けた。ロヨラは、傷が癒えるとキリスト者として改心し、「キリストのために戦う兵士」となることを決心した。こうして、ロヨラにとって仕えるべき貴婦人は「キリストの花嫁」である教会になったのである。

一五二二年、ロヨラは、改心の後にモンセラートのベネディクト修道院を経て、隣にあるマンレサに向かった。彼は、そこで托鉢を行ない、洞窟に籠ってひたすら神に祈りを捧げる日々を過ごした。彼は、祈りの日々の中で霊的な体験をしたのであるが、その体験を基にして、後に祈りと瞑想のプログラムである『霊操』を著すことになる。彼は、エルサレムへの巡礼を誓い、実際にエルサレムに向かった。同地にそのまま滞在しようとするが、不安定な政治情勢ゆえにそれが実現できないと悟ると、スペインに戻り、アルカラ大学やサラマンカ大学において勉学を開始した。しかし、彼は、スペインでの勉学には飽き足らず、本格的な神学の勉強が必要であると考えるに至った。そこで、一五二八年に当時神学研究が盛んであったパリ大学に籍を置くことにした。彼は、すでに三〇歳代後半に差し掛かっていたが、パリ大学には七年間にわたって在籍し、ラテン語の初歩から哲学や神学に至るまでの諸学問を勉強した。

イエズス会の創設

パリでは、ロヨラは、当時著名な学寮であったパリ大学の聖バルバラ学院に学んだ。そこでは、若い二人の神学生と時期を異にして同室になった。ひとりは、ピエール・ファーヴル（一五〇六～四六）であり、もうひとりはフランシスコ・ザビエル（一五〇六～五二）である。彼らは、ともに最初のイエズス会員となった。さらに、ロヨラに感化されて、ディエゴ・ライネス（一五〇二～六五）、アルフォンソ・サルメロン（一五一五～八五）、ニコラス・ボバディーリャ（一五〇七～六二）、シモン・ロドリゲス（一五一〇～七九）が加わっていった。七人の中では、ロヨラが最年長であった。これによって、「七人の同志会」が成立したのである。

一五三四年八月一五日、パリのモンマルトルにおいて、ロヨラを始めとする以上の七人の同志達が、清貧、貞潔、エルサレムへの巡礼、そして、もし同地への定住が叶わなければ「より大いなる神の栄光のために」ローマ教皇に世界のどこにでも派遣されることを願うこと、の三つの誓いを行なった。修道会の設立時にこうした誓いをすることはよく見られるが、第三の誓いがイエズス会の特徴であると言われている。三つの誓いは、聖母マリアに捧げられた。この「モンマルトルの誓い」をもって、イエズス会の創設とされている。

一五三七年、ロヨラを含めまだ叙階されていない者達全員が司祭に叙階された。翌年に彼らはローマに赴いたが、この頃からメンバー達は教会内で神学教授などの要職を占めるようになっていた。ロヨラらは、カトリック修道会としての認可を要請することにした。そのために、一五三九年、彼らは上長への服従（従順）を誓い、全部で五項目からなる「基本精神綱要《フォルムラ・インスティトゥティ》」を纏《まと》めた。その第一は、イエズス会の名称を定め、人々の救いと完徳、使徒職としての信仰の保持、霊操、子供の教育を規定している。さらに、第二は、ローマ教皇に特別な従順を誓う第四の請願、第三は、上長とその下にある者の従順と義務、第四は、清貧、イエズス会の特質、聖務日課を共同で唱えないこと、修道服は制定しないこと、などを規定した。

一五四〇年、七人のメンバーを中心とする集団は、ローマ教皇パウルス三世（一四六八～一五四九）によってカトリック教会における修道会として、最初は口頭で、次いで教皇勅書によって正式に認可された。これによって、イエズス会は、カトリック教会における修道会として活動できるようになったのである。イエズス会の第一回総会議が開催され、総長選挙が実施された。その結果を受けて、ロヨラが初代総長に就任した。彼は、一五五六年七月三一日に没するまでその職にあった。ロヨラの没後、七人の同志会のメンバーでもあったライネスが総長職を継承している。

この修道会名には、「基本精神綱要」に謳われているように、スペイン語で通常使われるオルデン（Orden）ではなくコンパニーア（Compañía）が選ばれている。この言葉は、緩やかな繋がりを示す反面、当時の軍隊の「中隊」を意味している。中隊とは、三ないし四小隊から編成されるものであり、同様に三ないし四中隊から大隊が編成される。また、修道会名をイエズス会としたのは、イエズス・キリストの名を冠したものである。イエズス会員は、自らを「主に仕える守衛（兵士）」であると述べているので、イエズス会は、いわば神の軍隊を自認していることになる。一般に、カトリック修道会の組織は、その修道会が成立した時点における国家と時代の特徴を備え、その国家と時代の軍隊組織に類似していると言われる。イエズス会もまた、ルネッサンス時代のイタリアの軍隊の形態を備えていると言われる。

ロヨラは、総長就任後、『イエズス会会憲』と『イエズス会規則』を作成している。ロヨラの没後にこれらは印刷されたが、印刷後は本文には手を加えることなく、総会議によって細則が補足されていった。『イエズス会会憲』は、イエズス会への入会条件と修業規則などを規定したものであり、『イエズス会規則』は、イエズス会士が遵守すべき規則が列挙されている。イエズス会は、これらの規則類によって統制されるカトリック修道会である。『イエズス会会憲』は、イエズス会総長が総会議において選挙によって決められ、原則として終身職であることを規定している。

ポルトガルとイエズス会

イエズス会は、当初はスペインでは認可されず、ポルトガル国王ジョアン三世（一五〇二～五七）の承認を受けることとなった。それゆえ、イエズス会の中心メンバーにスペイン出身者が多いにもかかわらず、ポルトガル系の修道会と見なされている。イエズス会の東方布教は、ポルトガルの布教保護権の下、地球を東回りでインド、東南アジア、さらに日本へと進出していくことになった。これに対して、スペイン系の托鉢修道会は、一六世紀末以降、スペインの布教保護権の下、地球を西回りで新大陸からフィリピンを経由して日本に来ている。イエズス会士も、一七世紀以降はフィリピン経由で来日することがあった。イエズス会は、日本において最初に布教活動を行なったカトリック修道会であり、ローマ教皇庁直属の教区司祭やスペイン系の托鉢修道会が日本布教に参入した後も日本布教において主導的役割を果たしている。

ローマ教皇パウルス三世によって、イエズス会がカトリック教会において修道会として正式に認可されると、各国からの要請に応じて修道会に所属する聖職者の派遣が可能になった。ヨーロッパ各地からイエズス会員を宣教師として派遣して欲しいという要望がローマ教皇庁に寄せられるようになった。ポルトガル国王ジョアン三世は、インドにイエズス会の宣教師を派遣するようローマ教皇に要請した。ローマ教皇の命令を受けて、総長ロヨラは、シモン・ロドリゲスとニコラス・ボバディーリャの派遣を決定した。しかし、ボバディーリャが出発直前に病気になったので、当時ロヨラの秘書を務めており、派遣先が未定であったフランシスコ・ザビエルが彼の代わりに派遣されることになった。ロドリゲスとザビエルは、出発前にリスボンにおいてポルトガル国王ジョアン三世に謁見したところ、国王は同国人のロドリゲスにポルトガルに残留することを命令した。こうして、ザビエルのみがインドに赴くことになったのである。

2　ザビエルのインド・東南アジア布教

ザビエルの出自

日本に初めてキリスト教を伝えた人物して知られるフランシスコ・ザビエルについて見ていきたい。一五〇六年四月七日、ザビエルは、スペインのナバラ王国のザビエル城において誕生した。彼の生地は、スペインとはいえバスク地方である。彼の母国語は、彼自身が述べているように、カステリャーノと呼ばれる標準スペイン語ではなく、それとは全く異なった言語体系に属するバスク語であった。彼の生家は、その地名からザビエル城と呼ばれている。父フアン・デ・ハッスは、ナバラの地方貴族であり、若い頃にはイタリアのボローニャ大学に学び、ナバラ王国の王室会議議長という要職を務めていた人物である。フランシスコは、本来は父のデ・ハッスが姓であるが、出身地からザビエルを姓として名乗っていた。なお、日本において知られるザビエルという発音は英語に近い。かつてはイタリア語風にザベリオと呼ばれていた。ポルトガル語ではシャヴィエルとなるが、スペイン語ではハビエルとなる。母マリア・デ・アスピルクエタの家系も名門であった。母方の大叔父に、ナバラ地方の出身ということから「ナバーロ博士」と呼ばれた神学者マルティン・デ・アスピルクエタ（一四九三〜一五八六）がいる。アスピルクエタは、『聴罪司祭と悔悛者の手引書』と呼ばれる当時広く使用された良心問題の手引書を作成したことで知られている。

ザビエルが幼い頃、一家の運命を一変させる出来事が起きた。一五一一年三月、スペイン国王フェルナンドは、突如、フランス国王ルイ一二世（一四六二〜一五一五）に宣戦布告した。これに対して、スペインはナバラ王国に軍隊の動員を要求するが、ナバラ王国がこれを拒否したので、スペイン軍はまずナバラ王国に侵攻した。父フアン・デ・

フランシスコ・ザビエル

ザビエル城

ハッスは、ナバラ国王の重臣としてスペイン軍に応戦するが敗北を喫してしまう。その結果、一五一五年六月にスペインはナバラ王国を併合し、一〇月にフアンは失意のうちに没してしまう。一五一七年、ザビエル城は、スペインによって破壊が命じられた。現在のザビエル城は改築されたものであり、当時の面影は留めていないと言われる。

スペインと敵対したナバラ王国は、スペインの敵であるフランスと同盟を結ぶことになった。一五二一年五月にフランス・ナバラ連合軍は、パンプローナ城のスペイン軍を攻撃し、陥落させた。この時、後にザビエルの盟友となるイグナシオ・デ・ロヨラは、守備側にいて籠城していたが、砲弾に当たって右脚に重傷を負い、捕虜となった。ロヨラとザビエルの兄ミゲルらは、互いに敵の関係にあったことになる。結局、ナバラ軍はスペイン軍に破れたが、兄ミゲルらは、スペイン国王カルロス一世（神聖ローマ帝国皇帝カール五世、一五〇〇～五八）の恩赦によって故郷に帰還することが許された。

ザビエルの親類には軍人が多く、彼も軍人として成功することが期待されていた。しかし、ザビエルは、聖職者になることを希望していた。兄ミゲルが家督を継ぐので不可能なことではないが、たとえ聖職者となる場合であっても、カトリック教会において司教、大司教、さらに枢機卿などの高位聖職者となって成功することが一族からは期待されていた。恐らく大叔父マルティン・デ・アスピルクエタのようになることが期待されていたのであろう。高位聖職者になれば莫大な聖職禄が得られるので、ザビエル家の再興が可能になるのである。ザビエルは、一族の期待を担って、当時、神学の名門大学とされていたパリ大学に学ぶことになる。

パリ大学で学位取得

一五二五年、ザビエルは、生まれ故郷を離れて、パリ大学の聖バルバラ学院において神学を学ぶことになった。当時のパリ大学は、神学の研究が特に盛んであり、優れた神学者を輩出していた。ザビエルは、パリ大学で神学を学んだ後、神学教授として成功することを望んでいた。ザビエルは、学生とはいえ貴族の出身者としての威厳を保つために、パリ大学では従者を従えて派手な生活を送っていた。当時のパリ大学では、貧しい学生は、裕福な教授や学生の従者をするなどして学費を稼いでいたのである。ザビエルは、裕福な学生として典型的なことをしていたに過ぎなかったのだが、彼の実家にはそれを支えるだけの財力がすでになかった。そうした状況の下、一五二九年七月、母マリアが没した。

一五三〇年、ザビエルは、パリ大学より哲学修士の称号を授与された。彼は、学位の取得後、パリ大学において教鞭を執り始めた。ザビエルにとって、修士学位は聖職者としての成功を約束するものであった。貴族の出身であれば、高位聖職者に就任できる可能性が高い。そうなれば経済的にも豊かになるので、ザビエル家を再興することが可能になる。ザビエルは、故郷近くのパンプローナ司教座聖堂参事会員に選出されるよう準備を整え始めた。彼は、ザビエル城主ミゲルの弟である自分が嫡出子であることを証明する公文書の発行手続きをするよう兄ミゲルに依頼していた。ザビエルは、サラマンカ大学教授であった大叔父マルティン・デ・アスピルクエタと文通しており、大叔父のサラマンカ司教就任を期待していた。貴族出身のザビエルには、大叔父と同様に高位聖職者に就任できる可能性が高いと思われていた。

ロヨラとの邂逅

そうした矢先、ある転機が訪れる。ザビエルは、聖バルブ学院で、貧しい身なりをした中年の神学生と同室になった。彼こそが同じスペインのバスク地方の出身のイグナシオ・デ・ロヨラである。ザビエルは、当初はロヨラを嫌悪していたようであるが、やがてロヨラを知り彼に助けられていくうちに彼に感化されるようになった。その結果、ザビエルは、高位聖職者となる望みを棄てて、ロヨラとともに修道者として東方布教に自身を捧げることを決意するに至った。これは、ザビエルの「大回心」と呼ばれている。

ロヨラは、それ以前にフランス人のピエール・ファーヴルとも同室になっていた。彼らは、ともに最初のイエズス会員となった。やがて彼らに賛同する仲間ができ、「七人の同志会」が成立した。一五三四年八月一五日、ロヨラを始めとする七人の同志達が、パリにおいて「モンマルトルの誓い」を行なっている。

一五三五年三月二五日付、パリ発、ザビエルのオバノスにいる兄ファアン・デ・アスピルクエタ宛書翰には、ロヨラがザビエルに金銭的援助を与えていたことが記されており、異端からも遠ざけてくれたことが記されている。同書翰には、ザビエルの甥がパリ大学を逃げ出したことが報じられており、彼が異端説に染まった可能性があることが示唆されている。「異端」とは、当時ドイツで進行していたルターによる宗教改革の波がパリ大学にまで押し寄せていたことを意味している。

ザビエルにとって、カトリック教会とはいえ修道会に入ることは彼に対する一族の期待を裏切ることを意味していた。修道会に入ることは、それまで彼が目指していた高位聖職者への道を断念することを意味する。それでは、ザビエル家の再興には繋がらないのである。マルティン・デ・アスピルクエタは、当初ザビエルのイエズス会入会に難色を示していたが、やがて彼のよき理解者となった。

ポルトガル領インドの拠点都市ゴア

一五四二年五月六日、前年四月にリスボンを出発したザビエルは、アフリカ大陸を周回して喜望峰を経てゴアに到着した。一六世紀初頭にはビジャプール王国がゴアを支配していた。ゴアは、ヴィジャヤナガル王国への貿易港として繁栄していた。一五〇五年、ポルトガルのマヌエル王（一四六九～一五二一）は、フランシスコ・デ・アルメイダ（一四五〇～一五一〇）に二〇隻の船隊を率いてインドに向かい、三年間駐在することを命じた。アルメイダは、自らインド副王と称して、コチンの要塞を改築してコチン王を戴冠させた。一五一〇年、アフォンソ・デ・アルブケルケは、ゴアを二度の攻撃の末に攻略し、ポルトガル領インド（エスタード・ダ・インディア）の首都とした。

ゴアは、ポルトガル領インドにおける最大の要塞であり、拠点となる都市であった。それと同時に、ゴアは、イエズス会によるキリスト教の布教活動の拠点でもあった。当初、ポルトガル領インドの首都はコチンであったが、一五三〇年にゴアに移行している。インド布教の先鞭を付けたのは、一五〇〇年一一月にカリカットに到着した八名のフランシスコ会士であった。一五三四年、ゴアにフランシスコ会士が来着している。フランシスコ会に続いてイエズス会がインドに進出していくが、それに遅れて、一五四八年にドミニコ会、七二年にアウグスティノ会がそれぞれゴアに来着している。一五三四年一一月三日、ゴア司教区が設置されたことによって、西は喜望峰から東は日本までを管轄地域とする広大な司教区が成立した。一五三八年、初代ゴア司教にフランシスコ会出身のジョアン・デ・アルブケルケが着任した。この頃、ゴアに聖パウロ改宗学院が設立された。

ゴアは、ゴア市長官の支配下にあった。ポルトガル領インドの最高支配者は総督であったが、その一部はインド副王と呼ばれていた。インド副王と呼ばれたのは貴族出身の総督の場合であり、両者の実質上の違いはほとんどない。ポルトガルからインドに赴いたのは、フィダルゴ（紳士または小貴族）、兵士、職人がおもなものであった。彼らは、インドにおいて財を築いた後にポルトガル本国に帰還することをおおむね望んでいたが、実際には彼らのうちポルトガルに帰国できたのはごくわずかであり、多くは現地社会に同化していった。それによって、インドにはキリスト教を信仰する混血児の社会が形成されていったのである。

ゴアのザビエル

ゴア到着後、インドは雨期であったので、ザビエルはしばらくゴアに留まり、布教を行ないながらポルトガル語で「短い公教要理」を作成した。この公教要理は、ジョアン・デ・バロス（一四九六頃～一五七〇）が出版した公教要理を参考にしている。公教要理とは、ローマ教会がキリスト教の教理を簡略に記したものである。「ローマ公教要理」または「カテキズモ」とも呼ばれる。同年一〇月から翌年九月までは、ザビエルは、インド南東部の漁夫海岸において布教を行なった。その後、一時的にゴアに戻った際、ミセル・パウロとフランシスコ・マンシラスに再会しており、一五四二年一月三一日付のロヨラからの書翰を受け取った。一五四三年末にゴア司教の前でロヨラの書式に従って誓願を立てた。一五四四年一月、漁夫海岸に布教のために戻るが、現地のキリスト教徒が教理を何も知らないことを憂慮し、マラバール生まれでタミール語を話すイエズス会士フランシスコ・コエリョの協力を得て、公教要理をタミール語に翻訳している。ザビエルは、タミール語の公教要理を暗記していた。一五四四年にはタミール語に翻訳した公教要理を使用していたことが確認される。六月、ザビエルは、コモリン岬へ向かい、一一月中旬にトラバンコールへ向かった。この頃、ザビエルは、一カ月間に約一万人に授洗したと言われている。一二月、彼は、ゴアに帰還しており、翌四五年一月、コチンに帰還した。その後、ネガパタンとサン・トメの間を往復している。

ザビエルのインド布教は、当初から順調に進んでいたわけではない。一五四四年にジャフナの王は、セイロン島の北部の信者達を殺害している。インドにおいては、こうした殉教が散発的にではあるが実際に起きている。また、当時の未発達の航海技術では、海難の危険も常に存在していた。

ザビエルは、インド向けのタミール語の公教要理を作成しているので、インド布教を長期的計画と考えていたと推測される。この時に彼が作成した公教要理の概略が、後にエンリケ・エンリケス（一五二〇～一六〇〇）の作成したタミール語の公教要理に継承されていると考えられている。しかし、インド布教にはこの公教要理だけでは十分ではなかったようである。インド布教における問題としては、インドの宗教と言語が挙げられる。ザビエルは、インドにおける多民族・多言語の状態に悩まされていた。ザビエルは、インド布教に明確な方向性を見出そうとしたが、結局できなかったのである。

もうひとつの特徴として、インド布教が日本布教の原則を確立する場所となったことが指摘できる。日本布教の原則は、イエズス会がすでに確立させていたインド布教の原則を部分的に変容させることによって成立したとも言える。インド布教は、実際に日本布教の原型となっているので、両者には比較可能な諸要素が見られる。例えば、教会の位階について、イエズス会は、インド教会に設定した位階を日本教会の位階に適用しており、信徒組織についてもインドの信徒組織の形態を日本に応用している。他方、インドと日本では、布教方法を著しく変えた点も見られる。

ところで、蟹の像は、ザビエルの東洋布教の象徴として知られており、絵画のモチーフにもなっている。ザビエルがアンボイナ島からセラム島に船で渡る時、嵐に遭って十字架を海中に落とした。ところが、彼がセラム島に着くと、海岸にいた一匹の蟹がその十字架を掲げていたという。ザビエルについては、奇蹟譚が数多く存在するが、蟹の話はその代表的なものである。

集団改宗の方法

ザビエルは、インドや東南アジアにおいて、集団改宗の方法を実践している。一五四五年一月二七日付、コチン発、ローマのイエズス会員宛書翰において、彼は、トラバンコールにおいて採用した集団改宗の方法について述べている。

その方法とは、次のようなものである。ある村に着いてから村の男性と子供全員を一カ所に集めて、三つのペルソナと唯一の神を公言する。次に、タミール語に翻訳した公教要理を暗唱し、集まった村人達に復唱させる。その後の説教では、公教要理の内容をタミール語で説明する。信仰箇条の各項目について、信ずるかどうかを尋ねて「はい」と答えさせる。そこで、各人に霊名（洗礼名）を書いた紙を与えて、洗礼を授ける。彼らが家に戻った後には彼らの妻達に洗礼を受けに来るよう指導する。

この方法によって、一カ月の間に一〇〇〇名以上の人々が改宗したということである。集団改宗は、ほかの地域でも同様の方法で実施されたものと考えられる。この集団改宗によって、一度に大勢の未信者を改宗させることが可能になるが、集団改宗によるキリスト教徒には信仰を維持することが困難であるという問題が生じていた。彼らは信者とはいえ、公教要理を果たして理解していたのかさえ疑わしかった。ザビエルは、当初は集団改宗を繰り返し行なっていたが、それが決して成功とは言えないものであったことに気づき、やがて集団改宗の方法を放棄している。

国際都市マラッカ

一五四五年八月下旬、ザビエルは、さらに東方への布教を志して、サン・トメを出発するとマラッカに向かった。九月、彼はマラッカに到着した。当時、マラッカは、ポルトガルの植民都市として繁栄していた。

マラッカにおいては、一四世紀末から一五世紀初めにジョホール海峡を制圧した初の強大な国家であるマラッカ王国が誕生した。マラッカを制圧すれば、マラッカ海峡を封鎖できるので、この海域の通行権を容易に独占できる。それゆえ、マラッカは、古来、覇権をめぐる戦乱が絶えない地域であった。明代初期に宦官鄭和は、マラッカを西征の基地としたが、明朝はここを軍事的に重要な拠点として維持しようとはしなかった。マラッカは、やがて東南アジア群島部最大の国際貿易港として繁栄する。一四四二年以降、琉球国の貿易船がしばしば来航していることが、琉球の前近代外交文書集『歴代宝案』によって確認できる。マラッカは、東南アジアの中心的貿易港であると同時に、イスラム教伝播の中心地でもあった。一五一一年、アフォンソ・デ・アルブケルケの指揮の下、ポルトガルがマラッカ王国を攻略し、マラッカを占領した。明朝は、ポルトガルがマラッカを占領したことを認識していたが、あえて奪回しようとはせず放置していた。

　当時の注目すべきことに、一五二〇年代のポルトガルの中国遣使がある。ところが、ポルトガル使節の一員とされるトメ・ピレス（一四六五頃〜一五二四頃）が著した『東洋総記（スマ・オリエンタル）』には、重要と考えられる中国遣使の記事が欠落しているのである。この遣使は、ポルトガル側の史料からは把握できず、明側の『明実録《みんじつろく》』、『殊域《しゅいき》周咨録《しゅうしろく》』などの漢文史料から確認されるに過ぎない。北京における使節の不自然な行動から、偽使ではないかという見解も提示されている。ともあれ、この遣使は、最終的に明朝には受け入れられなかった。この時点におけるマラッカを介した中国＝ポルトガル関係の設立が失敗したことを意味している。

　ザビエルの時代、マラッカは、東南アジアにおけるポルトガルの海外進出とキリスト教布教の最前線であった。リスボン＝ゴア間の航路がポルトガル領インドへのいわば幹線であったのに対して、その先のゴア＝マラッカ間の航路は支線に過ぎなかった。ゴア＝マラッカ間の航路では、ナウ船（ポルトガルの帆船）は船隊を組むこともなく、一、二隻で航行することが多かった。ポルトガルにとってマラッカは、東に位置するモルッカ諸島へ香料を求めに赴くための足掛かりであった。しかも、マラッカ以東への航海では、ポルトガル人は、中国のジャンク船（中国の帆船）の航海圏内に入り込む形となるので、東南アジアの華僑ネットワークと共存していたと考えられる。ザビエルは、マラッカから日本に渡航する際、ポルトガル人のネットワークが利用できず中国人のネットワークに入り込むことになったのである。

マラッカ布教

ザビエルは、一五四五年一一月一〇日付、マラッカ発、ヨーロッパのイエズス会員宛書翰において、マラッカ到着後、マカッサルの人々に布教するために、公教要理をラテン語に翻訳することに着手したことを記している。また、同書翰には、当時サン・トメにいたジョアン（ファン）・デ・エイロというスペイン商人が聖職者となり、マカッサルに行く決心をしたことが記されている。エイロは、イエズス会への入会を希望したが果たせずにフランシスコ会に入会し、その後ザビエルに従っている。

一五四六年一月、ザビエルは、マラッカからアンボイナ島に向かった。六月にアンボイナ島を発ち、七月にテルナーテに到着した。一〇月にモロ島に向かったが、翌四七年一月にテルナーテに帰還した。このように、ザビエルは、インドや東南アジア各地を精力的に巡回しているが、以後の布教の方向性を模索していたからであると考えられる。

一五四七年、ザビエルは、マラッカにフランシスコ・ペレスを派遣しているが、一五五二年一〇月二二日付、広東省《カントン》上川島《かみかわじま》発のペレス宛書翰において、次の季節風を待ってインドに帰還するよう命令している。ペレスの退去後、マラッカにイエズス会士はしばらく常駐していない。ザビエルは、マラッカでは布教上の成果を挙げることはできなかったが、マラッカ布教を一時的なものと考えていたのではない。マラッカ占領時にアルブケルケが設立を命じたマードレ・デ・デウス（ノッサ・セニョーラ・ダ・モンテ）教会は、イエズス会に引き継がれた。一五四五年、ザビエルは、信仰箇条と十戒をマレー語に翻訳して解説を付すつもりであると述べており、マラッカにおいて長期間にわたる布教を行なうことを計画していたことが窺える。このマレー語の信仰箇条と十戒は現存してはいないが、ザビエルの没後も利用されていることが確認されている。

ザビエルは、日本渡航に際して、マラッカ司令官ペドロ・ダ・シルヴァの援助を受けている。彼は、日本に向かうためにポルトガル船を探したが、中国沿岸で拿捕される恐れがあることから、日本に渡航するポルトガル船は見つからなかった。そこで、ザビエルは、やむなく中国船で日本に向かうことになった。マラッカ海峡を航海するポルトガル船は、香料貿易の利潤が期待できる東方のモルッカ方面に赴くものが多く、この時点では中国方面に向かうものはごく少数に過ぎなかった。当時、東南アジア海域を航海していた船の主流は、ポルトガル船ではなく中国船であったことが窺える。

ポルトガル人の渡来と鉄砲伝来

ポルトガル人の初来日は、鉄砲伝来とともに伝えられている。ポルトガル人が鉄砲を持参していたからである。薩摩の僧侶文之《ぶんし》玄昌《げんしょう》（一五五五～一六二〇）が記した「鉄炮記《てっぽうき》」は、日本側の一次史料であるとされている。そのために、半世紀も後に作成された史料であるにもかかわらず、ポルトガル人の日本初渡来の問題を扱う際には尊重されてきた。ポルトガル人の日本初渡来は、一五四二（天文一一）年であるのか、あるいは翌四三（天文一二）年であるのか明確になってはいない。「鉄炮記」などの日本側の史料によれば、ポルトガル人の日本初渡来は天文一二（一五四三）年とされている。しかし、ヨーロッパ側の史料によれば、それはおおむね前年の一五四二年となる。日本側の史料とヨーロッパ側の史料とでは、一年の齟齬が生じていることになる。それでは、両者のうち、果たしてどちらが正確なのかという問題になる。

フェルナン・メンデス・ピント（一五一〇頃～八三）の『遍歴記』（リスボン、一六一四年）は、当時のポルトガルにおける商業出版によるものである。メンデス・ピントは、商人、兵士、宣教師、奴隷などとしてポルトガル領インドを長年にわたって遍歴するという数奇な運命をたどっている。イエズス会に入会していたことさえある。ポルトガル帰国後に経済的必要性に迫られて出版を企画したようであるが、生前には出版は果たせず、没後しばらくして出版された。出版後、同書は大反響を呼び、ヨーロッパの様々な言語に翻訳された。同書は、典型的商業出版であったことから読み物としての性格が極めて強く、史料として使用することは難しいと考えられている。メンデス・ピントは、同書において、自らが日本に初めて渡来したポルトガル人のひとりであると述べているが、ほかの史料からはこれが事実であるとは確認できない。

ポルトガル人の日本への寄港地についても、種子島であるのか、あるいは琉球であるのか、見解の相違が見られる。一五四二年と四三年とで到着地を分けて考える見解としては、イエズス会のゲオルク・シュルハンマー神父は、一五四二年が琉球で、翌年が種子島であると考えている。しかし、シュルハンマー神父の説によれば、「鉄炮記」にはポルトガル人が翌年に同じ場所に「再来」したとなっていることが説明できない。それゆえ、ポルトガル人は、二年続けて同じ種子島に寄港したと考えられている。なお、荒野泰典氏は、この時代の東シナ海の状況を「倭寇的状況」と呼んでいる（荒野泰典「日本型華夷秩序の形成」朝尾直弘他編『日本の社会史』第一巻、岩波書店、一九八七年）。「倭寇的状況」とは、当時の東シナ海が中国人を中心とする倭寇の活動圏内であったことを示している。「鉄炮記」に見える種子島に漂着した船は、ポルトガルのナウ船ではなく、中国のジャンク船であったと推測されている。ポルトガル人は、中国船に同乗することで中国の航海圏内に入り込んで来たのである。

村井章介氏は、ポルトガル人が日本に初めて渡来した年代の比定はヨーロッパ側の史料が正しい伝来年を伝えていると判断している。「鉄炮記」に見える鉄砲伝来後の記述を分析し、鉄砲伝来後の事実経過を考慮するならば、鉄砲の伝播には時差があることを考慮した結果である。村井氏は、「鉄炮記」には事後経過から年代の齟齬があると判断している（村井章介『日本中世境界史論』岩波書店、二〇一三年）。

その一方で、鉄砲は、ポルトガル人の日本渡来以前に倭寇によって中国や朝鮮半島経由で伝えられていたので、伝来が一五四二年か四三年かと年代を検討することに意味はないとする見解がある。その場合、ポルトガル製の鉄砲ではなく、中国や東南アジア製の鉄砲が日本に流通していたことになる。この見解は、おもに宇田川武久氏が提唱している（宇田川武久『東アジア兵器交流史の研究——十五〜十七世紀における兵器の受容と伝播』吉川弘文館、一九九三年）。ただし、宇田川説には、ポルトガル人の来日以前の鉄砲の存在を明確に示す史料が提示されてはいないうえに、当時の日本においてはポルトガル製の鉄砲がいわばブランド化して流通していたことを見落としている難点があると、村井氏に批判されている。

日本人アンジローとの邂逅

一五四七年七月末、ザビエルは、マラッカに帰還したが、この時に大きな転機を迎えることになる。一二月、マラッカにおいて、ザビエルは、友人のポルトガル商人ジョルジェ・アルヴァレスからアンジローという名前の日本人を紹介された。この時、ザビエルは、日本人アンジローに会ったことで日本という国を知ることになり、やがて日本渡航を決意したのである。

アンジロー（一五一一／一二〜没年不詳）については、日本側の史料が確認されておらず、人物の特定はできない。それゆえ、アンジローの漢字名は不詳である。イエズス会の言語学者ジョアン・ロドリゲス・ツヅは、その著作「日本教会史」において、彼のことを「ヤジロー」と表記しているが、同時代の史料は、おおむね「アンジロー」と表記している。アンジローは、二通の書翰を遺しているが、そのひとつである一五四八年一一月二九日付、ゴア発、総長宛書翰において自らの半生を語っている。それによれば、彼は、薩摩国（鹿児島県）出身であり、この時点では既婚者であったという。彼は、何らかの事情によって鹿児島において殺人を犯してしまった。彼の友人アルヴァロ・ヴァスは、彼を逃がそうとしてドン・エルナンド宛の紹介状を書いた。アンジローがどのような立場であったのかは不詳であるが、ポルトガル人の友人がいたことから貿易に関与していたとも考えられている。しかし、アンジローは、この紹介状を間違えてエルナンドではなくジョルジェ・アルヴァレス（生没年不詳）に渡してしまったが、紹介状を読んで事情を理解したアルヴァレスがアンジローをマラッカに逃がした。マラッカにおいて、アルヴァレスは、アンジローをザビエルに紹介しようとするが、すでにザビエルがマラッカを離れた後だったので会うことができなかった。アンジローは、マラッカにおいて受洗を希望するが、この時は教区司祭アフォンソ・マルティンスが彼に洗礼を授けることを拒否した。アンジローは、失意のうちに中国に向かうが、そこでも挫折して再びマラッカに戻ってきた。

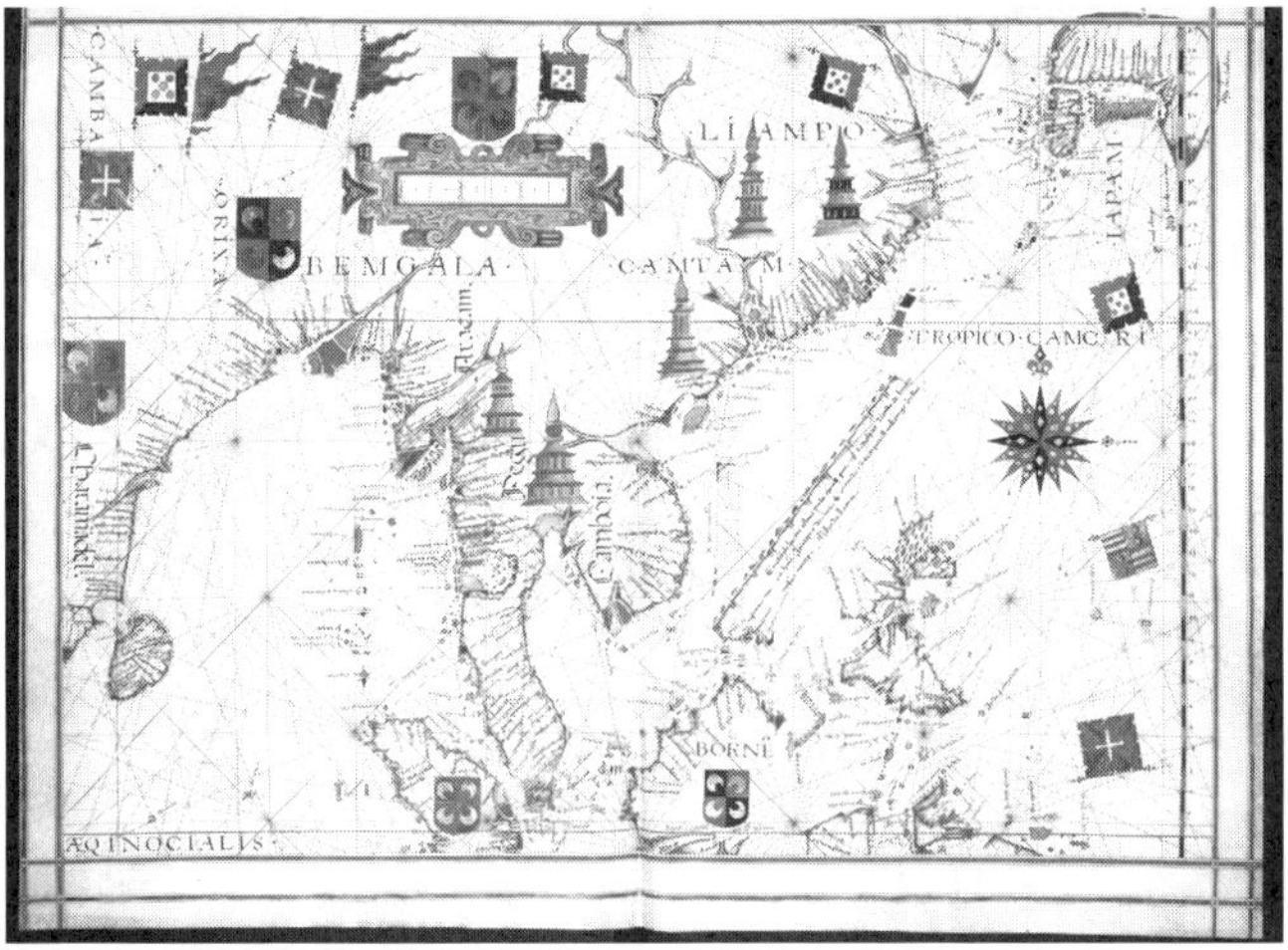

アジア図（フェルナン・ヴァス・ドウラード、1576年）

この時、アンジローは、マラッカにおいてアルヴァレスに再会し、彼からマラッカに来ていたザビエルを紹介された。アンジローは、すでにポルトガル語を習得しており、ザビエルとはポルトガル語で多少の会話ができたようである。ザビエルは、アンジローにゴアの聖パウロ学院に行って学ぶことを勧めた。一五四八年三月、アンジローは、ゴアの聖パウロ学院に入り、直後にゴアにおいてザビエルと再会した。五月に彼は当地で受洗し、「聖信のパウロ《パウロ・デ・サンタ・フェ》」という洗礼名を受けた。ザビエルは、アンジローを通じて日本のことを知り、日本に対して関心を抱くようになったのである。

3　ザビエルの日本布教

日本情報の収集

ザビエルは、マラッカにおいて日本人アンジローに会った後は日本布教の開始を意識しながら行動しており、それはやがて自らの日本渡航の準備に繋がっている。一五四八年一月、ザビエルは、コチンに到着し、同月下旬にコモリン岬に向かった。二月から三月にはセイロン島のカンディ王を訪問した。三月、バサインにおいて総督ジョアン・デ・カストロ（一五〇〇～四八）に謁見し、四月、ゴアに帰還した。一〇月、漁夫海岸に赴き、コチンを経てゴアに一時帰還した後、一二月初旬、再びコチンに向かった。ザビエルは、一五四八年四月二日の書翰には日本渡航を希望していると記しているが、この時点では決意するには至っていない。彼は日本渡航に対して神の意思を感じることができるまで、決意できなかったようである。一五四九年一月二〇日付、コチン発のロヨラ宛書翰において、ザビエルは、自ら日本に渡航することを決意したことを記している。この後、彼は、日本渡航に迷うことはなかった。一五四九年二月、総督カストロに会うためにバサインに向かったが、三月にゴアに帰還して最終的な日本渡航の準備を整えている。四月、日本に向けてゴアを出発し、五月二一日、マラッカに到着し、六月二四日、日本に向けて出発し、八月一五日、鹿児島に上陸した。

アンジローは、日本国内で殺人を犯して東南アジアに逃れてきたが、当時のマラッカは国際都市であり、琉球出身者はもちろんのこと日本人がいたとしても不思議はない状態であった。東シナ海には倭寇が跋扈《ばっこ》しており、ポルトガルの進出圏は倭寇の活動領域とも重複する。ザビエルは、日本布教のために日本の情報、特に日本の宗教の情報を入手しようとしていた。ザビエルは、来日経験のある者からの正確な情報を必要としていた。

ザビエルが入手した日本の情報のうち、いくつかが確認されている。ガルシア・デ・エスカランテは、来日経験のあるディエゴ・デ・フレイタスとペロ・ディエスからの情報を基にして日本の報告書を作成した。エスカランテは、一五四二年にヌエバ・エスパーニャ（メキシコ）からアジア航路の開拓のために出発したビリャロボス艦隊の一員であった。フレイタスは、一五四四年末から四五年初めに日本の情報を提供しており、ディエスは、一五四四年に来日した際の情報を提供した。

ジョルジェ・アルヴァレスは、ポルトガル商人であるが、アンジローを友人のザビエルに会わせるために尽力している。一五四七年、ザビエルは、マラッカにおいてアンジローに会って日本布教に関心を抱き、日本渡航経験のあるアルヴァレスに日本情報の執筆を依頼した。アルヴァレスは、日本情報を同年末に一気に執筆したようである。彼は、貿易によって財を成した富豪であったが、日本情報の内容からかなりの学識の持ち主であったことが窺える。

ゴアの聖パウロ学院院長であったニコラオ・ランチロット（生年不詳～一五五八）は、同学院で学ぶ日本人アンジローが口述した日本情報を記録している。一五四八年の夏頃、ゴアにおいてランチロットによって「第一日本情報第一稿」が作成された。第一日本情報は、布教のために最も重要な日本の宗教事情を中心に記述されている。「第一日本情報第一稿」は、「同第二稿」に改訂されたが、ヨーロッパ人に理解しやすいように手が加えられている。さらに、新たに「第二日本情報」が作成され、第一情報では触れられなかった日本の宗教以外の内容が報告された。

インドや東南アジアには、いわゆる聖トマスのキリスト教徒が存在している。これはイエズス・キリストの十二使徒のひとり聖トマスがインドにおいて没したという伝説に由来した命名である。実際には、彼らはローマ・カトリック教会のキリスト教徒ではなく、シリア・マラバール系のキリスト教徒であると推測されている。彼らが存在する以上、ザビエルにとっては、インドや東南アジアはキリスト教が初めて伝えられる土地ではないことになる。インドや東南アジアにおいては、布教はキリスト教世界の拡大ではあり得ない。そうしたこともあって、ザビエルは、来日以前から日本におけるキリスト教布教の事実を調査している。日本における聖トマスのキリスト教徒の調査である。その結果、日本にはキリスト教徒が存在しないことが判明した。来日時には、ザビエルは、自分が日本における最初の布教者であることを認識していた。

ザビエルの足跡

ザビエルは、マラッカから中国船に乗って日本に向かった。当時の東南アジア海域は中国船の活動圏内であった。船長のアヴァンは、ラドロン（Ladrão, 盗賊）と呼ばれる中国人であった。日本に向かう途中、アヴァンは貿易のために中国沿岸部の島々に立ち寄っているが、彼が貿易を行なっていたからであると考えられる。ザビエルは、日本渡航を最優先に考えていたので、これに苛立っていたようである。一五四九（天文一八）年八月一五日、ザビエルは、コスメ・デ・トーレス（一五一〇〜七〇）、ジョアン（ファン）・フェルナンデス（一五二六頃〜六七）、アンジローらとともに鹿児島に上陸した。来日直後はアンジローが一行の通訳兼案内役を務めていたと考えられる。ザビエルは、鹿児島において薩摩藩主島津貴久に謁見しているが、貴久はキリスト教には関心を示さなかったようである。この頃、ザビエルは、鹿児島において島津氏の菩提寺である福昌寺の東堂（住持）の忍室《にんじつ》（生年不詳〜一五五六）と親交を深めている。当初は、アンジローがザビエル一行の通訳を務めていたと考えられるが、そのせいもあって日本人にはキリスト教が「天竺宗《てんじくしゅう》」であると受け取られ、インドから渡来した仏教の一派であると見られていた。

一五五〇（天文一九）年、ザビエルは、アンジローを彼の出身地でもある鹿児島に残して、トーレスとフェルナンデスを従えて平戸へ移動した。鹿児島に残ったアンジローのその後は知れない。平戸領主松浦隆信は、キリスト教に入信こそしなかったが、ザビエル一行には好意を示したようである。一〇月、ザビエルは、トーレスとフェルナンデスを平戸に残して山口に移動し、山口領主大内義隆に謁見した。一二月、彼は天皇に謁見するために京都に向かった。ザビエルは、天皇に謁見して日本全国の布教許可を受けようと考えており、京都は彼にとって来日前からの目的地だったのである。

ザビエルの説教図

一五五一（天文二〇）年一月、ザビエルは、京都に赴いたものの、予想に反して天皇には権力がなく、応仁の乱以降は京都が長期間にわたって荒廃していたことが分かったので、京都布教を断念した。そこで、ザビエルは、三月に平戸に戻り、さらに布教の拠点を設定するために翌月には山口に移った。山口において大内義隆に改めて謁見し、贈物を進呈し、布教許可を受けている。この頃、ザビエルは、布教の際にキリスト教の神の訳語として「大日」を使うことを放棄したようである。琵琶法師であった日本人イルマンのロレンソが活躍したのも同じ頃である。同年、豊後《ぶんご》府《ふ》内《ない》（大分）にポルトガル船が到着しているが、豊後国主の大友宗麟（義鎮《よししげ》）は、ポルトガル貿易の利益を考慮したこともあってキリスト教を庇護している。宗麟は、ザビエルに会っており、早くからキリシタンの教えに関心を寄せていたが、神仏への信仰を棄て切れなかったうえに、側室の問題もあって受洗はできなかった。宗麟が受洗したのは、かなり後の一五七八（天正六）年のことであり、洗礼名をフランシスコとしている。

神と「大日」

ザビエルが当初はキリスト教の神の訳語として大日如来を意味する「大日」を用いたために、日本人はキリスト教を仏教の一宗派として捉えてしまったようである。これはザビエルの通訳を務めた日本人アンジローの無知によるところが大きく、誤解に気づいたザビエルが、神をラテン語のデウスのまま表すに至ったと言われている。ゲオルク・シュルハンマー神父は、ザビエルが神を「大日」と表現したことを後代の史料を用いて論証している。シュルハンマー神父は、ザビエルの「大日」使用は布教上の失敗であったと考えており、この見解は一般的なものになっている。ザビエルが神を「大日」と訳したことは、単に教会用語の問題に留まらない。ザビエルが神を「大日」と表現したのならば、当然そこにはザビエルの世界観や布教観が関わっているはずである。「大日」は神ではないとして、それを否定したことには、布教観自体が転換していなければならないことになる。

イエズス会士ルイス・フロイス（一五三二～九七）は、著書「日本史」において、ザビエルが「大日」を後に否定したことを述べている。山口において、ザビエルが大内義隆に謁見した際にキリスト教の神について述べたところ、同席していた真言宗の仏僧達から、自分達の教えと同じものであると言われて歓迎された。しかし、数日後、キリスト教の教義について仏僧達にさらに詳しく尋ねたところ、知らないことが多かったとして、キリスト教の神を「大日」に当てることを否定したことになっている。ザビエルは確かに「大日」がキリスト教の神であることを否定しているが、それ以前にザビエル自身が「大日」が神であると述べたとは記されていない。イエズス会のシュルハンマー神父は、一六一八年一二月二五日付、マカオ発、総長宛、カミロ・コンスタンティオの書翰を引用することによって、ザビエルが「大日」を神であると説明した事実を立証している。ザビエルの没後実に半世紀以上も経って執筆された書翰に、その事実が記されていたのである。ザビエルの布教を後継した宣教師達にとっては、ザビエルが神の訳語として「大日」を使用したことは共通の認識であったが、それは必ずしも評価できることではなかったので書き遺すことが躊躇される事実でもあったと考えられる。

ザビエルによる「大日」の採用は、期せずして日本におけるキリスト教の神の本地《ほんち》垂迹《すいじゃく》を意味する行為になり、結果的に、キリスト教の神が本地であり、それが日本において「大日」として垂迹することになってしまった。それではキリスト教ではなく、仏教の布教になってしまう。日本におけるキリスト教徒の発見であるはずのものが、反対に日本の価値観に組み込まれてしまったのである。

「大日」使用が本地垂迹という発想を採用することを意味している以上、その放棄は本地垂迹の発想から脱却することを意味する。キリスト教用語の使用を原語主義に徹したことから、ザビエルは布教の方法論において自己否定を余儀なくされたことが窺える。「大日」の否定による信者の離教と混乱は覚悟していたであろうが、ザビエルにとっては、布教の表面的成功はさして重要ではなかったのであろう。「大日」の放棄は、同時に非キリスト教世界にあってはキリスト教が違う形で存在するという考えの否定でもある。これ以降、キリスト教の神は、日本に姿を現してはおらず、キリシタン時代になって初めて日本に伝えられたものと見なされるようになった。

「大日」使用の放棄は、その言葉がキリスト教の神を指すのではないことにザビエルが気づいたからであるが、結果的にそれまで意図していなかった仏教とキリスト教の本地垂迹を否定することになったことを意味する。そこで、キリスト教伝来以前に没した日本人の救済が問題となったのである。これに対する説明としては、自然法とも言える十戒を遵守していれば、神の存在を認識していなくても救いの対象となり得るという「潜在的キリスト教徒」とも言うべき論理を想定している。トーレスの発案であったと考えられるが、フェルナンデスの影響も濃厚に反映していたのであろう。この説明方法はザビエルに受け入れられ、その後の日本におけるイエズス会士達にも基本的に継承されているのである。

ザビエルの中国布教の夢

ザビエルが日本において実際に布教活動を行なったのは、わずかに二年三カ月であった。一五四九年一一月五日付、鹿児島発、ゴアのイエズス会士宛の書翰では、彼は、中国布教の可能性に言及しており、今後自分に一〇年の寿命があるならば、一定の成果が見られるだろうと述べている。彼は、日本を離れた後に一五五二年二月中旬にはゴアに帰還したが、この時点で、次は中国へ赴くことを決意していた。彼は、ディエゴ・ペレイラを特使として中国皇帝への使節として赴けば安全な入国が可能であろうと考えた。ザビエルは、一五五二年四月七日付、ゴア発、ポルトガルのシモン・ロドリゲス宛書翰には、中国に赴く決意を記しており、今後数年間の寿命があるならば、三年ないし四年を中国布教に当てて、一度インドに戻った後に日本ないし中国で生涯を終えたいと考えていると述べている。

ザビエルは、日本布教に多大な期待を抱いて来日している。彼は、日本人の資質を高く評価しており、日本人の改宗に期待していた。こうしたことは、中国に対しても同じであり、ザビエルは日本布教に区切りをつけたら、中国布教に取り掛かろうとしていた。中国を自らの布教活動の最終目的地として定めていたようである。しかし一方で、ザビエルは、中国布教の理由として、中国人をキリスト教に改宗させることができれば、中国の文化を尊重し、多大な影響を受けている日本人も改宗するに違いないと考えていた。この文脈に従えば、中国布教が日本布教の手段であることになる。しかも、ザビエルは、自らの逝去の地を中国ないし日本としている。このように、ザビエルにとっては、日本はあくまでも特別な存在であったと見ることもできる。

アタイーデとの確執

マラッカはゴア司教区に属しており、司教代理ジョアン・ソアーレスが駐在していた。ザビエルは、一五五二年六月、マラッカ司令官アルヴァロ・デ・アタイーデから日本渡航を妨害されていると訴えている。この妨害に対して、ザビエルは、教皇使節に任命されていることを挙げて、破門が可能であることをアタイーデに説明するよう求めている。実際、一五四〇年と四四年にはローマ教皇パウルス三世が、一五五〇年にはローマ教皇ユリウス三世が、ザビエルにそれぞれ回勅を与えていた。しかし、アタイーデは、ソアーレスの仲介に応じなかった。一五五二年七月、ザビエルはゴアにいるガスパール・バルゼオに、アタイーデを破門したので、この事実をゴア司教が公表するよう促して欲しいと働きかけている。しかし、ソアーレスがアタイーデの報復を恐れたために彼の破門は公表されず、この問題が解決することはなかった。

マラッカには、イエズス会士だけでなく教区司祭も駐在していた。一五五二年一〇月二二日付、上川島発、マラッカのフランシスコ・ペレス宛書翰において、ザビエルは、マラッカのマードレ・デ・デウス教会をイエズス会に与える旨を明言した証明の写しを渡すことで、司教代理ソアーレスをはじめ誰も介入できないように処置した。ヴィセンテ・ヴェイガスに委ねるよう要請した。ゴア司教アルブケルケが同教会をイエズス会に与える旨を明言した証明の写しを渡すことで、司教代理ソアーレスをはじめ誰も介入できないように処置した。ヴェイガスは、一五四五年にマカッサルに派遣され、四八年頃にマラッカに戻ったと推測される。ザビエルは、マラッカから日本に赴いており、日本からマラッカに帰還した後は、アタイーデの妨害を受けながらも中国布教の可能性を模索している。一五五一年一一月一三日付、上川島発、フランシスコ・ペレスとガスパール・バルゼオ宛書翰において、彼は、布教活動を妨害するアタイーデの破門を公表するよう再度要請している。

ザビエルは、中国に向かおうとしたが、彼を鎖国状態の中国に運ぶ船が確保できずに苦労している。彼は、ポルトガル国王の使節として中国に入国することを考えたが、それでも危険であることに変わりはなかった。ザビエルは、マラッカからイルマンのアルヴァロ・フェレイラと中国人アントニオを従えて広東省の上川島に上陸するが、一一月二一日に熱病に罹ってしまい、そこから移動できなくなる。フェレイラは、中国入国に不安を抱いていたが、それを見たザビエルは彼をイエズス会から退会させてしまう。一五五二年一二月三日、ザビエルは、中国大陸を目指しつつ上川島で死去した。

ザビエルの遺体

ザビエルの死後、遺体は一時上川島に埋葬されていたが、三カ月半後には上川島からマラッカを経てゴアへ運搬されることになった。そこで、墓を掘り起こしてみると、遺体は腐敗も損傷もしていなかった。高温多湿という気候などの条件が悪いにもかかわらず、遺体が腐敗しなかったことは、聖人伝説にはよく見られる現象であり、それ自体が聖性を示すものとされている。ザビエルの場合も、例外ではない。現在、ザビエルの遺体は、一部切り離された部分があるとはいえ、ミイラ化した状態でゴアのボン・ジェズ教会に保管されている。

ペレスがインドに発《た》って以来、マラッカにイエズス会士は常駐していなかった。そこで、ザビエルの遺体は、友人であったディオゴ・ペレイラらによって迎えられた。マラッカ司教代理ソアーレスや教区司祭ヴェイガスは、この時点でマラッカに駐在していたはずであるが、イエズス会の史料にそのことは見えない。マラッカでの埋葬には適切な方法が採られなかったようである。ザビエルの遺体は棺から取り出され、丘の聖母教会に埋葬されたが、その際に遺体の首を折ってしまい、ほかにも数カ所を損傷している。こうした不適切な扱いは、ザビエルとマラッカ司令官アタイーデとの不和によって生じた可能性があることが示唆されている。マラッカ司令官ペドロ・ダ・シルヴァはザビエルの活動を援助しているが、後任のアルヴァロ・デ・アタイーデは、反対に活動を妨害している。ゴアではザビエルはインド副王から物資の援助を受けているが、マラッカ司令官アタイーデからそれを取り上げられてしまった。ソアーレスとヴェイガスは、恐らくザビエルとアタイーデの問題に関与したくなかったのであろう。

イエズス会では、ザビエルの遺体を引き取るために、メルシオール・ヌーネス・バレートがゴアからマラッカに渡航している。彼は、マノエル・デ・タヴォラとファン・デ・ベイラ、日本から来たペドロ・デ・アルカソーヴァとともにザビエルの遺体をゴアに運搬した。マラッカでザビエルの遺体がきわめて粗末に扱われたのとは対照的に、ゴアでは遺体は全市を挙げて熱烈に歓迎されたことが伝えられている。マラッカにはイエズス会の影響力が強くはなく、一五五四年にはアントニオ・ヴァスが駐在しているが単独の駐在であり、その規模はコレジオがあったゴアとは比較にならなかった。

ザビエルとロヨラ

総長ロヨラは、ザビエルが日本布教を終えて無事にインドに帰還したことを祝福している。一五五二年一月三一日付、ローマ発、ロヨラのザビエル宛書翰には、同年にはザビエルからの書翰を受け取っていないことが記されている。この時点では、ロヨラは、ザビエルにインド布教を継続してもらいたかったのか、具体的に指示を与えることはしていない。この頃、ポルトガルにおいては、イエズス会の内訌《ないこう》が続いており、ロヨラは、総長として打開策に頭を悩ませていた。

ロヨラは、ザビエルが中国に赴こうとしたが果たせぬまま一五五二年一二月三日に広東省の上川島に没したことを、しばらく把握していなかった。そのために、ロヨラは、ザビエルの没後半年以上が経った翌年、彼に対してヨーロッパに帰還するよう命令した書翰を執筆している。一五五三年六月二八日付、ローマ発、ロヨラのザビエル宛書翰には、ザビエルがヨーロッパにおいてインド布教を主導することを期待する旨が記されている。ザビエルがイエズス会の中枢部にあって布教地インドに指示を与えることを意味する。ロヨラは、インド布教をほかの会員に委ねるべきことをザビエルに指示しており、何としてでもザビエルをヨーロッパに帰還させたかったことが窺える。ロヨラは、ザビエルを自分の後任の総長に就任させようと考えていたようである。総長職は、『イエズス会会憲』において規定されているように、会員の選挙によって決められるので総長の一任で決めることはできないが、ザビエルがロヨラの意思に従ってヨーロッパで指導的役割を果たすことは、来《きた》るべき総長選挙に恐らく有利に作用していたであろう。しかし、それも果たせぬこととなってしまった。

ロヨラは、自らの没後、イエズス会が拡大に伴う周囲との軋轢や内部の問題を抱えていることを深く憂慮し、自身の没後にはイエズス会が崩壊してしまうのではないかと危惧していた。そうした状況にあって、イエズス会の抱える様々な問題を解決できるのは、インド、東南アジア、さらに日本における布教事業を成功させたザビエル以外にはないと、ロヨラが考えたとしても不思議はない。ロヨラは、総長としての激務に加えて健康にも不安を抱えていた。ザビエルをローマに呼び戻そうとしたことに、ロヨラのザビエルに対する評価と信頼のほどが窺えよう。

ザビエルとポルトガル

ザビエルの時代には、マラッカはポルトガルのモルッカ進出の拠点の色彩が濃く、ポルトガルが中国や日本に進出するための中継地点としては機能していなかった。ザビエルの布教は、ポルトガルの布教保護権に依存してきたが、マラッカにおいては、ゴアとは異なり、ポルトガルの布教保護権が十分に機能していたとは言い難い。ザビエルの活動をマラッカ司令官アタイーデが妨害したことは典型的な例であろう。マラッカは、当初はゴア司教区に属し司教代理が常駐するに過ぎなかったが、一五五八年にゴアが大司教区に昇格すると、司教区に昇格し、マラッカ司教が駐在することになった。初代のマラッカ司教は、ドミニコ会出身のジョルジェ・デ・サンタ・ルジアであった。コレジオが設立されたうえに、マラッカ司教はイエズス会のマードレ・デ・デウス教会以外にも教会を設立することを計画したが、キリスト教徒は、この時点では依然として少数であった。サンタ・ルジアは、一五七七年まで、マラッカ司教を務めた。

一五五八年以降に日本に来航したポルトガル船は、判明している限りでは、ほとんどがマカオ発となっている。マカオ建設の年代は正確には特定できないが、一五五七年頃であろうと考えられている。ゴアからマカオを経由して日本に来航した船は、マラッカ海峡を通過しているとは考えられるが、日本来航前の最終寄港地がこの時期からマラッカからマカオに移行している。マラッカは、キリスト教布教の拠点として十分に機能していなかったが、マカオ建設後は重要性をさらに低下させてしまった。マラッカにおいては、キリスト教の布教はポルトガル国家に完全には依存してはおらず、布教保護権の理念は体現されていなかった。そこで、イエズス会は、マラッカ以北にキリスト教布教の拠点を必要としており、それがマカオの建設に繋がったのである。一五七六年、マカオはマラッカ司教区から独立した司教区に昇格した。

ザビエルの書翰と伝記

ザビエルは、ヨーロッパを離れた後は多忙な布教活動に従事していたので、纏まった形の著作を遺してはいない。それゆえ、彼の思想や活動は、わずかに遺された彼の書翰から探ることになる。それとて遠隔の布教地から認めたものゆえ散逸してしまったものが少なくないはずである。ザビエルの書翰は、自筆原本、写本、ほかの原語に翻訳されたものをも含む刊本などの形態で確認される。イエズス会の研究者ゲオルク・シュルハンマー神父とヨゼフ・ヴィッキ神父は、残存するザビエルの書翰を網羅的に調査し、ザビエルの書翰集を編纂した。この書翰集は、ザビエル書翰集の決定版であると言われている。

ザビエルの伝記も、没後間もなくからイエズス会士達によって執筆されている。オラシオ・トルセリーニ（一五四五～九九）の『フランシスコ・ザビエルの生涯』（ローマ、一五九四年）は、ザビエル伝としては最初に刊行され、広範囲にわたって流布したものである。同書は、一五九六年にラテン語の再版、一六〇〇年に三版、スペイン語版、〇五年にイタリア語版、翌〇六年に同再版、〇八年にフランス語版が出版されており、その後もヨーロッパ各地において多数の版を重ねている。また、ジョアン・デ・ルセナ（一五五〇〜一六〇〇）によるポルトガル語の『フランシスコ・デ・ザビエルの生涯』（リスボン、一六〇〇年）は、トルセリーニによる伝記と並ぶザビエル伝として後世のザビエル観に多大な影響を及ぼしたものである。

伝記の作成は、その人物の列聖列福のための事蹟調査という意味を持っている。列聖列福のためには、その人物の正確な情報が必要だからである。ザビエルは、一六一九年には福者に列せられ、二二年にはロヨラと同時に聖人に列せられている。ザビエル伝は、すでに同時代から聖人伝として人々に親しまれてきた。インドにおけるザビエルの事蹟調査は、列聖の後もたびたび実施されている。

4　キリシタンと日本の政権

山口の大内氏

山口は、ザビエルが訪れた時点では領主大内義隆の支配下にあって、ある程度安定した状態を保っていた。ザビエルは、義隆の招きに応じて謁見しており、その際、キリスト教の教義を彼に説明している。結局、ザビエルは、義隆から布教の許可を得られなかったが、布教活動は事実上黙認されていたようである。その後、ザビエルは、大友宗麟（義鎮）の招きによって、一五五一（天文二〇）年九月に山口を離れて豊後府内に向かっている。山口には、トーレスとフェルナンデスが残留してザビエルの後を受け継ぐこととなった。キリシタンの教えをめぐる議論として知られる「山口の宗論」は、こうした時期になされたものである。山口は、ザビエルが離れた後、大内氏の家臣であった陶隆《すえ》房（晴賢《はるかた》）の謀反によって義隆は自害に追い込まれるなど、混乱した状態に陥ってしまった。しかし、義隆の甥で、大友宗麟の弟でもある大友春秀（大内義長）が領主に迎えられると、山口は再び安定を取り戻した。

山口の領主大内義長は、トーレスに「大道寺」、すなわちキリシタン教会の創建を許可している。天文二一年八月二八日（一五五二年九月一六日）付の義長の判物《はんもつ》は、「大道寺允許状《だいどうじいんきょじょう》」とも呼ばれている。一五七〇年にコインブラにおいて出版された『イエズス会日本書翰集』には、同文書が日本語で、しかも漢字を用いたうえで、ポルトガル語の訳文を付けて掲載されている。同文書は、ヨーロッパに初めて紹介された日本語の文書であると推定されている。この書翰集のほかにも、複数の写本や刊本に収録されている。日本語は、次のような文面である。

周防国吉敷郡山口縣大道寺事、従二西域一来朝之僧、為二佛法紹隆一可レ創二-建彼寺家一之由、任二請望之旨一、所レ令二裁許一之状如件。

天文廿一年八月廿八日　　周防介　御判

當寺住持

周防国吉敷郡山口県の大道寺のことは、西域より来朝した僧が仏法を広めるために寺家を創建するとのことであるが、この要望を認めるために裁許状を与えるというものである。日本語の同文書には、大内氏の領地が「周防国」のみとなっているが、ポルトガル語の翻訳には「周防国、長門国、豊前国、筑前国、安芸国、石見国、備後国、備中国」と国名が大幅に追加されている。翻訳の際にキリスト教の庇護者としての大内氏を強大に見せる工夫がされているのである。さらに、ポルトガル語の翻訳には、日本語の「寺」を「教会《イグレジャ》」と訳したり、「住持」を「司祭《パードレ》」と訳したりするなど内容にも手が加えられている。同文書にはキリシタン用語が仏教用語に置き換えられていることから、当時はキリスト教が仏教の一派であると認識されていたことが窺える。

山口の宗論

大内義隆の領地であった山口において、コスメ・デ・トーレスは、若いイルマンのジョアン・フェルナンデスを通訳として従えて布教を行なっている。この頃には、若いフェルナンデスが日本語を習得しており、ある程度まで日本語で教えを説くことができたようである。彼らは、山口において日本人達との間で多種の問題について議論している。トーレスの通訳を務めていたフェルナンデスが内容を報告しており、ザビエルが議論の要点を報告している。この議論は、「山口の宗論」と呼ばれるものである。

ザビエルは、日本人の先祖の救済について、一五五二年一月二九日付、コチン発、ヨーロッパのイエズス会員宛書翰において、山口においてトーレスとフェルナンデスが日本人から受けた質問に答えている。ザビエルは、キリスト教の神の訳語として「大日」を使用することを放棄したが、その際、それまで日本にキリスト教が布教されなかったことに対する説明は避けられなかったはずである。これは、神の事前予定に反する問題だからである。ザビエルは、十戒がキリスト教の布教に依拠しない普遍性を持ったものであるという論理によって説明している。自然法という言葉こそ使われていないが、十戒を自然法であると見なしていたと考えてよいであろう。

ザビエルが同書翰を執筆する際に参考にした資料のひとつとして、一五五一年一〇月二〇日付、山口発、フェルナンデスのザビエル宛書翰が挙げられる。同書翰において、ザビエルは、山口においてトーレスとフェルナンデスがキリスト教の日本伝播について疑問を提示した日本人に対して、この時代までキリスト教の神の教えが日本に伝わらなかった代わりに十戒が自然法の性質を持っていると説明している。十戒は、神がすべての人間に生まれながらに直接教えた自然法なので、日本人が十戒を宣教師から教わらなくても潜在的に身に付いていたというのである。それゆえ、十戒が遵守できていれば、たとえ神の存在を知らなくても救いの対象となり得るのである。この考え方は、善の共通性に基づけば日本人の祖先の救済が可能であるとする潜在的キリスト教徒の存在を示唆するものである。フェルナンデスは、トーレスの通訳を務めているので、これはトーレスの発想であると推測される。岩島忠彦神父によれば、神はキリスト教が伝わる以前に没した日本人の祖先には地獄に行くにまかせているので、神には慈悲心がないと日本人に思わせているように、ザビエルの洗礼と結びついた「救い」に対する理解には「揺れ」が見られるという（岩島忠彦「唯一の福音と二つの宣教観――ザビエルが目指したもの、公会議が目指したもの」『カトリック研究』第七〇号、二〇〇一年）。こうしたことから、ザビエルには、日本人の祖先が地獄に行かずに済むような論理を案出する必要が生じたのであろう。

コチン発のザビエルの書翰と同じく山口発のフェルナンデスの書翰では、十戒が自然法であると見なされているが、こうした議論は十戒における敬神の要素を捨象していることになる。『新約聖書』の「ローマの信徒への手紙」第二章、第一四節と第一五節には、たとえ律法を持たない異邦人であっても、律法の命ずることを自然に行なうのであれば、自分自身が律法であるとされている。このことは、律法が自分の心には刻まれていることを示しており、良心がそれを立証するとされている。『新約聖書』のこの内容が彼らの念頭にあったと推測されるが、これは十戒について述べたものではない。彼らの見解のように、もし、十戒が自然法であるとするならば、神との関係を説いた第一戒から第三戒までが議論の対象から外れてしまうことになる。

とはいえ、たとえキリスト教の神を認識していなくとも十戒が遵守できていれば救いの対象となることは、日本人キリシタンを安心させたであろうか。実際には、そうではなかったと思わせる記述がある。コチン発のザビエルの書翰には、地獄に堕ちてしまった日本人の祖先に救いはないとされていた。彼の見解は、十戒についての記述とは相矛盾するかのようである。当初、彼は、キリスト教が伝わる以前に没した日本人の祖先に「救い」はないと考えていたが、その後、たとえキリスト教を知らなくても自然法である十戒を遵守していれば地獄には行かないとする、恐らくトーレスが案出したと推測される論理を採用したので、このように同一書翰に一見矛盾する二つの見解が併存する形となってしまったのであろう。ザビエルは、日本にキリスト教が伝えられる以前に未信者として没した日本人の祖先の全員が必ずしも地獄に堕ちたわけではないことを説明するために、生前に自然法である十戒を遵守していたのであれば「救い」の対象となり得るとする見解を採用したものと考えられる。

段階的布教方法

キリシタン布教の初期段階から、未信者に対してキリシタンの教えが段階的に説かれていた。ザビエルの時代には、信仰を受け入れるかどうか分からない日本人にキリスト教の教理として、創造主としての神、キリストの玄義《げんぎ》と生涯、最後の審判、の順序をたどって教えられていた。十戒は、この範疇に含まれていた。ザビエルは、こうした教理を日本語で纏めたが、これが後に「二十五箇条」と呼ばれる問答形式の教理書となったようである。異教徒にキリスト教の玄義をいきなり教えること、例えば磔刑《たっけい》に処されたキリスト像を示すようなことは誤解を招く危険性があると考えられ、ここまでの段階をザビエルは「準備福音宣教」として限定したのである。準備福音宣教は、キリスト教を受け入れる意思の有無に関係なく、未信者に広く説くべき内容である。しかし、キリスト教の信仰に入るためには、この内容を受け入れることができなければ、次の段階に進むことが認められなかったのである。

キリシタン時代には、日本布教に段階的布教方法が採用されていた。この段階的布教方法については、イエズス会のヘスス・ロペス・ガイ神父がカトリック典礼学の見地から考察を加えている。一五六五（永禄八）年三月六日付、京都発、ルイス・フロイスのフランシスコ・ペレス宛書翰には、日本人に授洗するまでには、教理を理解するための一定の段階を経なければならないとされ、キリスト教を説くための順序が明示されている。この分類は、ロペス・ガイ神父によれば、時期によって多少の相違があるとはいえ、①創造主としての神、②霊魂の不滅、③日本の諸宗派の論破、④世界の創造、ルシフェルの堕落、アダムとエヴァの罪、⑤キリストの降誕とキリストの玄義、⑥最後の審判、⑦十戒、秘蹟、掟、と区分される。このうち、最初の三段階は、準備福音宣教の範疇に入るものである。この七段階の順序に従って、カトリックの教義が述べられたとされている。

東インド巡察師アレッサンドロ・ヴァリニャーノは、「日本諸事要録」の第一一章において、キリスト教に帰依するかどうか分からない異教徒の日本人に対しては三つの教えが告げられるべきであるとしている。それらは、①日本のいかなる宗派にも救いはあり得ないこと、②救い主にして世界の創造主は神のみであること、③霊魂は不滅であり、死後には生命があり、救世主キリストの教えに従う者には永遠の至福が得られ、従わなかった者には地獄の責め苦が与えられること、である。洗礼を授けるまでには、さらに四段階の教えがあることになるが、順序と内容について、ヴァリニャーノは明確に区分して説明していない。こうした七段階の教えは、日本における仏教の教えの順序をキリスト教の段階的布教方法に対応させたものである。七という数字の使用は、仏教において尊重されている数字を採用したからであると言われる（ロペス・ガイ（井手勝美訳）『初期キリシタン時代の準備福音宣教（改訂版）』キリシタン文化研究会、一九八〇年）。

キリスト教への入信希望者に対するポルトガル語のノートが遺されている。ローマ・イエズス会文書館に所蔵されていた同文書をヨゼフ・ヴィッキ神父が翻刻して紹介し、フーベルト・チースリク神父が日本語に翻訳している（フーベルト・チースリク「東西思想の出会いに関する一史料――フロイスの教理説教ノート」『季刊　日本思想史』第六号、一九七八年）。同文書には執筆者名や日付はないが、ヴィッキ神父によれば、フロイスの筆跡であると判断できるということである。第三日と第四日の記述しかないことから、本来は七日分が存在していたが、前後が失われてしまったものと推測される。第三日は①人類の創造について、②霊魂について、③霊魂の不滅について、第四日は①アダム家の起源について、②天使の創造について、〔③天使の堕落について〕、④偶像崇拝について、と項目が立てられている。こうした分類は、フロイスの一五六五年三月六日付、京都発、フランシスコ・ペレス宛書翰における分類とは明らかに異なる。このノートは、京都の記事が多いことから、チースリク神父は、フロイスが京都にいた時期、すなわち一五六五年から七六年の間に執筆されたと推測している。このノートには前後の記述が欠落しているが、この欠落部分を推測するならば、第一日と第二日の部分には創造主としての神についての説明があったはずである。人類の創造と霊魂の不滅を説く第三日までの内容は、三項目が設定される準備福音宣教に含まれる。準備福音宣教をここまでと定義したのは、ヴァリニャーノが最初である。このノートは、作成にヴァリニャーノが関与していたかどうかは判然としないが、少なくともフロイスが京都にいた時期ではなく、一五七九年以降の巡察師ヴァリニャーノの時代に作成されたものと推定できる。第一日の内容は、日本のいかなる宗派にも救いはあり得ないということであり、第二日の内容は、救い主にして世界の創造主は神のみであることを説明するものであったと推測される。

不干斎《ふかんさい》ハビアン（一五六五～一六二一）は、一六二〇（元和六）年に出版した排耶書『破提宇子《はだいうす》』の冒頭において、キリスト教に入信する際に「七段の法門」があると述べており、七段階に従ってキリスト教を論駁している。これはイエズス会の段階的布教方法を示すものであり、それぞれの教えに対して論駁することで、新たな入信者に対して教えが間違っていることを示そうとしたのであろう。七段の法門としては、①創造主としての神、②霊魂の不滅、③天使と悪魔、④世界の創造、アダムの罪、⑤原罪、⑥キリストの降誕、⑦十戒、が挙げられている。第三段の記述は、ほかの項目と比較すると極めて短いうえに、第三段と第四段は内容の点でも相互に重複しているので、ひとつの問題を強引に分割した可能性が高い。本来は第三段の内容は第二段に組み込まれており、本来の布教段階における第三段の位置には、日本の諸宗教に対する論駁があったと推測される。日本の宗教に対する直接の論駁がないのは、そもそも排耶を目的に執筆しているので、キリシタンに対する論駁への再度の論駁には意味がないからである。先のフロイスのノートの内容を『破提宇子』においてハビアンの言う「七段の法門」と照合すると、第五日が原罪、第六日がキリストの降誕、第七日が十戒ということになるが、この配列で基本的に齟齬は来たさない。このように、段階的布教方法は、長期にわたって実践されていたと考えられる。

キリシタン大名

キリスト教に改宗した大名や領主は、キリシタン大名と呼ばれている。大内義隆や大友宗麟がキリシタン宣教師を受け入れたのは、ポルトガルとの貿易の利益を期待してのことであったと考えられる。それゆえ、キリシタン大名の信仰の深さを論じることには意味がないことになる。

イエズス会が南蛮貿易に関与するようになったのは、ルイス・デ・アルメイダ（一五二五～八五）の入会がきっかけであったとされる。アルメイダは、一五五二（天文二一）年に山口においてイエズス会に入会した。彼は、もともと聖職者ではなく、ポルトガル商人としてインドを経て日本に来たのである。かつてコインブラ大学において医学を学んでおり、医師でもあったので、日本において孤児院の経営や医療活動などを行なっている。彼は、新キリスト教徒、すなわちキリスト教に改宗したユダヤ人の家系に生まれたと言われている。アルメイダがイエズス会に寄託した財産と商人であった頃からの人脈を基にしてイエズス会が貿易に関与することが可能となった。カトリック教会では、最初は利益が目的であったとしても、それを契機として真の信仰に入るのであれば、そうした利益に誘導されることを必ずしも否定してはいない。

キリシタン大名には、主要なところでは次のような者達がいる。

大村純忠（一五三三～八七）は、バルトロメオの洗礼名を持っている。彼は、日本布教長トーレスと協議して横瀬浦をイエズス会に寄進しているが、横瀬浦が貿易港として使用できなくなると、一五八〇（天正八）年には巡察師ヴァリニャーノと協議したうえでイエズス会に長崎を寄進した。キリシタンの信仰を受け入れることによる実利を期待したようである。なお、大村喜前《よしあき》は、純忠の息子であり、サンチョの洗礼名を持っている。しかし、喜前は、後に信仰を棄ててキリシタンを迫害する側に回ることになる。

大友宗麟（一五三〇～八七）は、若い時にザビエルにも会っているように、早期にキリスト教に出会っている。それにもかかわらず、洗礼を受けたのはかなり遅い。彼は、晩年の一五七八（天正六）年に受洗し、フランシスコの洗礼名を受けた。彼には側室がいたために婚姻問題が洗礼を受ける障碍《しょうがい》になったうえに、正室の奈多《なた》八幡大宮司《はちまんだいぐうじ》の女《むすめ》がキリシタンを嫌悪していたという問題があった。結局、正室とは離婚し、キリシタンの女性と再婚している。彼自身、キリスト教に改宗した後も仏教や神道の信仰を棄てきれないなど、信仰面でも問題があったと言われる。

小西行長（一五五八頃～一六〇〇）は、商人から身を起こして秀吉の下で大名になった人物である。洗礼名はアグスティノである。伴天連《バテレン》追放令の際には、ニエッキ・ソルド・オルガンティーノを自領の小豆島《しょうどしま》に匿《かくま》った。文禄の役《えき》の際には、宗義智とともに第一軍を指揮している。彼らの軍隊に後れて、イエズス会のグレゴリオ・デ・セスペデスが行長の従軍司祭として後を追う形で朝鮮半島に渡ることとなった。関ヶ原の戦いでは西軍に参加しており、敗北によって京都において処刑された。

高山右近（一五五二～一六一五）は、信長、秀吉、家康に仕えた、キリシタン大名として著名な人物である。洗礼名はジュスト（ユスト）であった。彼は、伴天連追放令の直前に秀吉から信仰を棄てるよう迫られたが、信仰を貫き、節を曲げることなく、それによって改易のうえ、領地を取り上げられている。その高潔な人格のゆえに多くの者達を感化している。友人の細川忠興にも教えを説き、それが忠興の妻に伝わって彼女をキリスト教に導くきっかけとなったと言われている。忠興の妻が細川ガラシャ（一五六三～一六〇〇）と呼ばれる人物である。彼女は、明智光秀の娘であった。関ヶ原の戦いの直前に、石田三成によって豊臣方の人質となることを拒否して自害したことで知られる。忠興は、茶道に通じ、茶人の千利休の弟子でもあった。右近は、キリシタンの信仰を棄てなかったことを理由に、一六一四（慶長一九）年末に江戸幕府の禁教令によってフィリピンに追放されたが、渡航による疲労が原因で病気になり、翌年初めにマニラにおいて没した。

有馬晴信（一五六七～一六一二）は、肥前国有馬の領主であり、大村純忠の甥に当たる。一五八〇（天正八）年にヴァリニャーノから武器と食料の援助を受けて、龍造寺隆信からの脅威を退けた。一五八二（天正一〇）年に洗礼を受け、プロタジオの洗礼名を受けた。一六〇九（慶長一四）年にポルトガル船マードレ・デ・デウス号を長崎沖で撃沈した。同事件をめぐっては、本多正純の家臣である岡本大八が主人に贈賄を取り持つことを持ちかけた。しかし、それが架空の贈賄であったことが発覚し、大八を訴えたが、逆にかつての謀殺計画を暴露され処刑された。

都の南蛮寺図（1576年に創建され、87年に破壊された）

天下《てんか》人《びと》とキリシタン

織田信長は、天下統一を成し遂げる前に没しているので、対外政策を主導できる地位に立つことはなかった。信長にとっては、「天下」とは畿内を中心とした狭い地域に過ぎなかったことが指摘されている。信長は、ごく限られた地域の「天下人」であった。信長が建設した安土城には、彼の天下構想が顕在化されていると考えられるが、現存しないうえにその構造については諸説あり、信長がいかなる対外認識を持っていたのかは明確ではない。しかし、信長は、キリシタン宣教師に対しては好意的であった。イエズス会のルイス・フロイスを近くに置き、ヨーロッパの文化に関心を示している。第一次巡察のために来日した東インド巡察師ヴァリニャーノには安土において謁見を許しており、その後、ヴァリニャーノは、信長の客として京都の本能寺に約一カ月間も投宿していた。信長は、石山本願寺の一向一揆とは激しく敵対していたが、キリシタンを危険な宗教とは考えていなかったようである。

しかし、その一方で、信長は、晩年にキリスト教の神のような存在になろうと自己神格化を図ったことが、フロイスの「日本史」をはじめとするキリシタン史料には見られる。一五八二（天正一〇）年、安土に総見寺を建立し、石を御神体としたとされている。この直後に信長は本能寺の変に斃《たお》れたので、信長の自己神格化は日本側の史料に遺《のこ》ることはなかった。それゆえ、信長の自己神格化は、真偽のほどが疑われているのである。しかし、イエズス会の宣教師にとっては、キリスト教の信長が自己神格化を試みたことを偽証しても自らに何ら益することがないばかりか、そうした権力者の庇護を受けることは教会における自らの立場を危うくしさえする。それゆえ、事実を反映している可能性は高いものと考えられる。信長は、自己神格化の方法を模索するために、一神教であるキリシタンの教えに関心を抱いていたとも考えられる。

信長についで天下人となった豊臣秀吉の対外認識は明確である。秀吉は朝鮮半島に出兵し、最終的には明朝を制圧することを目論《もくろ》んでいた。南蛮諸国に対しては、インド総督とフィリピン総督に対して降伏して朝貢することを呼びかけた。これが根拠のない虚勢であったにせよ、秀吉の対外認識を示す事例となっている。キリスト教に対しては、伴天連追放令の発布という対処をしている。キリシタンを排斥する中で、秀吉は「日本は神国」という表現を用いていることが知られている。神道について、黒田俊雄氏は、神道には歴史的に一貫した思想性があるわけではなく、ある思想のアンチテーゼとして時折現れるものに過ぎないことを指摘している（黒田俊雄『日本中世の国家と仏教』岩波書店、一九七五年、同『王法と仏法――中世史の構図』法蔵館、二〇〇一年）。アンチテーゼとして発生したものなので、あらゆる時代に出現するとは言っても内容に連続性はないとされる。黒田氏の議論は、おもに鎌倉時代を想定したものであるが、織豊《しょくほう》期の神道についても基本的に同じことが言えるであろう。キリシタンの信仰と思想は、こうした神道思想を刺激して反キリシタンの思想を生み出すこととなったのであり、その代表として神国思想が現出したと考えられる。

江戸幕府は禁教を実施したが、徳川家康は、幕府の成立当初からキリスト教の禁止を想定していたのではない。家康は、ポルトガル貿易による利益を重視していたので、当初から禁教の志向があったとはいえ、それほど明確なものではなかった。しかし、秀忠は、実権の掌握後に禁教の方向を明確に示しており、キリシタンの迫害を繰り返している。家光は、ポルトガル貿易の利益を全く重視していなかったので、彼には禁教を躊躇する要素はなかったと考えられている。家光政権に至って、江戸幕府のキリシタンに対する認識は、禁教政策に収束していった。その結果、江戸時代のキリシタン認識は禁教から考察すべき問題となった。イエズス会士達は、キリシタンの信仰が日本の「国是」に抵触したと述べているが、信仰それ自体は反体制的とは言えない。事実、巡察師ヴァリニャーノは、身分秩序を基礎とする日本の社会秩序を維持すべきものと考えており、信者が日本社会において軋轢を引き起こすことがないように配慮していた。

キリシタン関係史料には、天皇の存在をほとんど確認できない。ザビエルは、来日前から天皇についての情報を入手していた。彼は、京都に赴いて天皇に布教の許可を請おうとしたが、京都は相次ぐ戦乱で荒れ果てており、天皇には布教の許可を与えるだけの権威がないと判断して謁見を諦めている。巡察師アレッサンドロ・ヴァリニャーノも、天皇が官位授与権を保持していることは認識していたが、重要な存在とは見なしていなかったようである。戦国期には天皇の権威が失墜しており、天皇は布教に対して保護を与えることができるような存在ではなかったとする考え方がある。しかし、脇田晴子氏は、戦国期に天皇の権威がにわかに高まったことを指摘している。神社などに見られる在地の土俗的信仰を集約して、天皇権力へ集中させたというのである（脇田晴子『天皇と中世文化』吉川弘文館、二〇〇三年）。それを受けて、今谷明氏は、正親町《おおぎまち》天皇には織田信長に敵対するほどの権威があったことを主張している（今谷明『信長と天皇――中世的権威に挑む覇王』講談社、一九九二年）。実際、キリシタン宣教師は、天皇に官位授与権があることを認識していたが、官位授与権が天皇の権威の源泉であるとは考えてはいない。キリシタン宣教師にとって天皇の存在がいかなるものであったのか推測することは困難である。彼らにとって、天皇とは言及に値しない存在であったのかも知れない。

第二章

巡察師ヴァリニャーノと適応主義

1　ヴァリニャーノの布教政策

ヴァリニャーノの足跡

キリシタン史は、巡察師アレッサンドロ・ヴァリニャーノ（一五三九～一六〇六）の存在を抜きにしては語ることができない。ヴァリニャーノは、ザビエル以後の日本布教の立て直しを図った人物である。ナポリ王国のキエティの名門貴族の家に生まれ、ヴェネチアのパドヴァ大学において法律を学び、教会法の研究によって同大学より法学博士の称号を受けている。一五六六年、ローマにおいてイエズス会に入会した。通常よりは遅い入会であったと言える。コレジオ・ロマーノ（ローマ学院）において哲学と神学を学び、一五七〇年、司祭に叙階された。

一五七三年、総長エヴェラルド・メルクリアン（一五一四～八〇）は、ヴァリニャーノに盛式四誓願《せいしきしせいがん》（イエズス会士が行なう最終誓願）を認めて、彼を東インド巡察師に任命した。ヴァリニャーノの役職である巡察師は、就任当初はその権限が明確ではなかったが、彼がインドに実際に赴任する頃には現地におけるイエズス会総長の代理という大きな権限を持つに至っている。一五七四年三月、ヴァリニャーノは、リスボンからインドに向けて出帆した。同年九月、ゴアに到着し、一五七九年七月、マカオに到着した。

ヴァリニャーノは、生涯にわたって三度来日しており、日本滞在期間は合計すれば約一〇年になる。第一次巡察では、一五七九（天正七）年に東インド巡察師として初めて来日した。この時、彼は、安土において織田信長に謁見し、信長の滞在先の京都の本能寺にも招かれている。一五八二（天正一〇）年まで日本に滞在している。

第二次巡察では、一五九〇（天正一八）年七月に第一次と同じく、彼は東インド巡察師の資格を持って来日したが、これより先、一五八七（天正一五）年に秀吉による伴天連《バテレン》追放令が発布されていたので、表向きはインド副王の使節として来日していることにした。この時点での最大の課題は、秀吉の伴天連追放令に対処することであった。来日の際、ヴァリニャーノは、天正遣欧使節の帰国に伴って、ヨーロッパから活版印刷機を日本に齎《もたら》した。一五九二（文禄元）年に日本を離れた。

第三次巡察では、一五九八（慶長三）年八月に来日したが、この時は東インド巡察師の資格を得ることができず、日本・中国巡察師の資格を得るに留まった。彼が巡察師としての資格を行使できる範囲がインド管区全域ではなく日本と中国のみに限定されてしまったことを意味する。彼はマカオにおいて「弁駁書《べんばくしょ》」をおおむね脱稿した後に、補佐司教として着任する予定であったルイス・セルケイラ（一五五二～一六一四）とともに来日した。セルケイラは、来日後に日本司教ペドロ・マルティンスが没していたことを知り、日本司教に就任することとなった。一六〇三（慶長八）年、ヴァリニャーノは、日本を離れてマカオに向かった。その後はマカオに留まり、一六〇六年に同地において没するまで、日本・中国布教を主導した。

アレッサンドロ・ヴァリニャーノ

ヴァリニャーノの著作

ヴァリニャーノは、巡察師として訪問した土地の巡察記録を遺している。「インド諸事要録」（一五七七年）は、彼の最初のインド巡察の報告書である。彼は、インド巡察後に日本巡察を行なっているが、第一次日本巡察の報告書として「日本諸事要録」（一五八三年）を執筆している。同書は、日本の状況とイエズス会の布教活動を概観したものである。第二次日本巡察の報告書としては、「日本諸事要録の補遺」（一五九二年）

を執筆している。同書は、「日本諸事要録」以降の事柄を纏《まと》めたものであり、第一次巡察後の日本における状況の変化や日本教会の問題点が鮮明に示されている。なお、第三次日本巡察については、彼は報告書を作成していない。

「弁駁書」（一五九八年）は、フランシスコ会のイエズス会に対する非難を受けて、それに対する反駁を来日前にマカオにおいて執筆したものである。フランシスコ会は、イエズス会が企画・実施した少年使節、イエズス会の日本布教独占を認めたローマ教皇グレゴリウス一三世の小勅書の発布などをめぐってイエズス会を非難していた。それに対して、ヴァリニャーノは、フランシスコ会士マルティン・デ・ラ・アセンシオン（一五六四頃〜九七）らによるイエズス会を非難する文書の文章を引用し、イエズス会の立場からこれらの非難に逐一反論を述べる形式を採っている。同文書は、その後執筆されたポルトガル人イエズス会士ヴァレンティン・カルヴァーリョ（一五五九〜一六三一）の「弁駁書」の手本ともなったとされる。

『日本のカテキズモ』は、日本人にキリスト教の教理を説くために執筆したものである。同書は、一五八六年にコインブラからラテン語版が出版された。総長クラウディオ・アクアヴィーヴァ（一六四三〜一六一五）は、ヴァリニャーノがスペイン語で執筆した原稿を見て、ヨーロッパにおいてラテン語に翻訳させたうえで出版させたのである。ヴァリニャーノの著作としては、唯一生前に出版されたものであるが、著者本人は出版を知らなかった。同書は、コレジオ・ロマーノ（ローマ学院）教授アントニオ・ポッセヴィーノ（一五三三／四〜一六一一）がラテン語で纏めた『ビブリオテカ・セレクタ（選書）』（ローマ、一五九三年）にも収録されている。さらに同書は、日本語にも翻訳されており、セミナリオなどの教育機関において教授されていたことが確認されている。

「日本イエズス会士礼法指針」は、日本のしきたりを説明し、日本人との付き合い方を述べたものである。イエズス会が日本人の慣習に適応すべく執筆された小品であるが、ヴァリニャーノが採用した布教方針である適応主義を知るうえで重要な著作である。

ヴァリニャーノは、インド管区の歴史、特にイエズス会のインド布教史に関心を持ち、書籍として纏めようとしていた。彼の「インド史」は、イエズス会インド管区の布教史を、「日本史」は、イエズス会日本準管区の布教史を纏めたものである。いずれも脱稿後には印刷することを想定していたようであるが、彼が多忙であったことに加えて、布教地における史料不足も重なって、それらは完成には至らなかった。彼の著作は、『日本のカテキズモ』を除けばいずれも当時は出版されなかったので、稿本として伝存している。

ヴァリニャーノの政策：第一次日本巡察

大村純忠からの長崎受領――一五八〇（天正八）年に大村純忠と協議して長崎を譲り受けた。これによって、長崎はイエズス会領となった。純忠が長崎を教会に寄進したのは、長崎を保護してもらいたいという思惑があったからである。イエズス会では、日本を軍事的に征服すべきか否かについて、ポルトガル人とスペイン人の間で議論が戦わされた。この武力行使論は、教会領であった長崎を拠点として成立している。

イエズス会の協議会と準管区会議の主導――日本における布教方針の確定は、具体的にはイエズス会の協議会と準管区会議の主導に現れている。一五八〇（天正八）年に豊後国臼杵《うすき》において第一回協議会を開催している。純忠の長崎と茂木の寄進を受けて、イエズス会が日本の布教方針を議論したのである。協議事項に対しては、一五八二（天正一〇）年にヴァリニャーノが巡察師として採決を下している。

イエズス会布教区の策定――日本は、イエズス会の教区としては、下（豊後府内を除く九州の各地域）、豊後府内、上（都）の三教区に分けられた。各教区には修院（カーザ）が置かれ、その下には住院（レジデンシア）が設置された。

イエズス会年報制度の確立と通信制度の整備――それまで「日本年報」の名称で作成された報告書は存在したが、必ずしも型式が一定していなかった。毎年必ず作成されたわけでもないうえ、年度によっては複数の年報が作成されることがあった。そこで、「日本年報」は、年に一冊のみとして毎年必ず作成するよう指示した。型式も、一定のものに取り決めた。年報制度の確立と同時に、職務上の書翰《しょかん》ではない個人書翰を送付することを著しく制限した。

日本における教育機関の設立――第一次巡察時に日本において教育機関を設立すべきであると考えて、実行に移した。彼の構想に従って、セミナリオ（小神学校）、ノビシアド（修練院）、コレジオ（学院、神学校、神学大学）が設置された。教育機関の設立は、日本における聖職者養成、特に日本人聖職者養成の問題に関わっている。

天正遣欧使節の企画――日本人の少年使節をヨーロッパに派遣することを企画・立案した。第一次巡察から帰還する際、少年使節をインドにまで引率したのである。しかし、彼が使節をヨーロッパにまで引率することは認められず、彼自身は総長の命令によってゴアに留まることになった。

中国布教の指示――一五七八年、ヴァリニャーノは、日本巡察前にマカオにおいて中国布教の開始を指示した。彼の命令を受けて、マテオ・リッチとミゲル・ルッジェーリは、マカオにおいて中国語（漢語）を学習し、中国布教に備えることになった。ヴァリニャーノは、東アジア布教を全般にわたって主導したのである。

ヴァリニャーノの政策：第二次日本巡察

ヴァリニャーノは、第二次日本巡察においては第一次日本巡察時に策定したことが実施されているかどうかを確認している。第一次巡察からの継続事項としては、第二回協議会の開催と第一回日本準管区会議の開催がある。そこで彼は、日本におけるイエズス会の布教方針を確定している。

また、ヴァリニャーノは、日本における良心問題の基準の確定を行なっている。ヴァリニャーノは、「適応政策」を日本において推進したことで知られているが、適応政策は彼が主導した良心問題の決疑論にも現れている。これについては後述する。一五九二年、ヴァリニャーノは、日本における良心問題の決疑論をヨーロッパのイエズス会系諸大学に諮問した。ヨーロッパの神学者達から得られた回答が、イエズス会総長、枢機卿団、さらにローマ教皇の承認を受けることによって、ヴァリニャーノは、日本における良心問題の決疑論を確立しようとしたのである。ヴァリニャーノの良心問題の決疑論には、「適応」に対する彼の見解が端的に示されている。ヴァリニャーノは、ヨーロッパ向けの倫理をそのまま日本に適用するのではなく、日本向けの倫理を新たに確立することが必要であると考えていた。そのために、日本のキリシタンの行動規範に対して、教会公認の基準を設定しようとしたのである。それは、日本におけるイエズス会の布教方針を確定することにもなる。ヴァリニャーノは、実際にこの回答を基準にして日本における良心問題に対処している。

当時、日本のイエズス会には様々な出身地の会員がいたが、主流となっていたのはポルトガル人とスペイン人であった。ヴァリニャーノは、少数派とも言えるイタリア人の巡察師として、ポルトガル人とスペイン人の間にあって両者の均衡を考慮しながら諸問題を解決していった。彼は、バランス感覚に優れた人物であったと言えよう。

書翰の送付と保存

ヴァリニャーノは、第一次日本巡察時にイエズス会の通信制度を整備している。イエズス会では、『イエズス会会憲』によって、布教地から送付される書翰はラテン語の書翰と現地の言語の書翰を二部作成し、一方を管区において保存して、そこから複数の写本を作成すべきことが規定されている。しかし、ヴァリニャーノが東インド巡察師としてインドに到着した時点では、インド管区においてはヨーロッパからの受信書翰は保存されずに廃棄されており、インド発信書翰はその写本が作成されて保存されることもなかった。しかも、ヨーロッパにおいて印刷されたインド書翰集や日本書翰集がインド管区には送付されなかったので、インド管区からの書翰は先例に配慮することなく執筆されていたのである。これは、『イエズス会会憲』に示された書翰の執筆と管理の原則とは実にほど遠い状況であった。

ヴァリニャーノの眼には、インド管区における書翰の執筆と管理は極めて杜撰《ずさん》なものと映ったのである。

一五七五年、ヴァリニャーノ主導の下で開催したショランにおける協議会では、インド管区からヨーロッパに送付した書翰の写本を保存すべきことと、ヨーロッパにおけるインドに関する諸事の印刷はインド管区の幹部が送付時に承認したもののみとすることが決議された。これまでは、インド管区は、ヨーロッパにおけるインドおよび日本書翰集の印刷を把握していなかったのである。これによって、インド管区における書翰の保存と印刷の把握が制度的に整備されたと言えよう。しかし、ローマに送付すべき書翰の整理をインド管区の幹部が事前に行なうことは、分量の膨大さから次第に困難になっていった。そこで、ヴァリニャーノは、ヨーロッパにおける印刷前の書翰集の校正刷りをインドに送付することを要請した。彼は、インド管区が事前に印刷書翰集を検閲すべきであると考えたのである。この検閲制度は実際に十分に機能したとは言い難いが、「インド史」の編纂を命じられたコレジオ・ロマーノ（ローマ学院）教授のジョヴァンニ・ペドロ・マッフェイ（一五三三／六～一六〇三）とインド管区が情報交換することになった。マッフェイは、同僚のマヌエル・デ・アコスタ（一五四一～一六〇四）とともに一五七一年にコインブラにおいて、『東洋におけるイエズス会に関する諸事』を出版していた。同書は、インド管区から誤りが多いことが指摘されていたが、ヨーロッパにおいて幾度も版を重ねていた。これらをインド管区が修正したうえに、マッフェイから送られた質問にインド管区側が回答していった。こうして印刷に至ったのが、マッフェイの『インド史』（フィレンツェ、一五八八年）である。

マッフェイの『インド史』が完成したことを受けて、ヴァリニャーノは、それまで彼自身の「インド史」の執筆に注いでいた労力を「日本史」の執筆に向けることにした。ヴァリニャーノが「インド史」を執筆している時点では、彼の手許には不正確とされるマッフェイの「歴史」とラテン語の翻訳書翰集しかなく、「インド史」執筆のための史料不足に悩まされていた。そこで、ヴァリニャーノは、印刷されたインド書翰集を複数インドに送付して、「インド史」の執筆に役立てると同時に、インド管区内のイエズス会員の教化に役立てることを考えた。彼は、ヨーロッパにおける年報と書翰集の印刷を、布教地に制度的に還元することを案出したのである。しかし、インド管区における史料不足という状況は、ヴァリニャーノが「日本史」第一部を執筆する時点でも基本的に変わることはなかった。マカオにいた彼の手許には、一五八八年に印刷されたマッフェイの『インド史』のほか、一六〇四年に彼が「日本史」第二部の執筆に着手した時点において、ようやくエヴォラ版『日本書翰集』の第一巻のみが利用できる状態であったが、一五八〇年以降の主として年報を収録した第二巻はなおも手許にはなかったと考えられる。マカオには「日本史」執筆のための書籍がないという事情は、依然として変化していないのである。

エヴォラ版『日本書翰集』

一五九八年にポルトガルのエヴォラにおいて、二巻からなるイエズス会の『日本書翰集』が出版された。これは、エヴォラ版『日本書翰集』と呼ばれている。第一巻が書翰集、第二巻が日本年報となっている。ヴァリニャーノの友人でもあったエヴォラ大司教テオトニオ・デ・ブラガンサ（一五三〇～一六〇二）が、当時エヴォラを訪れた天正遣欧使節に引見して感激し、イエズス会の『日本書翰集』の出版を援助したと言われている。ただし、ヴァリニャーノがこの書翰集の出版に関わったわけではない。

一六世紀に出版された『日本書翰集』としては、一五七〇年に出版されたコインブラ版と七五年に出版されたアルカラ版が知られているが、収録書翰数は二〇〇通を超えるエヴォラ版が最多である。なお、コインブラ版とエヴォラ版はポルトガル語で記されているが、アルカラ版はスペイン語に翻訳されたものである。エヴォラ版は、第一巻がイエズス会士達の個別書翰を収録しており、第二巻は「日本年報」を収録している。マッフェイの『インド史』には、日本発信書翰が収録されているが、すべてラテン語に翻訳されたものである。

一五七九（天正七）年以降、巡察師ヴァリニャーノの指示の下、それまで日本のイエズス会士達が比較的自由に送っていた書翰や報告書を、長崎において編集して「日本年報」の形式で本国に送付するようにした。「日本年報」は、ヨーロッパにおいて出版することを想定しながら編集されており、いくつかは実際にイタリア語やラテン語に翻訳されたうえで出版されている。なお、エヴォラ版『日本書翰集』は、出版後にはマカオや日本にまで送られたことが確認できる。

天正少年使節

ヴァリニャーノは、第一次日本巡察時に、日本人の少年使節を組織してヨーロッパに派遣することを計画した。その目的は、日本におけるイエズス会の布教成果をヨーロッパにおいて示すことであった。日本人の若者にヨーロッパのキリスト教文化に触れさせ、帰国後にはそれを語らせることで日本人を教化する狙いもあった。九州のキリシタン大名である大友・大村・有馬の三氏が四人の若者を使節に選び、スペイン国王、ローマ教皇、イエズス会総会長宛の書翰を託した。正使は大友宗麟の名代である伊東マンショ（一五六九頃～一六一二）と有馬晴信の名代である千々石《ちぢわ》ミゲル（一五六九～没年不詳）、副使は原マルチノ（一五六九頃～一六二九）と中浦ジュリアン（一五六八～一六三三）であった。彼らは日本の王子達であるという触れ込みであったが、実際には彼らは大名の子弟などではなかった。ヴァリニャーノは、遣欧使節を企画した時点では彼らの後見人としてヨーロッパまで同行するつもりであった。ヴァリニャーノは、使節となった少年達にヨーロッパのマイナスの側面は見せないように配慮していた。感受性の豊かな日本の少年達に、キリスト教世界であるヨーロッパのプラスの側面のみを印象づけようと考えたのである。そのために、ヴァリニャーノは、渡航中には少年達にヨーロッパの言葉を覚えさせようとはせず、少年達が外部の者達と接触することをできるだけ避けるようにした。

一五八二（天正一〇）年、使節一行は、長崎を発ち、マカオ、マラッカを経て、ゴアに到着した。ヴァリニャーノは、ヨーロッパまで使節に同行するつもりであったが、総長の命令によってゴアに足止めされてしまった。そこで以後は、ヌーノ・ロドリゲスが使節の後見人の任務を引き継ぎ、日本人イエズス会士コンスタンティン・ドウラード（一五六七頃～一六二〇）も使節に同行することになった。一五八四（天正一二）年、使節一行はヴァリニャーノを残してゴアを発ち、リスボンに到着した。リスボンからポルトガル国内を巡回した後にマドリードに赴き、同地において神聖ローマ帝国皇帝（スペイン国王を兼任）フェリペ二世に謁見した。使節一行は、マドリードからセビーリャなどスペイン国内を巡回した後にローマに赴き、一五八五年にローマ教皇グレゴリウス一三世に公式謁見を果たした。彼らは、訪問先の各地において熱烈な歓迎を受けている。彼らの訪問によって、ヨーロッパに日本ブームが起きたとも言われている。前述のエヴォラ版『日本書翰集』の出版はそのひとつに数えられる。

この使節は所期の目的を達成したが、ヨーロッパに赴いたという以上の意義は認められない。特筆すべきこととしては、彼らが帰国の際にグーテンベルク式の活版印刷機を日本に齎《もたら》したことが挙げられる。ドウラードは、ヨーロッパの印刷技術を日本に伝えている。その機械を用いて、イエズス会のコレジオにおいて「キリシタン版」が印刷されている。なお、キリシタン版のひとつに数えられる、イエズス会士ドゥアルテ・デ・サンデ（一五四七～九九）の『天正遣欧使節記』（マカオ、一五九〇年）の記述には、使節として派遣された少年達が対話する形式が採られているが、実際はこの会話は架空のものであり、イエズス会士が創作したものである。

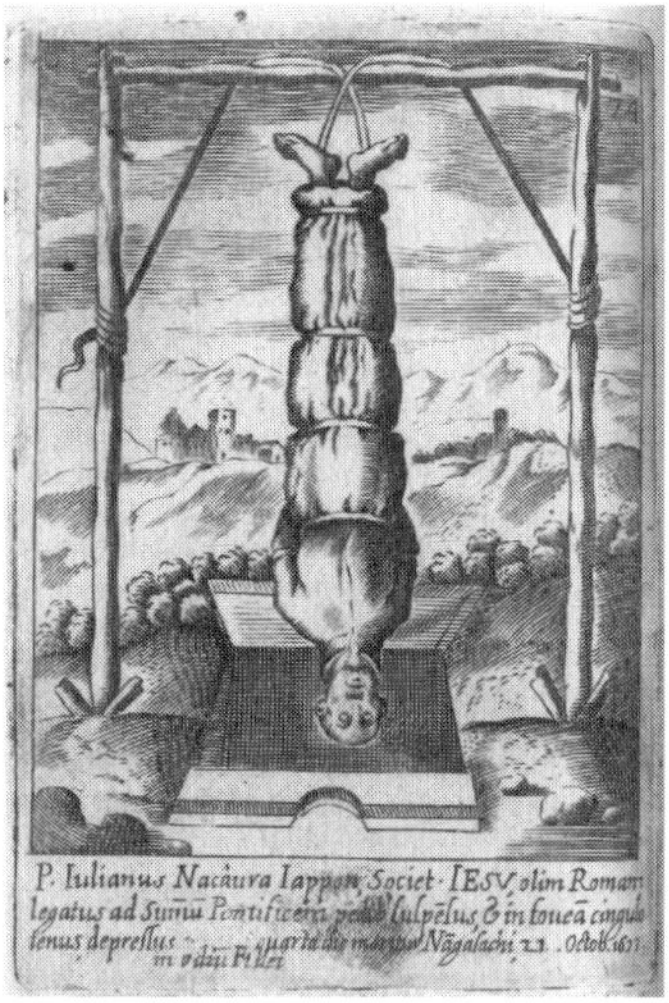

穴吊りを受ける中浦ジュリアン

使節の少年達は、後に四名全員がイエズス会に入会し、伊東マンショ以外は司祭に叙階されたが、彼らは歩みを全く異にしている。中浦ジュリアンは、禁教下に潜伏して活動していたが、一六三三（寛永一〇）年に長崎において捕えられ、穴吊りに処せられて殉教している。伊東マンショは、それより以前、一六一二（慶長一七）年に長崎において病死していることが確認されている。原マルチノは、マカオから禁教下の日本に帰国することを望んでいたが、許されることはなかった。彼はラテン語に優れており、彼が帰国の途上、ゴアにおいてラテン語で演説したものが『原マルチノの演説』（ゴア、一五八八年）として出版されており、キリシタン版のひとつに数えられている。一六二九年、彼は、マカオにおいて没した。千々石ミゲルは、早くに棄教しており、一六〇一（慶長六）年にはすでに教会を離れていたようである。

2 キリシタン時代の教会領長崎

長崎以前の貿易港

平戸は、一五五〇（天文一九）年以来、ポルトガルとの貿易港となっていたが、領主の松浦隆信は布教に対して決して好意的ではなかった。一五六一（永禄四）年、平戸の宮ノ前においてポルトガル人一四名が殺害される事件が起こった。この宮ノ前事件を契機として、ポルトガル人は、翌年から横瀬浦に入港するようになった。当時、横瀬浦を領有していたのは、大村純忠であった。純忠は、キリシタンに改宗し、バルトロメオという洗礼名を受けている。

一五六二（永禄五）年、純忠は、日本布教長コスメ・デ・トーレスと協議して、横瀬浦の半分の土地をポルトガル人に譲渡し、以後一〇年間の税を免除することとした。これによって、横瀬浦は、日本におけるポルトガル船に対する唯一の貿易港として初めて指定されたことになる。日本布教長トーレスの主導によって、横瀬浦の湾を見下ろす高台にイエズス会の教会が建設された。しかし、翌年の戦乱によって横瀬浦が破壊されると、以後、貿易港として横瀬浦は完全に放棄されてしまう。一五六五年以降、ポルトガル船は、純忠が領有する福田に入港することとなった。ところが、一五六七（永禄一〇）年、ポルトガル船が偶然ではあるが有馬氏の領有する口之津《くちのつ》に入港してしまった。ポルトガル船が自領外に寄港されては経済的に打撃を受けることになるので、純忠は、トーレスとこの問題について口之津で協議することになった。

一五七〇（元亀元）年、純忠は、ルイス・デ・アルメイダとの協議によって、長崎をマカオから渡来するポルトガル船のために新たに開港した。翌年にはポルトガル船が来航し、この頃から、長崎はポルトガル船に対する唯一の寄港地となった。その後、長崎には大村・島原・平戸・横瀬浦・外浦《ほかうら》・分知《ぶんち》の六町が建設されたが、これらは内町と呼ばれるようになる。イエズス会は、内町に布教していたが、遅れて布教に参入してきた托鉢修道会は、外町に活動の場を見出すようになっていく。

長崎は、現在の長崎県南部の西彼杵《にしそのぎ》半島と長崎半島の交差地点に建設された都市である。もとは肥前国彼杵《そのぎ》郡に属しており、中世には小さな漁港に過ぎなかった。戦国時代末期、領主の長崎甚左衛門純景《すみかげ》は大村純忠に服しており、長崎春徳寺山に居を構えていた。一五六八（永禄一一）年、日本布教長トーレスは、イルマンのアルメイダを長崎に派遣しているが、これが教会史料に長崎の名が出る最初であるとされている。一五六九（永禄一二）年、トードス・オス・サントス教会（諸聖人教会）がガスパール・ヴィレラ（一五二六〜七二）によって建設された。現在、ここは春徳寺になっている。領主の長崎純景は、ヴィレラから洗礼を受け、ベルナルドという洗礼名を与えられた。また、純景の家臣達も彼に続き、キリシタンになっている。

当時の長崎では、武士を「頭人《とうにん》」として、キリシタンが中心となった自治都市を形成していた。長崎は、領主の大村純忠がイエズス会と良好な関係を築いていたが、佐賀の龍造寺《りゅうぞうじ》隆信（一五二九〜八四）は、純忠を下して追放し、続いて有馬晴信をも下した。一五八四（天正一二）年、龍造寺隆信は、勢力拡大を試みて島原方面で島津義久（一五三三〜一六一一）・有馬晴信の連合軍と戦うが、有利な戦況であったにもかかわらず、沖田《おきた》畷《なわて》において戦死してしまった。一五八六（天正一四）年、純忠の息子の喜前《よしあき》（一五六九〜一六一六）が家督を継ぐことになった。これによって、純忠は家督を回復するが、実権は島津氏が掌握してしまった。

教会への寄進

一五七九（天正七）年に東インド巡察師ヴァリニャーノが来日すると、翌八〇（天正八）年に大村純忠は、彼と折衡して長崎と茂木をイエズス会に寄進した。この寄進によって、長崎と茂木はイエズス会領となったのである。一五八四（天正一二）年、ジョアン・プロタジオの洗礼名を持つ有馬晴信は、浦上村をイエズス会に寄進した。教会に貿易港を寄進することは、長崎と茂木が初めてではなく、横瀬浦寄進の経験を応用したに過ぎないと言える。純忠は、この時点でイエズス会に「多くを負っている」、つまり彼にはイエズス会に対して負債があったとも言われている。純忠の寄進によって、長崎は、ポルトガル船の唯一の寄港地に確定したのである。

純忠は、寄進によって長崎と茂木がイエズス会の所領となれば、自らが経済的にも軍事的にも優位に立つことができると考えた。長崎にポルトガル船を引き込むことによってポルトガル貿易の利益が期待できるだけでなく、ポルトガルの軍事力を背景として、港としての長崎が他者から奪われる危険性が減少することも期待される。しかも、寄進したとはいえ、裁判権の一部、船舶に対する徴税権は依然として純忠が掌握していたので、純忠にとって寄進は非常に有利な条件の下に行なわれたことになる。これに対して、イエズス会は、船舶の停泊料を徴収する権利を持つことになったが、全体から見ればわずかな権利に過ぎない。イエズス会にとっては、純忠から長崎を寄進されたとはいえ、長崎を領有したという意識はそれほど強くなかったと考えられる。しかし、長崎がイエズス会領となったことを契機として、イエズス会は、長崎を拠点とした活動を展開するようになる。

布教の経費

キリスト教の布教活動には、それに見合うだけの経費が必要である。ポルトガル国王の布教保護権の下では、ポルトガル国王が日本布教の保護者として、イエズス会に必要経費を負担するのが本来あるべき姿であった。しかし、実際には国王給付金ですべてを賄うことはできなかったのである。

一五七四年まではポルトガル国王は、マラッカにおいて年間五〇〇ドゥカードを日本布教の経費として支給していたが、同年には倍額の一〇〇〇ドゥカードにしている。一五八〇年のスペイン国王フェリペ二世によるポルトガル併合の際には、これに一〇〇〇ドゥカードを追加して年間二〇〇〇ドゥカードとした。しかし、ポルトガル本国から離れた布教地における支給ということもあって、支給状態が極めて悪かったようである。しかも、日本のイエズス会は、年間一万ドゥカード以上を経費として必要としていたので、国王給付金は、必要経費に対してはあまりにも少額であったことになる。ローマ教皇からの給付金は、一五八三年以降、年間四〇〇〇ドゥカードとされていたが、マドリードにおいて支給されたこともあって、支給だけでなく送金も安定性を欠いたものであった。このように、ポルトガル国王給付金とローマ教皇給付金だけでは、日本における布教活動に必要な経費を満たすことができなかった。それゆえ、イエズス会は、日本において自分達で布教に必要な経費を賄わなければならなかったのである。

イエズス会は、購入したり寄進を受けたりした不動産からの収入も保持していたが、必要経費の全体からすればわずかな金額にしかならなかった。そこで、イエズス会は、必要経費の不足を補うために商業活動に手を染めることになったのである。イエズス会が貿易という世俗の事業に深く介入したことは、その後、スペイン系の托鉢修道会から非難される要因ともなった。こうした托鉢修道会の非難は、ポルトガルの経済圏にスペインが進出しようとしたことのひとつの現れであるとも言える。

生糸貿易

一五五七年頃にマカオが建設されると、マカオは東アジアにおけるキリスト教の布教と貿易の最前線として機能していくことになる。ポルトガルは、マラッカ以北に日本と中国に対する布教と貿易の拠点を必要としていた。マカオは、そのための諸条件を満たしていた。ポルトガル人は、マカオにおいて中国から生糸（白糸）を銀で購入し、その生糸を日本において販売して銀を得る貿易を行なうようになった。ポルトガル貿易は、そのほとんどが生糸と銀の貿

南蛮屏風

易であった。しかも、貿易地としては、マカオ＝長崎間の貿易がほとんどすべてであった。

マカオのポルトガル人は、一五七〇年代に生系貿易を行なうために共同出資して、アルマサンと呼ばれる組織を設立した。ポルトガル貿易の形態は、アルマサンが広州（広東《カントン》）で生糸を購入し、長崎で売却するというものであった。アルマサンは、生糸の売り上げを出資者に共同分配する役割を担っていた。イエズス会も出資者としてアルマサンに参加しており、これによってポルトガル貿易に関与していたのである。また、海難による損失を最小限に抑えるために、手形送金も行なわれていた。

ポルトガル側の輸出品目としては、生糸のほかは、絹織物、羅紗《らしゃ》、更紗《さらさ》、鹿皮、水牛角、象牙、麝香《じゃこう》（ジャコウジカ）、竜涎香《りゅうぜんこう》（マッコウクジラ）などであった。日本からの輸出品目としては、銀のほかは、鉄、硫黄、屏風、刀、甲冑《かっちゅう》、蒔絵《まきえ》などであった。しかし、こうした生糸以外の貿易品目は、貿易の全体からすればわずかなものに過ぎなかった。ポルトガルとの貿易といっても、貿易品目は生糸を始めとしてほとんどが東アジアの物産であったことになる。

イエズス会は日本布教の経費を賄うために貿易に関与していったが、貿易に関与することが全面的に禁止されていたわけではない。マカオ＝長崎間の生糸貿易は一定の額内のものが公認されていた。それゆえ、それ以外のものが非公認の貿易となるのである。非公認の貿易には、次の三種類のものがある。

一、定額以上の貿易。
二、マカオ＝長崎間の生糸貿易以外の貿易。
三、マカオ＝長崎間以外の貿易。

このうち、マカオ＝長崎間の貿易が事実上ほぼすべてを占めていたので、二の生糸貿易以外の貿易と三のマカオ＝長崎以外の貿易が全体に占める割合はわずかなものに過ぎなかった。それゆえ、非公認の貿易活動といえば、一の定額以上の貿易を行なうことを指していたのである。この定額以上の貿易を行なうことの是非が問題となったのである。イエズス会は、日本布教の経費を賄うために、貿易への関与を深めていくことになる。この問題は、イエズス会内で議論されただけでなく、フランシスコ会などの托鉢修道会からイエズス会が非難される要因となった。

イエズス会においては、プロクラドールと呼ばれる役職の者が財務を担当していた。財務は、元来は布教活動における重要事項とは見なされていなかったが、イエズス会の貿易規模が拡大して扱う金額が莫大なものになっていくに伴って、プロクラドールの役割も重要なものとなっていった。当初、プロクラドールは、イルマンが就くような扱いであったが、やがてパードレが就くようになり、ついには盛式四誓願司祭が就くまでになった。

ポルトガルの貿易は、カピタンモールと呼ばれるポルトガル政府の役人が統制していた。カピタンモールとは、ポルトガルの提督を意味する言葉であり、ポルトガル国王が任命するポルトガル領インドにおける最高責任者であるインド副王に代わる権限を巡回地において保有する。ゴアを基点として、マラッカ・マカオ・長崎などを巡回し、約三年の期間を経てゴアに帰還することになっている。航海期間中の寄港地における全権を有しており、ポルトガルの官僚として聖職者以外のポルトガル船の乗組員や商人を統制していた。カピタンモールの姿は、南蛮屏風にもよく描かれている。カピタンモールは、日本とポルトガルとの生糸貿易をポルトガル側から直接管轄していた。カピタンモールの名称は、ポルトガル語で「大カピタン」を意味する「カピタン・マヨール」（Capitan Mayor）が語源であると考えられている。

イエズス会宣教師の軍事計画

日本のイエズス会においては、ポルトガルやスペインの軍隊を使って日本を軍事的に征服することの是非が議論された。日本布教のためには、まず日本を軍事的に征服し、そこから本格的な布教活動を開始することが合理的であると考えられたのである。こうした軍事計画は実行に移されたわけではないが、イエズス会では、一五八七（天正一五）年の秀吉の伴天連追放令以降、教会領であった長崎や茂木を要塞化して、そこを足がかりにポルトガルやスペインの軍隊を動員して日本全土を制圧することが可能かどうかということが真剣に議論されたのである。

日本における軍事計画は、おもにポルトガル系イエズス会士とスペイン系イエズス会士の間で議論された。マカオからポルトガルの軍隊を動員するのか、マニラからスペインの軍隊を動員するのか。日本を軍事的に征服すべきか否かは、イエズス会士の出身国であるポルトガルとスペインの国是に関わる問題であった。スペイン人イエズス会士アロンソ・サンチェス（一五四七～九三）は、こうした軍事計画を実現に向けて積極的に推進しようとしていたが、巡察師ヴァリニャーノは実現不可能なものであると考えていた。サンチェスを始めとして、おもにスペイン系のイエズス会士が日本の軍事的征服を積極的に主張していたようである。これに対して、ヴァリニャーノは、軍事計画を実際の行動に移すことによって、たとえ長崎や茂木などの九州の港を一時的に制圧できたとしても維持することは事実上不可能であると考えていた。もちろん、日本の軍事的征服は、イエズス会士達によって議論された机上の空論であり、実際の行動に移されたものではない。

イエズス会による日本の軍事征服論は、中国布教との関連で論じられることが多かった。イエズス会では、日本を軍事的に征服した後、日本を中国布教の足がかりとできれば中国布教が容易に実現できると考えられていた。日本の軍事征服論は、中国布教の手段として中国布教論と組み合わせて論じられたのである。イエズス会にとっては、日本が重要な布教地であったとはいえ、日本布教は中国布教への足がかりに過ぎず、中国がいわば布教の最終目的地だったことになる（高瀬弘一郎『キリシタン時代の研究』岩波書店、一九七七年）。

日本司教セルケイラ

一五八一（天正九）年、イエズス会は、それまでインド管区に属していた日本を独立した準管区に昇格させた。これによって、日本準管区長が任命されることになり、大村純忠の寄進によってイエズス会領となった長崎に駐在することになる。ヴァチカンは、一五八八（天正一六）年に日本をマカオ司教区から独立させて府内司教区としたが、これが事実上の日本司教区である。日本が司教区とされると、長崎が日本司教の駐在地にもなった。初代の日本司教はメルシオール・カルネイロであったが、実際に日本に着任はしていない。初めて日本に着任したのは、一五九六（慶長元）年に着任したペドロ・マルティンスである。

一五九八（慶長三）年、イエズス会出身のルイス・セルケイラが日本司教に就任した。セルケイラは、司教マルティンスの補佐司教に着任するために来日したのだが、来日後にマルティンスがすでに亡くなっていたことが判明したので、代わって日本司教に就任することになったのである。セルケイラは、一六一四（慶長一九）年に没するまで日本司教として長崎に駐在した。彼は、司教就任によって修道会であるイエズス会からは離れたことになるが、巡察師ヴァリニャーノとは終始良好な関係を維持していたようである。彼らの間では、重要な問題に対しては見解の調整が図られた形跡すらある。なお、一六〇九（慶長一四）年、日本はイエズス会の準管区から管区に昇格している。

巡察師ヴァリニャーノは、日本において活動しているイエズス会士の出身地の違いを常に考慮していた。特に多数派を占めるポルトガル人とスペイン人に対しては、相互に軋轢や対立を引き起こすことがないように注意していた。

イタリア出身のヴァリニャーノは、ポルトガルとスペイン以外の出身者としてイエズス会内のバランスを取ろうとしていたのである。彼は、ポルトガル人とスペイン人の一方に重要な役職が偏ることのないよう配慮していた。イエズス会から離れていたとはいえ、日本司教セルケイラがポルトガル人であったので、日本の良心問題の裁定のために日本からヨーロッパに向かう特使（プロクラドール）にはスペイン人のヒル・デ・ラ・マタ（一五四七～九九）を任命するなどして、イエズス会内の役職のバランスを保つようにしていたのである。

一六一四（慶長一九）年に日本司教セルケイラが没すると、これを契機として長崎教会は一時分裂してしまった。一六世紀末頃にはフランシスコ会士が実際に来日するようになったが、その時点では長崎の布教にはほとんど関与することがなかった。一六〇〇（慶長五）年、ローマ教皇グレゴリウス一三世は、ポルトガル領インドを経由しない宣教師の日本・中国への入国を禁止していた。しかし、一六〇八（慶長一三）年、ローマ教皇パウルス五世（一五五二～一六二一）が日本布教をイエズス会以外の修道会にも認めると、フランシスコ会をはじめとするスペイン系托鉢修道会の宣教師達がフィリピンから来日してきた。一六一二（慶長一七）年以降はフランシスコ会の遣外管区長が長崎に駐在するようになり、ドミニコ会、アウグスティノ会もそれに続き、活発に活動するようになる。長崎においてはイエズス会はおもに内町に布教し、スペイン系の托鉢修道会はおもに外町に入っていったようである。イエズス会とスペイン系托鉢修道会は、長崎において対立を引き起こしていたが、それが司教セルケイラの没後に府内司教区から分裂するという「教会分裂《シスマ》」を引き起こすに至ったようである。小教区の主任司祭達がイエズス会に味方しなかったうえ、村山当安の影響が外町にまで及んでいたことがその背景にはあったと考えられている。

日本教会史の編纂

イエズス会においては、日本全国から送られる情報は管区長のいる長崎に集約され、年報作成者によって「日本年報」として纏《まと》められた。ヴァリニャーノの巡察後、長崎にはイエズス会の布教に関する情報が集積されるようになっており、その情報を用いて「日本教会史」が編纂されることになった。布教地の歴史として「インド史」に続く「日本史」の編纂が企画されたのである。当初は巡察師ヴァリニャーノ自らが執筆する予定であったが、史料の不足や彼自身の多忙などの理由から果たせないとなると、「日本教会史」の編纂は、年報作成者として知られるルイス・フロイスに命じられた。それによって完成したのが、フロイスの大著「日本史」である。ザビエルの来日から同時代の一六世紀末頃までのイエズス会の日本布教の歴史を叙述した著作である。フロイスは、「日本史」を脱稿後に原稿を自らマカオに齎したうえで、印刷するためにヨーロッパに送付することを巡察師ヴァリニャーノに要請した。

しかし、巡察師ヴァリニャーノは、フロイスの「日本史」の出来には満足せず、その記述が冗長であるという理由から出版を許可しなかった。ヴァリニャーノは、フロイスによるエピソードを羅列したような記述に不満を抱いていたのである。それゆえ、フロイスの自筆原本は、ヨーロッパに送付されることなく、そのままマカオに留め置かれてしまった。フロイス自身はマカオから日本に戻ったが、彼の原稿はマカオの聖パウロ教会に遺された。一九世紀半ばの聖パウロ教会の火災によって、フロイスの自筆原稿は焼失してしまったと考えられている。それゆえ、現在では、一八世紀半ばにマカオにおいて作成された写本が確認できるに過ぎない。

その後、「日本教会史」は、日本管区長マテウス・デ・コーロスが執筆することになったが、彼は執筆を望みながらもついに果たすことができなかった。この執筆を受け継いだのは、イエズス会の言語学者ジョアン・ロドリゲス・ツヅであった。ロドリゲスは、マカオにおいて「日本教会史」の執筆を進めて一応の完成は見たが、やはり当時は出版するには至らなかった。現在、ロドリゲスの「日本教会史」の写本がリスボンのアジュダ図書館とマドリードのスペイン王立歴史学士院図書館に所蔵されている。

3　秀吉のキリシタン対策

秀吉の平和令

一五八七（天正一五）年、豊臣秀吉は、島津義久を下して九州を平定した後、相次いで平和令と見なすことのできる法令を発布している。それらの法令は、私戦の禁止と武装解除を主眼とするものであった。藤木久志氏は、秀吉の法令を次のように分類している（藤木久志『豊臣平和令と戦国社会』東京大学出版会、一九八五年）。

大名の平和＝惣《そう》無事令
村落の平和＝喧嘩停止令
百姓の平和＝刀狩令
海の平和＝海賊停止令

惣無事とは、平和の状態を指すものであり、これを命令したのは秀吉に限ったことではない。秀吉による惣無事はあっても、秀吉の「惣無事令」はないという指摘もある。秀吉は、これによって大名が私戦を行なうことを禁止した。武力行使は、豊臣政権によって一元化されたのである。

喧嘩停止令は、山野水論の解決のために、武力を用いることを私戦として禁止したものである。ただし、この法令自体は存在しないとされる。

海賊停止令は、一五八八（天正一六）年七月八日付の海賊停止に関する法令である。瀬戸内海と九州に限定したものと考えられるが、対象領域は明示されておらず、明との勘合貿易復活を狙った法令という見方もある。

刀狩令は、一五七五〔天正三〕年に織田政権下で柴田勝家が行なった「刀さらえ」が最初であると言われる。秀吉は、一五八七〔天正一五〕年に百姓の武器所持を禁止した。刀などの鉄を方広寺大仏の建造に充てるために徴収することを名目とした。一揆の停止を主眼とした武装解除令とされるが、これによって百姓が完全に武装解除したわけでもないので、身分法的性格が強いとも考えられている。

伴天連追放令

一五八七〔天正一五〕年、豊臣秀吉は、島津義久を下して九州を平定した直後、博多の箱崎において、いわゆる伴天連追放令を発布した。この法令は、一連の平和令に先駆けて発布されたものであるが、平和令とは性質を異にする。のみならず、追放令の発布は、唐突になされたかのようである。翌八八〔天正一六〕年には、秀吉は、それまで教会領となっていた長崎を没収して直轄領とし、佐賀の鍋島直茂を代官に任命した。長崎の没収によって、秀吉は、長崎貿易を独占しようと考えていたのである。伴天連追放令は、その布石であったと見ることができる。秀吉にしてみれば、長崎をイエズス会から没収したいが、イエズス会を完全に排除してしまうと貿易が成り立たないので没収した意味がなくなる。つまり、秀吉の意図は分かるが、政策としては矛盾していたのである。一五九二〔文禄元〕年、秀吉は、唐津藩主の寺沢広隆を初代長崎奉行に、町人の村山当安を代官にそれぞれ任命した。

当時の長崎の町数は、長崎建設時の六町から二三町にまで増えていた。この時点での二三町は内町と呼ばれ、その後に建設された外町とは区別されている。内町と外町の大きな違いとしては、内町では地子《じし》〔宅地税〕が免除されていたことが挙げられる。さらに、これらに長崎・浦上山里・浦上淵の三郷が加えられた。なお、一五九〇〔天正一八〕年頃の長崎の人口は約五〇〇〇人、文禄年間には一万人足らずであったと言われている。

秀吉による追放令が発布されるまでの経過を見ていきたい。フロイスの「日本史」には、伴天連追放令の発布の経緯が詳細に記述されている。天正一五（一五八七）年六月一七日、高山右近は、日本準管区長ガスパール・コエリョ（一五三〇～九〇）を訪問した。六月一九日、秀吉は、右近を改易《かいえき》した。六月一九日、伴天連追放令である「定」を発布した。秀吉は、右近に信仰を棄てるよう迫ったが、右近の頑なな姿勢が意に添わなかったからであると言われている。しかし、秀吉は、右近が棄教すると本気で考えていたかどうか疑わしい。六月一九日と二〇日、秀吉は、日本におけるキリシタンの振る舞いについてコエリョを詰問した。しかし、実際にはコエリョを詰問するまでもなく、伴天連追放令を発布するという方針はすでに定まっていたのである。

秀吉による伴天連追放令には、六月一八日付の「覺」と一九日付の「定」が存在する。両者は、日付が一日違いの法令である。「覺」については、伊勢の神宮文庫に写本が伝存している。しかし、当事者であるキリシタン宣教師は、「定」には言及しているが、「覺」には全く言及していない。「覺」は、「後朱印師職古格」、「古文書之写」、「三方会合記録」の三つの写本が伝存している。「三方会合記録」は山田三方が作成した写しであり、追放令の文書として最も良質であるとされている。

六月一八日付の「覺」については、作成前後の状況が必ずしも明らかではない。実際に一九日に右近に改易が通達される前に作成されたものであろうか。あるいは、一九日に「定」を発布するために、あえて「覺」を前日付としたのであろうか。しかし、一八日付の「覺」の方が翌日付の「定」よりも厳しい内容となっているのは不自然である。秀吉は、右近の妥協を期待していたのか。カピタン・ドミンゴス・モンテイロは、一七日以前に秀吉に謁見したのか。「覺」は、法令としての存在が疑われた時期もあったが、神宮文庫において写本が確認されたことによって、存在が明確になったのである。「覺」は、次のような文面である（平井誠二「『御朱印師職古格』と山田三方」『古文書研究』第二五号、一九八六年）。

覚

一、伴天連門徒之儀ハ、其者之可レ為二心次第一事、

一、國郡在所を御扶持ニ被レ遣候を、其知行中之寺庵百姓已下を心ざしも無レ之所、押而給人伴天連門徒可レ成由申、理不儘成候段曲事候事、

一、其國郡知行之義、給人被レ下候事ハ當座之義ニ候、給人ハかはり候といへ共、百姓ハ不レ替もの〔二〕候條、理不儘之義何かに付て於レ有レ之ハ、給人を曲事可レ被二仰出一候間、可レ成二其意一候事、

一、貳百町二三千貫ゟ上之者、伴天連ニ成候ニおゐてハ、奉レ得二　公儀御意一次第〔二〕成可レ申候事、

一、右之知行より下を取候者ハ、八宗九宗之義候條、其主一人宛ハ心次第可レ成事、

一、伴天連門徒之儀ハ一向宗ゟも外に申合候由、被二聞召一候、一向宗其國郡ニ寺内をして給人へ年貢を不レ成幷加賀一國門徒ニ成候而國主之富樫を追出、一向衆之坊主もとへ令二知行一、其上越前迄取候而、天下之さはりニ成候儀、無二其隠一候事、

一、本願寺門徒其坊主、天滿ニ寺を立させ、雖免置候、寺内ニ如二前〻一ニは不レ被二仰付一事、

一、國郡又ハ所在を持候大名、其家中之者共を伴天連門徒押付成候事ハ、本願寺門徒之寺内をたて候よりも不レ可レ然義候間、天下之さわり可レ成候條、其分別無レ之者ハ可レ被レ加二御成敗一候事、

一、伴天連門徒心ざし次第ニ下〻成候義ハ、八宗九宗之儀候間不レ苦事、

一、大唐南蠻高麗へ日本仁を賣遣候事可レ為二曲事一、付日本ニをいてハ人之賣買停止之事、

一、牛馬を賣買殺し食事、是又可レ為二曲事一事、

右條〻堅被二停止一畢、若違犯之族有レ之は忽可レ被レ處二嚴科一者也、

天正十五年六月十八日

「覚」は、全一一箇条から構成されているので、概略を以下に示す。

一、伴天連門徒のことは、その者の意思次第である。

二、国郡在所を扶持として与えられていながら、その知行地の寺庵・百姓以下の者達をその意思もないのに、給人《きゅうにん》（領主）が無理に伴天連門徒にすることは理不尽であり、間違ったことである。

三、その国郡知行については、給人に与えられたことは当座のことである。給人は替わるものであるけれども、百姓は替わることのないものである。理不尽なことが何かにつけてあったならば、給人を処罰するよう命令するので、承知しておくように。

四、二百町、二、三千貫より上の者が伴天連門徒になるのは、公儀の御意思を得次第になることができる。

五、右の知行より下の者は、八宗九宗のことであり、その者だけの意思次第でなることができる。

六、伴天連門徒については、一向宗以上にはかりごとをするものと、聞き及んでいる。一向宗は、その国郡において寺内（自治体）を組織して給人に年貢を納めず、しかも加賀一国を門徒にして国主の富樫を追い出し、一向宗の坊主に知行させ、その上、越前国までをも奪い取って、天下の障害になったのは隠しようもないことである。

七、本願寺門徒とその坊主には、天満に寺を建てさせて、放置してはいるけれども、寺内を前々のようにしてはならない。

八、国郡または在所を持っている大名が、その家中の者を伴天連門徒になるよう強制することは、本願寺門徒が寺内を組織したことよりもよくないことであり、天下の障害となるべきことなので、その分別のない者には御成敗が加えられるべきである。

九、伴天連門徒に自らの意思で下々の者がなることは、八宗九宗のことであり、不都合ではない。

十、中国・南蛮・朝鮮に日本人を売り送ることは道理に合わないことである。ついては、日本においては人の売買をやめるべきである。

十一、牛馬を売買し、殺して食べることは、これまた道理に合わないことである。右の条々を固く禁止し、もし違犯した者があれば、直ちに厳しく処罰するものとする。

以上が「覺」の概略であるが、これらの条文の内容を纏めると、次の三点に集約できるであろう。

① 強制改宗は禁止する。ただし、信仰は個人の自由である。
② キリシタンは一向宗に通じる危険なものである。
③ 牛馬を食べること、日本人を売ることは止めよ。

「覺」の特徴としては、キリシタンを一向宗と同様に排斥しているが、キリシタン個人の信仰を否定したわけではないことが挙げられる。日本人がキリシタンとなることを歓迎してはないが、禁止しているのは強制的に改宗させることのみである。決してキリシタンであること自体を罰するものではない。また、ポルトガル貿易の問題が、「覺」には見られないことも特徴的である。キリシタンという宗教の問題と、ポルトガル貿易が結びつけられていないのである。ここからは、秀吉にはポルトガル貿易を禁止する意図はなかったと受け取れる。キリシタンが牛馬を食べることは、方便として問い質《ただ》されたとも考えられるが、ポルトガル人が日本人を中国、朝鮮、ヨーロッパに奴隷として売っていたことが実際に警戒されていたのであろう。

「定」の写本

コエリョは、長崎からフスタ船（ポルトガルの小型帆船）で平戸を経て博多に赴いた。六月二〇日、博多と箱崎において伴天連追放令の「定」が発布された。六月一九日付の「定」の写本が平戸の松浦史料博物館に所蔵されている。「定」は、箱崎八幡宮座主旧臣城戸知正『豊前覚書』に収録されている。この追放令は、日本にいるポルトガル人にも通達された。イエズス会の「日本年報」には「定」のポルトガル語訳が記載されているので、「定」が実際に発布されたことが確認できる。「定」は次のような文面である。

定

一、日本ハ神國たる處きりしたん國より邪法を授候儀、太以不㆑可㆑然候事、

一、其國郡之者を近付門徒になし、神社佛閣を打破らせ前代未聞候、國郡在所知行等給人に被㆑下候儀者、當座之事候、天下よりの御法度を相守、諸事可㆑得㆓其意㆒處、下ゝとして猥義曲事事、

一、伴天連其知恵之法を以、心ざし次第ニ檀那を持候と被㆓思召㆒候へバ、如㆑右日域之佛法を相破事曲事候條、伴天連儀日本之地ニハおかせられ間敷候間、今日より廿日之間ニ用意仕可㆓帰國㆒候、其中に下ゝ伴天連に不㆑謂族申懸もの在㆑之ハ曲事たるべき事、

一、黒船儀ハ商買之事候間各別候之條、年月を經諸事賣買いたすべき事、

一、自今以後佛法のさまたげを不㆑成輩ハ、商人之儀ハ不㆑及㆑申、いづれにてもきりしたん國より往還くるしからず候條、可㆑成㆓其意㆒事、

已上

天正十五年六月十九日

「定」に見られる追放令は、先の「覺」とは異なり全五箇条からなる。その概略を以下に示す。

一、日本は神国であるので、キリシタン国より邪法を授けることは大変よくないことである。

二、その国郡の者を近づけて門徒にして、神社仏閣を破壊させるのは前代未聞である。国郡在所の知行などを給人

（領主）に与えるのは当座のことである。天下より下された御法度を守り、諸事にその意を汲むべきなので、下々として秩序がなく間違ったことである。
三、伴天連はその知恵をもって、思い通りに檀那（施主）を持ったものと思っていたが、右のように日本地域の仏法を破ることは間違ったことである。伴天連については日本の地に置いてはならないので、今日より二〇日の間に準備して帰国するべきである。〔ただし〕その中に下々で伴天連に不当なことを言う者がいるのは間違ったことである。
四、黒船のことは商売のことであるので、年月を経ても諸事売買すべきことである。
五、今以降、仏法の妨げをしない者達は、商売のことは言うまでもなく、どこであってもキリシタン国より往来することは、その意のままとする。
キリシタン宣教師達が二〇日以内に国外退去するよう命令していることは「覚」にはないので、「定」に初めて見られることである。秀吉は、キリシタン宣教師の追放令を出しながらも、ポルトガル貿易による利益を期待しているので、追放は徹底したものにならなかった。イエズス会がポルトガル貿易に深く関与していたからである。追放令を発布しているにもかかわらず、秀吉が曖昧な態度を取っていたことは、「定」の第四項と第五項で来航を認めていることに表れている。しかも、第三項にあるように、キリシタン宣教師達が二〇日以内に日本を退去するのは、事実上ほぼ不可能であった。秀吉は、それと知っていながら、イエズス会にあえて無理な要求をしたと考えられる。

コエリョへの詰問

秀吉は、伴天連追放令の発布に先立って、イエズス会のガスパール・コエリョを箱崎に呼び出していた。秀吉は、コエリョに対して、日本におけるイエズス会の活動に関する以下の四点を詰問した。
一、宣教師の来日理由は何か。なぜ人々を強制的にキリシタンとするのか。

二、なぜキリシタンは寺社を破壊するのか。
三、なぜ牛馬を食べるのか。
四、なぜ日本人を奴隷とするのか。

秀吉は、これらの理由をコエリョに厳しく問い質したところ、コエリョの回答は、次のようなものであった。

一、自分達は改宗のために来日した。キリシタンになるよう強制はしていない。
二、信者が自ら寺社を破壊したのである。
三、馬を食べる慣習はない。牛を食べるのを止めることは可能である。
四、日本人が売るからである。教会は日本人を奴隷とするのを止めさせようとしている。

コエリョは、確かに各項目に答えてはいるが、二と四については、教会の責任を回避するかのような回答である。もちろん、秀吉がコエリョのこうした回答に納得するはずがなく、コエリョの回答が不誠実であると非難した。しかし、秀吉は、「定」に見られるように、実際にはコエリョの回答を待つまでもなく、キリシタン宣教師の追放を決めていたのである。コエリョの回答は、実際には秀吉にとって何ら意味をなさなかったのである。秀吉は、コエリョに詰問することで、すでに自らが決定していたことに正当な裏づけを与えようとしていたのかも知れない。

追放令の実効性

キリシタンへの対応をすでに決めていたのに、秀吉がコエリョをわざわざ詰問した理由は不明である。秀吉は、「定」の日付と同じ六月一九日には高山右近を改易しているので、「覚」と「定」のいずれを考慮しても伴天連追放令を発布するという結論はすでに出ていたと考えられる。それでは、なぜ一日違いで「覚」と「定」が作成されたのか。両者は、整合性を保つために後で日付だけが変えられたとも考えられるが、内容が必ずしも対応してはいないので、そうとは言い切れない。「覚」は、実際には発布されなかったとも考えられるが、それでも「定」の前日付にした意図は明確ではない。それゆえ、日付の差がある理由は、現時点では明らかではない。

秀吉の伴天連追放令は、日本初の天下人《てんかびと》による全国的キリシタン追放令である。禁教令に数えることも可能であるが、正確に言うならば、伴天連の追放のみを命じたのであり、キリシタンの個人の信仰までをも禁止したものではない。しかも、伴天連に対して追放令の発布から二〇日以内の日本退去を命じるなど、追放令の完全遵守は事実上困難であることは明白であった。それに加えて、追放令自体にも問題はあった。伴天連の追放を命じておきながら、秀吉が南蛮貿易を不可とはしなかったので、イエズス会を日本から完全に排除できなかった。その結果、追放令は実効性の強いものにはならなかったのである。イエズス会士達は、秀吉の追放令によって一時的に長崎などに避難したに過ぎない。イエズス会は、表向きには追放令に追従する姿勢を取った。秀吉は、追放令に表向き追従したイエズス会の態度をそれ以上厳しく追及することはしなかったのである。

二十六聖人の殉教

イエズス会の宣教師達は、秀吉の伴天連追放令を受けて、日本から一時的にマカオに退避した者達もいたが、国内に残った者達は潜伏して表立った活動は控えた。秀吉は、潜伏している者達をあえて探し出して処罰することはせず、しばらく放置しておいた。秀吉が伴天連追放令を発布したとはいえ、法令としての実効性は強いものではなかったのである。伴天連を追放しながらも貿易による利潤を依然として期待する以上、イエズス会を日本から完全に排除することは事実上不可能であった。しかし、その後、秀吉の政策が明確に禁教に向かい、キリシタンの迫害を引き起こす契機になる事件が起きている。

一五九六（慶長元）年、スペイン船サン・フェリペ号が土佐国浦戸に漂着した。同船は、マニラを発ち、ヌエバ・

エスパーニャ（メキシコ）を目指していたが、航海の途中に暴風を受けて航路を外れて日本にまで流されてしまったのである。土佐領主の長曽我部元親（一五三九〜九九）は、同船の積荷を押収し、経緯を秀吉に報告した。報告を受けて、五奉行のひとりの増田《ました》長盛《ながもり》が積荷を引き取るために浦戸に赴くことになった。漂着船の積荷を押収することは、当時の日本の方法としては必ずしも不自然な処置ではなかったが、同船の乗員はこれを不当な行為であると感じたようである。長盛がサン・フェリペ号のランディアという航海士を尋問した際、航海士は、スペインがまず修道士を来させてから軍隊を引き込んでその国を征服するのだと述べた。これは、漂着後に積荷を押収されるなど、漂着船の乗員の弱い立場から精一杯の虚勢を張ったことによる放言と見てよいであろう。しかし、秀吉は、報告を長盛から聞いて激怒したという。

サン・フェリペ号事件は、秀吉にポルトガルやスペインに対して、さらにキリシタン教会に対して強い警戒心を抱かせることとなった。翌年にあたる一五九七（慶長二）年、この事件が契機となり、フランシスコ会士六名をはじめとする二四名のキリシタンが捕らえられた。彼らの護送中にさらに二名が加えられたことで、全部で二六名が捕らえられ、長崎の西坂において磔刑に処された。彼らは、一八六一（文久元）年から翌年にかけて聖人に列せられているので、長崎の二十六聖人と呼ばれる。この二十六聖人の殉教は、日本においてキリシタンの殉教が現実の問題となったことを示している。それまでにも日本において殉教は起きていたが、為政者の迫害による多数のキリシタンの殉教は初めてのことであった。

4　文禄の役とキリシタン宣教師

秀吉の対朝鮮外交

秀吉は、明に対しては、かねてより勘合貿易の復活を要求していた。秀吉は、全国を統一した後に倭寇を制圧したにもかかわらず、明からその返礼がないので明を征服するのだと主張している。秀吉は、明を征服するに際して、まず朝鮮を制圧して明征服の足がかりにすることを考えたのである。もっとも、秀吉の朝鮮出兵それ自体が朝鮮にしてみれば、空前の「倭寇」と位置づけられるものであった。

秀吉は、九州を制圧した後に朝鮮国王宣祖《せんそ》に対して入貢を要求した。一五九〇（天正一八）年、宗義智《よしとし》（一五六八～一六一五）と景轍玄蘇《けいてつげんそ》（一五三七～一六一一）が朝鮮使節に対応するために京都に入った。秀吉は、統一の慶賀のために来日した朝鮮使節に聚楽第で謁見したが、対等な関係ではなく朝貢使節として対応し、服属国に対する答書を与えた。朝鮮使節は、このような答書を持参しては帰国できないと強く抗議したが、結局は受け入れられず、翌年に帰国した。その後、玄蘇は、明征服のための先兵となることを要求したが、宗義智と小西行長は、言葉を婉曲にしようと明征服の道を開けることに要求をすり替えて朝鮮側と交渉を続けるなどした。朝鮮側がこの要求を受け入れられるはずがなく、結局、完全に拒絶して交渉が終わった。

秀吉の外交

外交文書では、秀吉は自己の神格化を図っている。具体的には、彼が東アジアの盟主となるべき理由を自らが「日輪の子」であるとする日輪懐胎の奇瑞《きずい》から説明している。こうした奇瑞は、始祖生誕の感生帝説《かんせいていせつ》として広く見られることである。この外交文書は、五山僧の西笑承兌《さいしょうしょうたい》（一五四八～一六〇八）が起草したものであり、中国の感生帝説を参照したと考えられる。東アジアの外交文書は、基本的に漢文で記されており、そのために外交文書の起草には漢文に通じた五山僧が当たるのが中世以来の伝統であった。西笑承兌の起用は、その流れを汲んだものである。

秀吉は、その論理を用いて、一五八七（天正一五）年に伴天連追放令を発布した。この追放令は、キリシタン宣教師の国外追放を定めたものであるが、その一方で、ポルトガルとの貿易は継続したいという打算があった。それゆえ、この法令は、実際に大きな効力を持つものではなかったが、キリシタン宣教師は、この法令を尊重して表立った活動を控えるようになった。

秀吉の外交方針は、強圧的外交を採ることであった。それは、ポルトガルとスペインという南蛮諸国に対する姿勢に端的に現れている。一五九一（天正一九）年五月二九日、西笑承兌は、秀吉の命令を受けてポルトガル領インド副王に宛てて、日本との貿易は許可するが、キリスト教の布教は禁止する旨の文書を作成した。秀吉は、スペインに対しては、同年九月一五日、自らを「日輪の子」と称して、キリシタンの原田孫七郎にフィリピン総督宛の親書を託して、フィリピンの服属と入貢を命令した。これを受けて、フィリピン総督ゴメス・ペレス・ダス・マリーニャスは、ドミニコ会士のファン・コーボ（一五四七～九三）に一五九二（文禄元）年六月一一日付の親書を託して秀吉の真意を探ろうとした。同年七月二一日、秀吉は、フィリピン総督の使者コーボに謁見した際、フィリピン総督に対して再度、服属と入貢および明征服のための軍事協力を要請した。コーボは、秀吉の親書を持参してフィリピンに向かうが、台湾沖において遭難して亡くなってしまう。使者の原田は、コーボの遭難と親書の喪失を報告したが、フィリピン総督は、この事態を訝しく思い、状況を確認しようとした。このように、秀吉の南蛮諸国に対する強圧姿勢は、いずれも形式的には返信を得ているが、実質的効果は挙げていない。

文禄の役

秀吉は、朝鮮側の対応に不満を抱き、朝鮮に軍隊を派遣して制圧することを企てるに至った。一五九二（文禄元）年、第一次朝鮮出兵が開始された。文禄の役（壬辰倭乱《じんしんわらん》）である。秀吉は、朝鮮に明征服の先兵となることを拒絶されたので朝鮮から征服することにしたのである。こうして、明征服を目的に掲げて軍隊を動員して朝鮮半島に侵攻した。第一軍は宗義智と小西行長が指揮する軍隊、第二軍は加藤清正と鍋島直茂が指揮する軍隊、第三軍は黒田長政が指揮する軍隊と、日本軍は三軍に分けられた。同年四月、日本の宗・小西の第一軍が、釜山浦《ふざんほ》に上陸した。翌五月、日本軍は漢城を攻略して陥落させたが、この時、朝鮮国王の宣祖は漢城を捨てて逃亡した。秀吉は、石田三成を朝鮮奉行に任命し、支配に当たらせた。この頃、朝鮮半島では日本に抵抗する義兵運動が各地で盛んとなっていた。朝鮮の将軍李舜臣《りしゅんしん》が水軍を率いて活躍したのもこの頃である。一五九三（文禄二）年一月、戦争に介入していた明の提督李如松《りじょしょう》が宗と小西の第一軍を下した。日本軍は李軍を下しはしたが、咸鏡道《かんきょうどう》の加藤清正を漢城に撤退させることになった。その後、明の遊撃将軍沈惟敬《しんいけい》は、漢城に駐留中の宗・小西軍の補給路を断つことに成功した。これによって、日本軍は苦境に陥り、和議を提案せざるを得ない状況になった。朝鮮を一時的に制圧することはできても、維持できなかったのである。

日本が朝鮮に提示した講和交渉の前提条件は、①清正が捕虜にした朝鮮王子を返還する、②漢城から釜山浦へ日本軍を撤退させる、③開城の明軍を遼東半島へ撤退させる、④明から日本に講和使節を派遣する、というものであった。しかし、朝鮮は、この前提を受け入れることに反対した。秀吉の要求に対応できないのは、明にとっても同じであった。明の軍務計略宋応昌《そうおうしょう》は、明の皇帝からの偽使を日本に派遣することで事態の収拾を図った。秀吉の要求は、明の皇女と天皇家との婚姻締結と勘合貿易の復活であった。朝鮮の領土は、北四道と漢城を明に返還した。小西らにしてみれば、そもそも不利な状況を打開するために和議を結ぼうとしたのだから、秀吉の要求に応えられるはずもない。

そこで、小西は、内藤如安《じょあん》に偽の国書を持参させて明に派遣した。偽の国書には、日本側の降伏の意思が示され、釜山浦に駐留する日本軍の撤退が明言されていた。日本は、朝鮮と和解して明の宗属国となることが明言されていた。明からの詔勅には冊封を示す言葉があったように、冊封のほかは貢市《こうし》を求めなかった。

しかし、秀吉は、一五九七（慶長二）年、第二次朝鮮出兵を実行した。慶長の役（丁酉倭乱《ていゆうわらん》）である。この時の征服対象は、かつての明ではなく朝鮮であった。第一次となる文禄の役の和議七箇条には、朝鮮半島の南四道（京畿道、忠清道、全羅道、慶尚道）の割譲が記載されていたが、実行されなかったので武力による割譲を実施すると言って再び出兵したのである。ただし、慶長の役には、キリシタン宣教師は関与していない。

朝鮮人捕虜

戦争後には多数の朝鮮人が捕虜として日本に連行されたと言われる。その中には、朱子学者、陶工など特殊技能を持つ者が含まれていた。捕虜として日本に連行された者の中にキリスト教に入信する者が出ている。例えば、小西行長の妻マリアに仕えた侍女《じじょ》大田ジュリアなどがそうである。その後、江戸幕府の禁教政策によって迫害が行なわれた日本においては、朝鮮人殉教者が輩出している。

一五九八（慶長三）年、日本司教ルイス・セルケイラは、前代の司教ペドロ・マルティンスと同様に、奴隷売買に対しては破門の処罰を下すことを長崎において公布した。この場合の奴隷売買とは日本人を奴隷として東南アジアなどの海外に転売することを指しているが、セルケイラは、朝鮮人捕虜に対しても日本人と同様に売買する者には破門の処罰を下すという対応をしている。こうした処罰が繰り返し言明されているので、違反者が絶えなかったと推測されている。したがって、破門の処罰を下すとはいえ、効力にも疑わしいものがある。一五九二（文禄元）年一〇月以前から、朝鮮人捕虜が有馬・大村・天草に送られていた。日比屋平右衛門ヴィセンテは、一二歳くらいの朝鮮人少年をイエズス会のペドロ・モレホン（一五六二～一六三九）に紹介し、モレホンは彼を引き取ることにした。その少年は、同年一二月にモレホンから洗礼を受け、カウン・ヴィセンテと名乗った。彼は、後にイエズス会に入り、一六二六（寛永三）年に島原において殉教している。

日本から朝鮮半島へ

朝鮮半島に渡った初めてのヨーロッパ人は、漂着などの事例を除けば、スペイン人イエズス会士グレゴリオ・デ・セスペデス（一五五一～一六一一）である。セスペデスは、文禄の役におけるキリシタン大名小西行長の従軍司祭として朝鮮半島に渡った。彼はマドリードに生まれ、一五六九年にイエズス会に入会した。一五七五年、アジア布教を志してマカオに到着し、一五七七（天正五）年、来日した。秀吉の伴天連追放令が発布された際には、京都に留まっていた。日本準管区長ペドロ・ゴメスは、朝鮮に出兵しているキリシタンのためにセスペデスを派遣することにした。一五九三（文禄二）年、セスペデスは、日本人修道士ハンカン・レオンとともに黒浦に到着した。この時点ではイエズス会に朝鮮布教の意志はなかったとされる（柳田利夫「文禄・慶長の役とキリシタン宣教師」『史学』第五二巻一号、一九八二年）。ゴメスは、セスペデスをあくまでもキリシタン大名小西を始めとする日本人のキリシタンの司牧のために派遣したに過ぎない。ルイス・フロイスの「日本史」にも、セスペデスの派遣について記されている。

ヨーロッパ側の史料としては、パリ外国宣教会の編纂者クロード・シャルル・ダレ（一八二九～七八）の『朝鮮教会史』（パリ、一八七四年）が知られている。パリ外国宣教会は、近代に朝鮮布教を担った教区司祭からなる宣教団体である。ダレは、東アジア諸地域の宣教師が送付した書翰や報告書から朝鮮関係記事を抜粋してフランス語で朝鮮教会史を纏めた。同書は朝鮮に関する纏まった史料ではあるが、ダレは実際に朝鮮に足を踏み入れていないので史料価値が高いとは言えない。朝鮮側の史料『朝鮮王朝実録（李朝実録）』は、歴代の朝鮮国王の事蹟を編年体で纏めた官撰の歴史書である。宣祖の事蹟を纏めたものは、『朝鮮王朝宣祖実録』と呼ばれる。野史、すなわち私撰の歴史書としては、宰相であった柳成龍《りゅうせいりゅう》（一五四二～一六〇七）の『懲毖《ちょうひ》録《ろく》』が代表的なものである。イエズス会士セスペデスの行動は、こうした朝鮮側の史料には見られない。セスペデスは、朝鮮半島に渡ったとはいえ、現地の人々の間で布教活動を行なってはいないので、当然と言えるかも知れない。

秀吉は、朝鮮出兵より以前に伴天連追放令を発布している。実際には追放令がほとんど効力を持たなかったとはいえ、イエズス会士は表立っての行動ができない状況に置かれた。この時点では、イエズス会には、朝鮮の布教計画はなかったようである。セスペデスは、あくまでもキリシタン大名の従軍司祭として朝鮮半島に渡ったに過ぎないが、後世の朝鮮半島に影響を及ぼしたとする見解もある（ホアン・G・ルイズデメディナ『遥かなる高麗《カオリ》――一六世紀韓国開教と日本イエズス会』近藤出版社、一九八八年）。当時のイエズス会内では、セスペデスの評価はそれほど高いものではなかった。

昭顕世子《しょうけんせいし》と西学

韓国のキリスト教会は、北京における李《り》承薫《しょうくん》の受洗をその起源と見なしており、韓国人が自主的に摂取したと説明している。イエズス会のルイズ・デ・メディナ神父は、一五九三年が韓国教会の「誕生」であると見なしており、一六二〇年代には日本で改宗した朝鮮人が故国に帰ったのではないかと推測している。韓国教会は、このことが朝鮮側の史料からは確認できず、文禄の役によって朝鮮半島にキリスト教が布教されていないので、これを韓国教会の起源と見なすことはできないと説明している。韓国においては、明末清初の中国において、昭顕世子（一六一二～四五）がキリスト教と最初に出会った人物であると言われている。一六三七年、昭顕世子は、朝鮮国王仁祖の世子として清《しん》朝の人質となるべく妃の姜《きょう》氏とともに当時清の都が置かれていた瀋陽《しんよう》に連行された。昭顕世子は、朝鮮に帰還するまでの中国滞在の様子を『瀋陽日記』一〇冊に書き遺している。

一六四四（順治元）年、清が北京を制圧したのに伴って、昭顕世子は瀋陽から北京に輸送された。北京には布教のために滞在していたドイツ人イエズス会士ヨハン・アダム・シャール・フォン・ベルが明清交替の混乱を奇跡的に生き延びていたが、彼と友誼《ゆうぎ》を結ぶことになる。中国においては、マテオ・リッチが『天主実義』などの教理書をすでに著しており、それ以外にも自然科学関係の漢籍が出版されていた。同年、昭顕世子は、清から朝鮮への帰還を許された。アダム・シャールが自分の著書である天文・数学・天主教関係の書籍と天主像を帰国の途につく昭顕世子に贈ったところ、彼は書籍は喜んで受け入れたが、天主像は返却したと言われている。昭顕世子は、西洋科学に高い関心を持つ一方で、天主教には消極的姿勢を示したのである。彼は、朝鮮に帰国後わずか二カ月あまりで死去しており、朝鮮キリスト教における影響はほとんど確認できない。昭顕世子の事跡は、キリスト教の朝鮮伝播よりも西学の朝鮮輸入に関わるものである。韓国においては、この時期に韓国人が西学の摂取を通じてキリスト教を理解し始めたと評価されている。

中国からの朝鮮布教計画

北京のアダム・シャールは、清初に欽天監《きんてんかん》において暦の製作に携わっていた。彼の後継者として欽天監に奉職することになったベルギー出身の優秀な数学者フェルディナンド・フェルビーストは、北京から朝鮮半島に布教することを計画していたようである。彼の朝鮮布教構想は実現しなかったが、彼は朝鮮から北京へ来た使節団に接触しており、確認はできないものの使節団員に洗礼を授けた可能性さえあると言われている。

一七世紀以降、中国にいるイエズス会士達が木版で印刷した漢籍が朝鮮に齎されている。これらは、ヨーロッパの書籍を漢文に訳したものなので漢訳西学書と呼ばれている。朝鮮は、中国を宗主国とする事大外交の関係によって、毎年使節を北京に派遣していた。朝鮮の使臣達は、北京から帰国の際に漢訳西学書を持参している。時間の経過とともに様々な種類の漢訳西学書が朝鮮に紹介された。キリスト教は、漢訳西学書によって徐々に朝鮮に入ったのである。その結果、朝鮮の知識人には異文化に対する関心からこれらに接する人々が出てきた。一八世紀中葉以降、実学運動の師として知られる李瀷《りよく》（一六八一〜一七六三）とその門下生達、すなわち星湖学派に属する在野の知識人達が新しい学問として西学を研究している。彼らは、儒学者でありながら、朝鮮王朝の官学であった性理学に強い疑念を抱いていた。彼らは、現実における矛盾の打開と社会改革の原理を原始儒教に求め、その延長上にあるものとして天主教を研究していた。その結果、彼らは、経学研究に努める中でたどり着いた古経における「上帝」と「天」を、漢訳天主教書においてキリスト教の神を意味する「天主」と一体化させて理解するようになったのである（李元淳『朝鮮西学史研究』ソウル・一志社、一九八四年）。

最初の朝鮮人受洗者

一七八四年二月、李承薫（一七五六〜一八〇一）が北京の北堂においてフランス人イエズス会士ジャン・ジョセフ・ド・グラモン（一七三六〜一八一二頃）より洗礼を受けた。韓国では、彼が最初の朝鮮人受洗者であると見なされている。李の洗礼名ペテロは「石」を意味しており、朝鮮教会の礎石となれという願いが込められていると言われている。李が受洗した時点では、一七七三年のローマ教皇の勅書によってイエズス会は解散させられていたが、中国においてて命脈を保っていた。当時はパリ外国宣教会が中国布教を行なっていたうえに、イエズス会はフランス人宣教師が主流であった。北京の北堂はフランス系イエズス会士の拠点となっていた教会である。

一七八三年、朝鮮の謝恩使黄仁點《こうじんてん》が北京に赴いた。謝恩使とは、中国皇帝が朝鮮国王を冊封したことに対する返礼のための使者である。李承薫は、黄の書状官を務めていた父親の李東郁《りとういく》に随行して北京に赴いたのである。彼は、北京に赴く前から実学尊重の姿勢から西学に接近していた。それゆえ、当初、李は天主教関係書籍よりは自然科学関係書籍に関心を抱いていたが、やがてキリスト教に関心を寄せていったのである。

朝鮮においては、翌一七八四年に帰国した李承薫から代洗を受けて信者となる者が出始め、やがて彼ら少数の信者達によって天主信仰の共同体が組織されていった。朝鮮時代、キリスト教は、当初は両班《ヤンバン》階級を中心に受容されていた。両班とは、朝鮮王朝の科挙官僚によって形成される支配階級であり、同時に知識階級でもある。朝鮮王朝では、中国の影響を受けて官僚の登用試験である科挙が行なわれており、文科挙（通常の科挙）による文官集団と武科挙による武官集団が形成されていた。王宮において、国王の御前に文官と武官が東西に分かれて列席することから両班と呼ばれる。初期の朝鮮教会は、外国人宣教師が国内で布教活動を行なった結果として形成されたものではなく、聖職者が存在しない一般信徒だけの組織であった。

第三章

イエズス会の教育と布教

1　イエズス会の教育

教育の基本理念

イエズス会が七人の同志会の成立時に作成した『基本精神綱要』には、彼らが子供の教育を重視することが明記されている。イエズス会による教育理念を実現するために、教育の基本方針となる『ラティオ・ストゥディオールム（学事規定）』が作成された。『ラティオ・ストゥディオールム』は、初代総長イグナシオ・デ・ロヨラの遺志を継いで第五代総長クラウディオ・アクアヴィーヴァが編纂を命じたものである。同書は、ローマにおいてイエズス会の主要な神学者達が作成に携わっていることからも分かるように、同会が総力を挙げて作成に取り組んだものである。『ラティオ・ストゥディオールム』は、一五八六年にラテン語の初版が出版されたのを皮切りとして、一五九一年、および九九年には改訂版が出版されている。同書は、ロヨラが執筆した『イエズス会会憲』と同様にイエズス会による教育活動の指針とされてきたものであり、ヨーロッパだけではなく日本をはじめとする布教地においてもイエズス会の教育活動の指針として重視されたものである。同書には、イエズス会の教育機関においては哲学や神学をはじめとする諸学問の教育が施されるべきであることが規定されているが、さらに良心問題が別途に教育されるべきことが記されている。『ラティオ・ストゥディオールム』は、イエズス会の教育理念として世界的に実現が図られている。

ヴァリニャーノの教育構想

第一次日本巡察時には『ラティオ・ストゥディオールム』は完成していなかったが、ヴァリニャーノは、イエズス会の基本理念に沿った形で日本における教育制度を整備することを図っている。日本においてイエズス会の教育機関が整備される以前は、ゴアの教育機関が日本に派遣する宣教師の養成機関の役割を果たしていた。ゴアには、イエズス会のセミナリオ（小神学校）とコレジオ（学院、神学校、神学大学）があった。ゴアのコレジオは、イエズス会がフランシスコ会から受け継いだものであり、ザビエルを日本に案内した日本人アンジローもここで学んでいる。日本に赴くヨーロッパ人の宣教師、例えば、ルイス・フロイスなども、ヨーロッパにおいてイエズス会に入会しているが、その後ゴアにおいて長期間の教育を受けている。フロイスは、出生地であるポルトガルをはじめヨーロッパで過ごした時間よりも、布教地であるインドや日本で過ごした時間の方がはるかに長いのである。こうした背景から布教地における教育機関の整備は極めて重要な問題として浮上した。

一五七九（天正七）年に東インド巡察師として来日したヴァリニャーノは、日本における聖職者の教育制度を整備することを計画した。彼の構想によって、日本は、下（豊後を除く九州）、豊後府内、上（都）の三教区に分けられた。各教区には修院（カーザ）が置かれ、その下には住院（レジデンシア）が設置された。ヴァリニャーノは、第一次日本巡察の報告書である「日本諸事要録」において、日本には教育機関が必要であることを説明している。彼は、日本布教のためには日本人聖職者の養成が不可欠であり、そのための教育機関を日本に設立することが重要であると考えたのである。彼の計画に沿って、日本には、一五八〇（天正八）年に初等教育機関としてのセミナリオとイエズス会の修練期を過ごすノビシアド（修練院）が設立され、さらに高等教育機関であるコレジオが設立された。

以下、イエズス会の各教育機関について見ていきたい。

セミナリオは、イエズス会の初等教育機関である。日本の有力者は、当時の寺院に併設されている寄宿学校に子弟を通わせていた。キリシタンに改宗した後、それまでと同様に寺院内の学校に通わせるのが憚《はばか》られるので、教会内に学校を設立することが必要となっていたのである。一五八〇（天正八）年、下には有馬（島原）に、上には安土にセミナリオは設立された。一五八八（天正一六）年、下のセミナリオは、有馬から八良尾《はちらお》に移転された。セミナリオに限らず、教会の教育機関は、迫害などの事情によって頻繁に場所を移動している。セミナリオの在学期間は、七年ないし八年が想定されていたようである。日本の有力者の子弟を学ばせることを想定していたので、セミナリオへの入学は卒業後にイエズス会へ入会することを必ずしも前提とはしていなかった。

セミナリオは、当初はイエズス会の初等教育機関である小神学校として機能していたが、一七世紀には高等教育機関としてのセミナリオが誕生した。一六〇一（慶長六）年に日本司教セルケイラは、長崎に教区司祭養成のためのセミナリオを設立した。日本人が司祭に叙階されないことによる不満が鬱積した状態を打開するために、日本人を司祭に叙階させることが必要となった。しかし、日本人をイエズス会司祭に叙階することにはイエズス会内では抵抗があったうえ、日本人の司祭叙階が制限されるようになったので、教区司祭に叙階することで問題を解決しようとしたのである。両者は、名称が同じでも内容が異なるものである。その後、日本に潜入させる宣教師が必要になると、教区司祭養成のためのセミナリオがマカオにも設立されている。

ノビシアドは、セミナリオを卒業後にイエズス会に入会を希望する者が修練を積むための教育機関である。三年程度が在学期間として想定されていた。最初の生徒はポルトガル人が六名、日本人が六名であった。一五八〇（天正八）年、臼杵に設立され、一五八八（天正一六）年に長崎に移転された。

コレジオは、イエズス会の高等教育機関であり、イエズス会司祭を養成するための教育がなされた。一五八〇（天正八）年に豊後府内に設立された。天草にも一時的に移動するが、その後、長崎に落ち着いている。教育科目としては、スコラ哲学、倫理神学、ラテン文学、自然科学、日本文学、仏教などの諸学問が教授された。教授内容は、かなり高度なものであったと推定されている。教科書には、キリシタン版として印刷されたもののほか、ペドロ・ゴメスの「講義要綱」などが利用された。コレジオの設立当初、生徒はヨーロッパ人やインド人などの外国人がほとんどであった。生徒数は、全学年を合計しても一〇名から二〇名あまりに過ぎなかった。

ラテン語の教育とセミナリオ

イエズス会の教育において、ラテン語は基礎科目と位置づけられていた。日本人に対する教育では、初等教育のセミナリオの段階から語学としてのラテン語が重視されていたのである。また、セミナリオは、日本人の教育を主眼としていたので、日本語や日本の学問も教育の対象とされた。日本語や日本の学問については、日本人のイエズス会士が教授しており、その教材となる書籍がキリシタン版には含まれている。

ヴァリニャーノは、日本のセミナリオの時間割を作成している。それによれば、夏季は午前四時半に起床し、五時まで祈禱する。冬季はすべて一時間遅らせる。その後、ミサに与《あずか》り、主禱文を唱え、午前六時までの残りの時間は座敷を清掃する。午前六時半から七時半まで勉強する。午前七時半から九時までラテン語の宿題を教師に報告し、読み聞かせを聴く。午前九時から一一時まで食事をして休憩を取る。午前一一時から午後二時まで日本語の読み書きをする。午後二時から三時まで唱歌や楽器の演奏をする。午後三時から四時半まで再びラテン語を学習する。その後、午後五時までは自由時間とする。午後五時から七時まで夕食と休憩とする。午後七時から八時まではラテン語などの学習に当てる。午後八時には良心の糾明を行ない、夕べの祈りの後に就寝する。

祝日がない週は、水曜日は午後一時から休憩となり、日本語の授業が二時間のみとなる。土曜日の午前はラテン語の復習に当て、食後の二時間を日本語の読み書きに当てる。日曜日と祝日は、食後に別荘か郊外に出かける。外出できない場合、屋内で休養する。夏季の暑い時には、校長の判断に従って、休暇を取らせたり、休憩を増やしたりする。

以上のように、セミナリオの時間割が詳細に指示されているが、初等教育の段階からラテン語の教育が重視されていたことが特徴的である。しかし、実際には日本人でラテン語に精通し、ゴメスの「講義要綱」などを用いてラテン語で神学を学習できた者はほとんどいなかったと考えられている。こうした状況は、キリシタン時代を通じて変わらなかったようである。その結果、江戸幕府の禁教下に活動可能な日本人を司祭に叙階することが必要となると、ラテン語の初歩的知識しか持たない日本人を司祭に叙階することになったと言われている。なお、食事は、当時の慣習に従って一日に二食であった。

キリシタン版

キリシタン時代の日本において西洋式の活字印刷機で出版されたものをキリシタン版という。ヴァリニャーノが第二次日本巡察の際に齎《もたら》した活字印刷機が使用されている。一五九一（天正一九）年から一六一一（慶長一六）年までの期間に印刷されたものであり、これまでに三一種七四冊が確認されている。この中には完全なものもあるが、断片しか残存していないものもある。一五九一年に加津佐《かづさ》において印刷された『サントスの御作業のうち抜書』（加津佐、一五九一年）をはじめとして、おもに天草や長崎のイエズス会コレジオにおいて印刷された。

キリシタン版の題材は、キリスト教関係の作品に限定されていたわけではない。ヨーロッパの作品だけでなく、日本の文学作品なども扱われていた。コレジオにおいては、日本の文学も教授されていたからである。ヨーロッパの作品としては、キリスト教関係の書籍が中心ではあるが、『伊曾保物語（イソップ物語）』のほか、ホメロス、アリストテレス、プラトン、セネカ、キケロの著作などキリスト教とは無関係の書籍も印刷された。また、イグナシオ・デ・ロヨラの『スピリツアル修行（霊操）』なども印刷されている。こうした作品が、ヨーロッパ式の活字印刷機によってローマ字や国字（日本の文字）で印刷され、イエズス会の教育機関において教材として使用されたのである。

キリシタン版の具体例を見ていきたい。

『サントスの御作業のうち抜書』は、完本として現存する最古のキリシタン版である。ローマ字表記の日本語で記された、原始教会の聖人伝である。バレト写本「サントスの御作業」から一部を抜き書きしたことになっているが、実際には若干の相違が見られる。なお、同書と密接な関係にある「サントスの御作業」は、刊本ではなく「バレト写本」として知られており、現在、ヴァチカン図書館に所蔵されている。「サントス」とは聖人の複数形であり、この写本は、ローマ教会の原始教会の聖人伝である。これらは、スペインのトレドの教区司祭アルフォンソ・デ・ビリェガス（一五三三〜一六〇五）やイエズス会士ペドロ・デ・リバデネイラ（一五二七〜一六一一）の聖人伝を基にして作成されたと考えられている。

『ドチリナキリシタン』は、キリスト教の教理書である。一五九二（天正二〇）年に天草においてローマ字で日本語のものが印刷され、一六〇〇（慶長五）年に長崎においてローマ字で日本語のものと漢字混じり平仮名のものが印刷された。同書については、刊本のみならず複数の写本が確認されている。

『コンテンツス・ムンヂ』（天草、一五九六年）は、「ジェルソンの書」として知られていた。同書には著者名がなく、当時はイタリアのヨハネス・ジェルソン（一三六三〜一四二九）の著作と考えられていたが、現在ではオランダのトマス・ア・ケンピス（一三八〇〜一四七一）の著作と考えられている。同書はローマ字表記の日本語で記された。同書は改訂され、一六一〇（慶長一五）年に京都において『こんてむつすむん地』として漢字と平仮名で記されたものが印刷された。

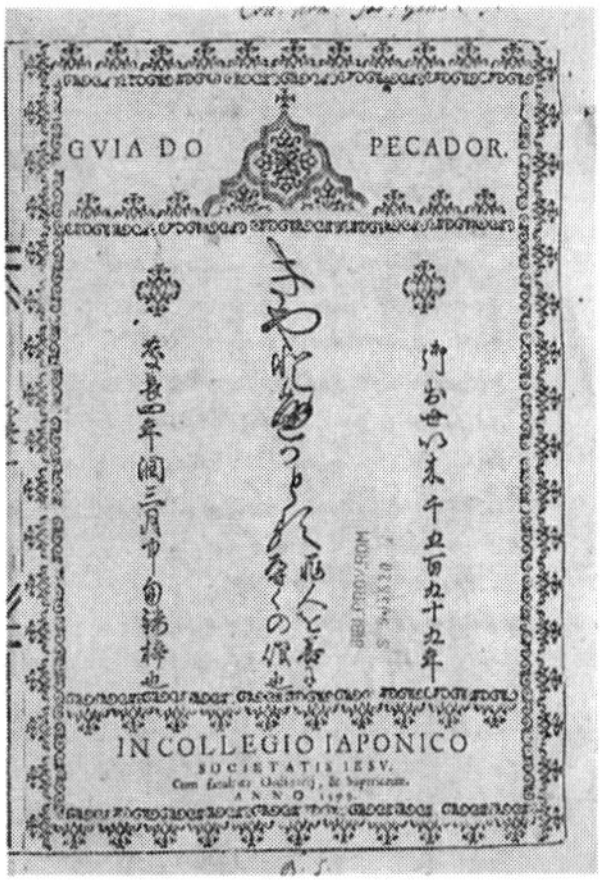

ぎやどぺかどる

『ヒイデスの導師《てびき》』（天草、一五九二年）は、スペインの神学者ルイス・デ・グラナダ（一五〇四〜八八）のスペイン語の著作『信仰の導き』の一部をローマ字表記の日本語で印刷したものである。『信仰の導き』の初版は、一五八三年刊のサラマンカ版であるが、『ヒイデスの導師』は、一五八八年刊のサラマンカ版を底本にしている。『ぎやどぺかどる』（長崎、一五九九年）は、グラナダのスペイン語の著作『罪人の手引き』を日本語で日本の文字で印刷したものである。グラナダの著作は、おおむね聖職者向けにラテン語で執筆したものではなく、多くは一般信徒向けにスペイン語で執筆されている。グラナダ自身は、ドミニコ会士であったが、イエズス会は、彼の著作をキリシタン版の題材として好んで印刷した。

『平家の物語』（天草、一五九二年）は、『平家物語』を対話形式に編集し直したものである。このほか、日本の作品としては『落葉集』（長崎、一五九八年）や『太平記抜書』（印刷地不詳、一六一一・一二年頃）が印刷されている。

イエズス会の基本書籍も印刷された。ロヨラの『霊操』は、一五九六年に天草のコレジオにおいてローマ字でラテン語のものが印刷された。同書は、一六〇七年にペドロ・ゴメスの『スピリツアル修行』として長崎において印刷された。ヨーロッパにおいて印刷された『霊操』と同様に、観想するための手引きとして複数の挿絵が印刷されているが、挿絵は未完のままに終わっている。そのほか、ロヨラの伝記も印刷されたようだが、現存してはいない。

『ナバーロの手引書』（天草、一五九二年）は、ザビエルの親類であった神学者マルティン・デ・アスピルクエタが執筆した良心問題の事例集『聴罪司祭と悔悛者の手引書』である。ヨーロッパにおける初版は、一五四九年にコインブラにおいて印刷されたポルトガル語版である。その後、スペイン語版とラテン語版が印刷された。一五九七（慶長二）年に天草においてラテン語版が印刷された。同書は、ヨーロッパにおいて広く流布したものであるが、日本においても利用されていたのである。同書については、イエズス会のマヌエル・デ・サー（一五二八頃～九六）が『金言集』と呼ばれるラテン語の改訂縮約版を出版しており、一六〇三（慶長八）年に長崎において同書のラテン語版が印刷されている。アスピルクエタの『聴罪司祭と悔悛者の手引書』およびサーの『金言集』から、キリシタン版のうちラテン語で作成されたものはヨーロッパと同一の版を印刷することが原則であったと考えられる。

『サカラメンタ提要』は、イエズス会出身の日本司教ルイス・セルケイラが、一六〇五（慶長一〇）年に長崎においてラテン語で執筆した日本向けの典礼書である。巡察師ヴァリニャーノは、すでに日本向けの典礼書を作成して印刷することが必要であると指摘していたが、それがセルケイラによって実現したのである。同書は、カトリックの典礼を日本向けに修正していることが特徴的である。日本という布教地向けに典礼を修正できるのは日本司教の権限に属することである。同書は、中国において利類思（ルイス・ブリオ）『聖事禮典』（北京、一六七五年）に影響を与えたことが確認されている（安廷苑『キリシタン時代の婚姻問題』教文館、二〇一二年）。

日本語の研究

イエズス会は、日本語の研究も行なっており、日本語の辞書や文法書を印刷している。日本のイエズス会は、『日葡辞書』を長崎において出版している。辞書中に氏名は示されていないが、イエズス会の言語学者ジョアン・ロドリゲス・ツヅ（一五六一～一六三三）が、編集を主導したと考えられている。なお、ツヅとは、「通詞」である。同時期に同姓同名のイエズス会士がいたので、彼と区別するために当時から付けられていた。

ロドリゲスは、日本語の文法書としては『日本大文典』（長崎、一六〇四年、〇八年）と『日本小文典』（マカオ、一六二〇年）を著している。『日本大文典』は、ラテン文法を基にして日本語の文法を説明したものである。日本語は、ラテン語とは文法構造が全く異なる言語なので、名詞の格変化や動詞の活用など一見冗長とも思える一覧表が延々と続いている。これに対して、『日本小文典』は、ラテン文法からは離れて、日本語の特徴を重点的に説明したものである。それゆえ、『日本小文典』は、先行する『日本大文典』の単なる縮約版や簡約版ではないのである。日本語の文法書としては、日本語の特徴を追求した『日本小文典』の方が独創的で優れていると見られているが、著者のロドリゲス自身は、『日本小文典』はあくまでも簡便な学習用であると考えており、文法書としては『日本大文典』の方を重視していたようである。

イエズス会編『日葡辞書』（長崎、一六〇三年、〇四年）は、この時期の日本語をポルトガル語の概念で説明した辞書である。この時代の日本の言葉を収録した辞書であるだけでなく、日本語の発音をローマ字で表記していることから、当時の発音を正確に知ることができる。現在、『日葡辞書』は、ヨーロッパ各地に複数の版が存在することが確認されているが、活字の組み方が版によって微妙に異なっていることが知られている。なお、『日葡辞書』は、ドミニコ会のディエゴ・コリャードの『日西辞書』などスペイン系托鉢修道会の辞書編集に大きな影響を与えている。イエズス会においても、中国語（漢語）、タガログ語、ヴェトナム語などの言語の辞書の手本になっている。

ドミニコ会のキリシタン版

ドミニコ会は、後にイエズス会に倣ってヨーロッパ式の活字印刷機によって印刷事業を行なっている。イエズス会ほどの規模ではないが、おもにマニラにおいて教理書や辞書を印刷しており、そのいくつかは現存が確認されている。日本において印刷されたものではないが、これらもキリシタン版に数えられている。

スペイン人ドミニコ会士フアン・デ・ルエダ（一五七八頃〜一六二四）は、『ロザリヨ記録』（マニラ、一六二二年）および『ロザリヨの教』（マニラ、一六二三年）を作成している。キリシタン版ではないが、ディエゴ・コリャード（一五八九頃〜一六四一）は、ローマ字表記の日本語で『日本のコンヘシオン（懺悔録）』（ローマ、一六三二年）を出版している。コリャードは、日本語にも造詣が深く、このほかにローマにおいて『日本文典』（ローマ、一六三二年）および『羅西日辞典』（ローマ、一六三二年）を印刷している。これらはハシント・エスキベルの『日西辞書』（マニラ、一六三〇年）に時代的に続くものであるが、それよりもイエズス会が作成した『日葡辞書』や文法書の影響を受けていると言われている。なお、エスキベルは、明末に台湾布教に従事した人物である。台湾は、福建省と同様に、ドミニコ会が布教を担当した地域であった。

プティジャン版

キリシタン版との関連でプティジャン版について触れておきたい。作成者ベルナール・プティジャン（一八二四～八四）の名を取って、このように呼ばれる。プティジャンは、フランス出身のパリ外国宣教会に所属する司祭であった。一八六二（文久二）年、琉球を経由して、横浜に上陸し、翌年に長崎に移った。彼は、かつてのキリシタンの痕跡を確認するために長崎に居を定めたと言われる。一八六五（元治二）年に長崎の大浦天主堂において、潜伏キリシタン達がプティジャンの許《もと》に名乗り出た。これが「キリシタンの復活」と呼ばれるものである。一八六八（明治元）年、プティジャンは、日本司教（日本代牧）に任命された。

プティジャンは、教理書を日本において印刷し、布教に役立てようとした。彼が印刷したものは、「プティジャン版」と呼ばれている。プティジャン版は、『聖教要理問答』（長崎、一八六五年）をはじめ全部で六九点が確認されている。プティジャン版は、その性質から二種類に分類できる。第一は、プティジャンが日本語で作成した教理書である。彼は、教理書を作成するにあたって中国語から翻訳するのではなく、キリシタン版に見られるキリスト教用語を使った。新たな教理書をキリシタン版に似せて作成することで、キリスト教を日本人に馴染みのあるものにしようとしたのである。同一書籍でも、この目的のために著しい改訂が施されていることがある。第二は、プティジャン自身が収集したキリシタン版の復刻である。キリシタン版それ自体を収集したうえで、改めて印刷することによって布教に役立てようとしたのである。この中には、日本司教セルケイラの『こんちりさんのりやく』のように、すでに原本が散逸してしまったものもある。

2　日本人聖職者の養成問題

日本人聖職者の養成問題

キリシタン時代には、各布教地において普遍的な諸問題が発生している。布教地の人間を聖職者として養成すべきか否かという問題は、そうした問題のひとつであろう。布教地において不足する聖職者に現地の人間を養成することで賄うべきか否かという問題は、インドや東南アジア、さらには日本においても議論されている。

マカオでは、コレジオは、おもにヨーロッパ人のためのイエズス会司祭養成機関として機能していた。その一方で、セミナリオは、一六一〇年代になってイエズス会が日本人の司祭叙階を著しく制限していく中で、教区司祭として養成するための教育機関として機能していた。日本人をイエズス会司祭に叙階するのではなく、教区司祭に叙階することで日本人の不満を解消しようとしたのである。イエズス会では日本人を教区司祭として養成はしたが、イエズス会司祭になるためにはさらに年月を要するなど日本人がイエズス会司祭になる道は険しかったのである。

イエズス会における日本人司祭の養成については、一五七〇（元亀元）年に来日したポルトガル人のフランシスコ・カブラル（一五二九〜一六〇九）は一貫して反対していた。カブラルは、日本人を司祭に叙階することは能力の点から不十分であるだけでなく、イエズス会における発言権の増大という危険が伴うので、マカオには日本人司祭を養成するためのコレジオを創設すべきではないと主張していた。彼は、日本の教会内における日本人の発言を押え込むためには、日本人は同宿《どうじゅく》やイルマンまでの低い立場に留めておき、ヨーロッパ人司祭の補助的役割に限定すべきであると考えていた。カブラルは、布教地出身の聖職者の養成を考慮していたヴァリニャーノとは意見が合わず、一五八〇（天正八）年に日本布教長の役職を解かれている。

インドにおいては、世代が下るにつれて、ポルトガル人と現地人との混血が進んでいった。ポルトガル人と現地人の混血児が生まれることによって、インドには混血児の社会が形成されたが、年月が経つにつれて混血の度合いも複雑になっていった。それによって、混血児間の差別化が図られるようになった。混血児の呼び方は、スペインの進出地とポルトガルの進出地で異なるが、さらに地域によっても異なっている。ポルトガル人の社会では、現地人よりはポルトガル人と現地人との混血であるメスティーソが尊重され、メスティーソよりは、メスティーソとポルトガル人の混血であるカスティーソが尊重されていた。つまり、ポルトガル人と現地人の混血の場合には、ポルトガル人の血の濃い方が尊重されていたことになる。

東インド巡察師ヴァリニャーノは、日本布教のためには日本人司祭の養成が急務であると考えていた。彼は、一五八〇年の日本のコレジオの創建だけでなく、一五九四年のマカオ・コレジオの創建にも尽力している。ニエッキ・ソルド・オルガンティーノ（一五三三〜一六〇九）も、この意見におおむね同意していたようである。イエズス会では、各布教地において現地人聖職者の養成には必ずと言っていいほど直面しており、現地人をイエズス会司祭に叙階すべきか否かは特に大きな問題であった。

一五九八（慶長三）年に着任したイエズス会出身の日本司教ルイス・セルケイラは、日本人聖職者の養成を肯定的に捉えている。彼の見解は、ヴァリニャーノの見解と多くの点で軌を一にしていると見られる。セルケイラは、一六〇一（慶長六）年に二名の日本人を初めて司祭に叙階している。江戸幕府の禁教令によってヨーロッパ人宣教師の活動が困難になると、日本人聖職者の養成は急務となったが、それでも、ヴァリニャーノやセルケイラのように日本人司祭の養成に肯定的な意見はイエズス会内ではむしろ少なかったと考えられている。

「日本のカテキズモ」

ヴァリニャーノは、日本人のための教理教育を重視しており、公教要理をスペイン語で執筆して「日本のカテキズモ」と題名を付けている。ディエゴ・メスキータが天正遣欧使節に同行した際に原稿をヨーロッパに齎したところ、総長クラウディオ・アクアヴィーヴァ（一五四三〜一六一五）は印刷することを命令した。そこで、原稿は、スペイン語からラテン語に翻訳されたうえで、一五八六年にリスボンから全二巻の書物として出版された。ところが、ヴァリニャーノ自身は、ラテン語版の出版に関与しておらず、ヨーロッパにおいて同書が出版されたこと自体を知らなかったようである。現在、ヴァリニャーノが執筆したスペイン語の原本は確認されていないが、ラテン語の刊本はポルトガル国立図書館、パッソス・マヌエル中学校、エマヌエル王家文庫に所蔵されている。ラテン語版の第一巻は全八講から構成されているが、日本の諸宗教についての説明が過半を占めている。第二巻は全四講から構成され、キリスト教の教えについて説明されている。

「日本のカテキズモ」は、当時すでに日本語に翻訳され、イエズス会の教育機関で使用されていたようである。松田毅一氏は、一九六〇（昭和三五）年にポルトガルのエヴォラ市立図書館において、かつて村上直次郎（一八六八〜一九六六）氏が確認した半ば崩壊した日本の屏風を水で解体した。すると、その屏風の下張りから複数の日本語の文書が出てきたのである。それらは、「日本のカテキズモ」、「入満《イルマン》の心得」、「カレンダリヨ（教会暦）」、「論語」などの文書であった（海老沢有道・松田毅一『エヴォラ屏風文書の研究』ナツメ社、一九六三年）。こうして、日本の教育機関において使用されていた教材の一部が発見されたのである。日本の教会が資金を稼ぐために、こうした屏風を輸出用に製作していたと考えられている。下張りに使われた反故《ほご》紙だったので、すべての文書が断片に過ぎなかったとはいえ、その多くはそれまで未確認のものであった。

ペドロ・ゴメスの「講義要綱」

巡察師ヴァリニャーノは、第一次日本巡察時から日本向けの新たな神学を構築する必要性を感じており、第二次日本巡察時にはその実現に向けて準備を開始すべきであると考えていた。彼の意向を受けて、日本準管区長ペドロ・ゴメスは、日本向けの新たな神学となるべき「講義要綱」の執筆を開始した。ゴメスの「講義要綱」は、イエズス会の日本コレジオにおける講義内容を示したものである。同書の記述は、講義の内容それ自体を示している。同書は、一五九三年にゴメスが脱稿したものであり、全文がラテン語で記述されている。神学や哲学のみならず、キリシタン時代の科学思想を解明するための史料としても重視されている。同書は、第一部「天球論」、第二部「霊魂論《デ・アニマ》」、第三部「神学論《デ・テオロジア》」という三部構成になっている。このうち、第三部は、同書の過半を占めており、内容的にも同書の中核をなすものである。イエズス会が日本向けの実践的神学を議論したものとして注目される。現在、ヴァチカン図書館に同書の原本と推定されるラテン語の稿本が所蔵されている。一七世紀にカトリックに改宗したスウェーデン女王クリスティーナ（一六二六〜八九）がヴァチカンに寄贈したものである。

ペドロ・ゴメス（一五三五〜一六〇〇）は、スペインのアンテケラに生まれた。一五五三年、イエズス会に入会した後、学問において早くから頭角を現し、神学者として知られるようになった。一五五五年から六三年まで、コインブラ大学において講師として哲学と神学を教授した。その間、一五五九年に司祭に叙階されている。一五七〇年、アソーレス諸島に移り、七四年からは同地において神学教授を務めた。一五七九年、東インド布教を志してリスボンを出帆し、ゴアを経由してマカオに向かった。一五八二年、来日すると、豊後地区長に就任した。ヴァリニャーノは、ゴメスの統治能力には疑問を抱いていたようであるが、神学者としての学識を尊重しているので、両者は比較的良好な関係を維持していたようである。一五九〇年、ゴメスは、ガスパール・コエリョの後継者として日本準管区長に就任した。一六〇〇年二月二日、長崎において没した。

日本イエズス会のコレジオにおいては、日本人イエズス会士の教育のために、ゴメスの「講義要綱」の日本語の稿本が存在していたことが史料的には推測されていた。しかし、その実物は長い間、確認されていなかったのである。イエズス会のウセレル・アントニ神父は、オックスフォード大学のモードリン・カレッジ図書館においてゴメスの「講義要綱」の日本語の手稿を発見した（ウセレル・アントニ「近世日本におけるキリスト教信仰教育――イエズス会コレジヨの「講義要綱」に基づいて」『歴史学研究』第七五五号、二〇〇一年）。同稿本は、タイトルページをはじめとして一部が欠落しているが、一五九五年頃に作成された原本と推定されるものである。漢字とカタカナの日本語で執筆されている。一七世紀にイギリス船によって日本からイギリスに齎されて同図書館の所蔵となったと推測されるが、経緯の詳細は不明である。

ゴメスの「講義要綱」の第一部「天球論」は、イギリス出身のヨハネス・ド・サクロボスコ（一一九五頃～一二五六頃）の天文学を基礎としたものである。地動説ではなく天動説が採用されているが、当時のヨーロッパにおける最新の天文学の議論であった。日本語稿本には、タイトルページと第一部「天球論」に相当する部分が欠落している。同書は、日本において小林謙貞（一六〇一～八三）編述の『二儀略説』として日本語に翻訳され、自然科学書として近世日本に多大な影響を与えた。同書は、江戸幕府の禁教令によって原典の書名は伏せたままにされており、江戸時代には小林の著作として流布していたのである。また、棄教して沢野《さわの》忠庵《ちゅうあん》と名乗ったクリストヴァン・フェレイラ（一五八〇頃～一六五〇）の『乾坤弁説《けんこんべんせつ》』も、天文学の書物として知られるところとなった。こうして、キリスト教とは関係のない自然科学の知識として、ゴメスの「天球論」を通じてヨーロッパの最新の天文学が禁教下の日本に流布したのである。

「講義要綱」日本語稿本の第二部「アニマノ上ニ付テ」は、「霊魂論」である。アリストテレスの議論を基礎として、自然科学的分析方法を用いながら霊魂について記述したものである。第三部「真実の教　ヒイデスノ上ニ付テ」は、

「神学論」であり、本書の主要部分をなしている。これは、トマス・アクィナスの神学を日本向けに修正して再構築したものであると評価されている。ゴメスの「神学論」においては、日本語稿本にはラテン語のヴルガータ聖書に関する章が省略されていたり、彼が参照している神学者の見解の出典が省略されていたりするが、ラテン語稿本の内容をおおむね正確に翻訳している。しかし、その反面、日本語稿本には、ラテン語稿本にはない記述が見られるなどの工夫が施されており、単なる翻訳ではないことが確認されている。

日本人司祭の叙階

不干斎ハビアンは、イエズス会において司祭にはなれず、イルマン（修道士）の地位に留まってしまった。ハビアンは、教会を離れる際に日本人の修道女と結婚したようであるが、女性問題は彼が教会を離れる直接の原因ではなかったと考えられている。『破提宇子《はだいうす》』の記述からは、ハビアンがイエズス会から退会し、棄教したことは、日本人が司祭になれず、ヨーロッパ人の下働きに甘んじていたことの不満に起因していることが窺える。しかし、その一方で、実際には、一七世紀に入るとイエズス会の司祭に叙階される日本人が現れた。一七世紀初頭の時点では、日本人の司祭叙階の基準はそれほど明確なものではなく、いくぶんのばらつきがあったようである。日本人のイエズス会士の間には、イエズス会の司祭になれないことによる不満が鬱積しており、ハビアンはそのひとりであったと推測されている。こうした状況の下、日本人のイエズス会士をイエズス会司祭に叙階するのではなく教区司祭に叙階することは、日本人の不満を回避するひとつの解決策であった。教区司祭は、一般にイエズス会司祭などの修道司祭よりも叙階がいくぶん容易であったとされている。

一六〇一（慶長六）年、長崎において二名の日本人が初めて司祭に叙階された。ハビアンは、イエズス会にいたとはいえ、そのことを知らなかったようである。彼が教会を出て行くのは、それ以後のことである。日本人は、ラテン語の学力が不足しているなどの理由から司祭に叙階されることが少なかったが、それでもキリシタン時代を通じて四一名の日本人が司祭に叙階されている。このうち、イエズス会司祭は二三名、托鉢修道会の司祭は六名、教区司祭は一二名であった。しかし、日本人イエズス会司祭の中には、ローマ教皇への忠誠を誓う盛式四誓願司祭としての誓願を行なった者はいなかった。

三位一体論とは、父なる神と子なるキリストと聖霊が同一の存在であるとするものである。アウグスチヌス（三五四～四三〇）の著作『三位一体論』に起源を持つものであり、聖書に起源があるものではないが、カトリック教会が聖書と同様に重視する議論である。キリシタン時代の三位一体論については、「日本のカテキズモ」に若干の記述が確認できるが、どの程度の影響を日本に与えたのかは、かつては史料的に確認できなかった。不干斎ハビアンは、「妙貞問答」と『破提宇子』において、三位一体論にほとんど言及していないのである。井手勝美氏は、ハビアンが三位一体論を認識していたかどうかは、当時、日本のイエズス会で使用されていた書籍、特にコレジオで教授されていた「講義要綱」の日本語稿本によって、その教理教育の内容が明らかになれば、そこから推測できると考えた（井手勝美『キリシタン思想史研究序説――日本人のキリスト教受容』ぺりかん社、一九九五年）。その後、ゴメスの「講義要綱」の日本語稿本の発見によって、日本における三位一体の教育内容が具体的に確認できることとなった。「講義要綱」の日本語稿本には、第三部「真実ノ教」の第三章において三位一体論が詳細に説明されている。このことは、イエズス会の教育機関において、三位一体論が日本人に日本語で説明されていたことを意味する。キリスト論は、日本において決して軽視されていたわけではなかったのである。ハビアンは、イエズス会において三位一体の議論を聞きながらも、その重要性を理解することがなかったので、イエズス・キリストによる救済を議論することがなかったと考えられる。

マカオの日本人聖職者養成機関

セミナリオは、本来は小神学校など初等教育機関を指していたが、マカオのセミナリオは、日本人のための司祭養成機関として機能した。ただし、マカオのセミナリオが存在していたのは短期間であった。一六一〇年代になって、イエズス会は、日本人の司祭叙階を著しく制限していった。こうした中で、日本人の不満を解消するために、日本人をイエズス会司祭ではなく、比較的叙階が容易な教区司祭として養成することが考慮された。その結果、日本人を教区司祭に育成するための教育機関としてセミナリオは機能していくのである。

マカオ・コレジオは、一五九〇年代前半に日本布教のための司祭養成を目的として設立された。これがマカオのサン・パウロ・コレジオである。イエズス会における日本人司祭の養成については、後にインド管区長となるフランシスコ・カブラルは、日本人の発言権の増大を危惧して一貫して反対していたので、マカオにコレジオを創設すべきではないと主張していた。しかし、巡察師ヴァリニャーノは、日本人司祭の養成が急務であると考えており、マカオ・コレジオの創建に尽力していた。当然、ヴァリニャーノは、カブラルとは意見が対立していたのである。イエズス会では布教地における聖職者の養成という問題に必ず直面しており、イエズス会司祭に叙階すべきか否かは特に大きな問題であった。ヴァリニャーノは、晩年に瀕死の状態にあっても日本布教を案じており、彼の思い入れの深さが感じられる。

江戸幕府の禁教令によって日本管区のイエズス会士が日本を追放されると、彼らはマカオに帰還している。それを受けて、マカオ・コレジオは、改組されて日本人生徒を受け入れるようになっていく。禁教によって日本布教の望みが絶たれた後には、マカオ・コレジオは、日本人聖職者を養成して禁教下の日本に送り込むための

聖パウロ教会（マカオ）

教育機関として機能していた。マカオ・コレジオの財務内容については、マカオ・コレジオが手放したレンダ、すなわち賃貸用家屋・店舗を日本管区が所有することになったように、両者は密接な関係を保っていた（高瀬弘一郎『キリシタン時代の文化と諸相』八木書店、二〇〇一年）。

言語問題

日本は全域にわたって一言語である。ザビエルは、ジョルジェ・アルヴァレスの情報によって、この事実を把握していた。これは宣教師が日本語のみを修得すれば布教が可能であることを意味するが、一方で、日本語は極めて難解な言語と見られていた。それゆえ、ヨーロッパ人宣教師に対する日本語教育が重要となるのである。当初ザビエルらが上陸した薩摩方言と京方言との相違があったが、やがて宣教師の日本語レヴェルの向上に伴って方言の違いはそれほど問題にならなくなった。日本の言語問題は、インドの言語問題とは対照的である。インドでは多言語ゆえに言語研究が困難であったので、教理書の翻訳が容易に進展しなかった。多言語対応の困難が布教挫折の原因となっていたのである。日本では、日本語一言語への対応のみが必要なので、日本の言語研究の進展が見られた。辞書や文法書が作成され、日本語の研究が他言語の研究に対する基準となっていった。イエズス会の言語学者ジョアン・ロドリゲス・ツヅは、家康の時代に長崎の市政に関与しているが、後に中国に渡航して中国語（漢語）の研究も行なっている。

3　日本における良心問題

一六〇五（慶長一〇）年、日本司教ルイス・セルケイラは、長崎において『サカラメンタ提要』を出版した。同書は、日本向けの典礼の確立を目指したものであり、斬新な内容を持っていた。『トレド提要』と通称される『ローマ秘蹟提要』（サラマンカ、一五八五年）を基礎として作成されているが、セルケイラは日本向けに典礼の内容の一部を改めているのである（ロペス・ガイ（井手勝美訳）『キリシタン時代の典礼』キリシタン文化研究会、一九八三年）。

『サカラメンタ提要』には、キリシタン教会における七種の秘蹟について記されている。秘蹟とは、聖寵《せいちょう》を施すためにイエズス・キリストが定めた印のことである。七種の秘蹟とは、①洗礼の秘蹟、②堅振《けんしん》（堅信）の秘蹟、③悔悛の秘蹟、④聖体の秘蹟、⑤叙階の秘蹟、品級、⑥婚姻の秘蹟、⑦終油（病者）の秘蹟、である。そのほか、臨終者に対する援助、葬儀、聖堂、諸種の祝福、悪魔払い、がある。このうち、三種の秘蹟、すなわち洗礼の秘蹟、堅振（堅信）の秘蹟、叙階の秘蹟は、生涯一度のみ受けられるものとされている。

『サカラメンタ提要』は、本文がラテン語で記されているが、本文中に若干の日本語の記述が含まれている。北京の中国国家図書館（旧北京図書館）所蔵の「北堂文庫」版には、「附録」としてローマ字の日本語の要約が巻末に合冊されている。同書の「附録」合冊版は孤本である。「北堂文庫」とは、かつて北京の北堂図書館に所蔵されていた洋書を中心とする書籍群である。同書は、「北堂文庫」に含まれていることからも分かるように、日本のみならず中国における典礼にも影響を与えた。シチリア出身のイエズス会士利類思（ルイス・ブリオ）の『聖事禮典』（北京、一六七五年）は、『サカラメンタ提要』を基礎として中国語（漢語）で編集されたものである。

キリシタン教会においては、歌は日本のものが取り入れられていた。グレゴリオ聖歌は、日本においてはラテン語ではなく日本語で歌われていた。イエズス会は、カント・フィグラードとカント・ドルガン（多声音楽）については、音楽の簡素化のために、すなわち聞き取りやすくするために歌唱を禁止していた。しかし、インドにおいては、イエズス会はこれらの歌唱を許可していた。ヨーロッパの原則が適用されなかった数少ない例である。これに対して、日本では、これらはヨーロッパの原則通りに歌唱を不許可としていた。セルケイラの『サカラメンタ提要』には、四線の楽譜が収録されており、当時の日本における数少ない音楽資料であるとされている（竹井成美『南蛮音楽——その光と影』音楽之友社、一九九八年）。

良心問題と悔悛の秘蹟

良心問題は、司祭にとっては悔悛の秘蹟において見識を示すことが必要となるものである。良心問題とは、倫理に関する個別の問題である。悔悛の秘蹟とは、「告解の秘蹟」と呼ばれることもあるが、現在では、「ゆるしの秘跡」と呼ばれている。悔悛者（信者）が告解者（司祭）に告解を行ない、それに対して、告解者が悔悛者に「ゆるし」を与えるものである。その告解の内容が良心問題となるのである。なお、「ゆるし」は、「赦し」と「許し」の両方の字を当てることができるので、平仮名で表記されている。現在では、「ゆるし」に重点が置かれているが、前近代では罰を与えることも考慮されていたので、ここでは歴史用語として「悔悛の秘蹟」と呼ぶことにしたい。

教会法によれば、司教と司祭のみが悔悛の秘蹟における役務者であるとされる。司教は司祭の上位職なので、司祭と読み替えることが可能である。この考え方は、トリエント公会議の第二五総会において確認されたものであり、現代においても基本的に継承されている。司教と司祭は、悔悛の秘蹟において、信者の告解に対してその内容に応じて罪の赦しを与えたり、適切に助言したりすることができる。具体的には、信者に対してその行動の是非を判断し、良心の呵責を持つべきことであるか否か、すなわちいかなる行為が罪となるのかを明確に示せなければならないのである。悔悛の秘蹟は裁判としての性格を持つものである。それゆえ、良心問題とは、倫理神学における重要問題であり、聴罪司祭にとっては精通していなければならない性質のものである。イエズス会は、聖職者を養成するために、イエズス会の教育機関において「ラテン語↓良心問題↓哲学↓神学」の順番で教授していた。

南蛮屏風（部分）
（ヨーロッパ人の司祭が武士に悔悛の秘蹟を授けている様子。片岡瑠美子氏の研究による。）

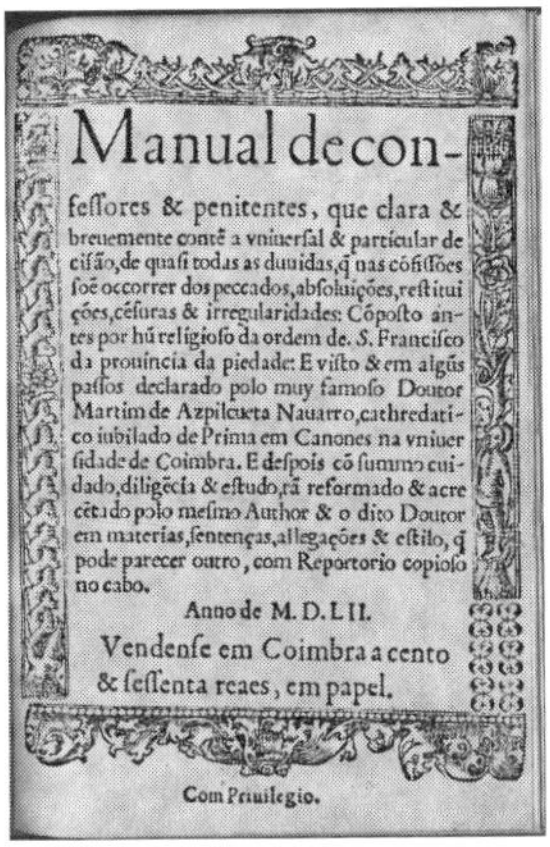
Manual de confessores & penitentes, que clara & breuemente contẽ a vniuersal & particular decisão, de quasi todas as duuidas, q̃ nas cõfissões soẽ occorrer dos peccados, absoluições, restituições, cẽsuras & irregularidades: Cõposto antes por hũ religioso da ordem de. S. Francisco da prouincia da piedade: E visto & em algũs passos declarado polo muy famoso Doutor Martim de Azpilcueta Nauarro, cathredatico iubilado de Prima em Canones na vniuersidade de Coimbra. E despois cõ summo cuidado, diligẽcia & estudo, tã reformado & acrecẽtado polo mesmo Author & o dito Doutor em materias, sentenças, allegações & estilo, q̃ pode parecer outro, com Repertorio copioso no cabo.

Anno de M. D. LII.

Vendense em Coimbra a cento & sessenta reaes, em papel.

Com Priuilegio.

アスピルクエタ『聴罪司祭と悔悛者の手引書』

　一四世紀頃から、イベリア半島を中心として、良心問題のための事例集や手引書が出版されるようになった。一六世紀にはスペインのナバーロ博士（マルティン・デ・アスピルクエタ）を始めとする神学者達が良心問題の事例集を纏《まと》めている。その中でも、アスピルクエタの『聴罪司祭と悔悛者の手引書』は、「ナバーロの著作」としてヨーロッパのみならず日本においても使われていた。同書については、「ナバーロの要約」と呼ばれる簡約版も使用されていた。例えば、一六一六年に作成されたマカオ・コレジオの蔵書目録には、これらの書名が確認される。こうした神学者の著作は、聴罪司祭にとっては悔悛の秘蹟における指針となるものであった。その後、スペイン人イエズス会士フアン・アソール（一五三五～一六〇三）は、大部の倫理神学の教科書を執筆しており、同書がその後の指針とされたが、反面、この頃から倫理神学は、哲学、教義、霊性から乖離していく傾向にあったと言われている。

　良心問題は、信者の告解に対応することを目的としているので、個別の事例から形成されていることになる。事例とは、具体的な行為によって説明されるものである。神学を長年にわたって体系的に研究することが聴罪司祭としての働きを必ずしも助けるものではないことは、すでに問題とされていた。少なくとも、長年の神学研究を経なければ聴罪司祭として働くことができないのであれば、当面の布教活動に支障を来《きた》すことになる。イエズス会は、こうした神学の研究と良心問題への対処との調和を図り、両者を効率的に教育することを考慮した。神学が体系的に構築されたものであるのに対して、良心問題は状況によって異なる個々の事例から成り立っている。したがって、基礎的な学問と応用的なものとの調和を図ることが必要とされたのである。司祭は、信者の告解の内容については守秘義務があるので、こうした個々の具体的内容が表に出ることは実際上あり得ない。トリエント公会議の第一四総会においては、悔悛の秘跡は秘密裏に行なうべきことが規定されている。アスピルクエタの著作は、日本において良心問題の手引書として出版されてはいるが、日本向けに内容が改訂されているわけではない。もちろん、良心問題についてはイエズス会のみがこれを重視していたわけではなく、カトリック教会においては普遍的に重要な問題とされている。

キリシタン時代においては、良心問題を布教活動に組み込むことが試みられている。カトリック教会内にあって、イエズス会が良心問題に対して特に積極的に取り組んで来たことが窺える。キリシタン時代には、悔悛の秘蹟において赦しについての項目を示した良心問題の手引書が実際に使用されていた。良心問題のために手引書を使用することは、一五・一六世紀にスペインやポルトガルにおいては特に盛んであった。ナバーロの手引書はその役割を果たしていたが、ヨーロッパから遠く離れた布教地である日本においてはヨーロッパの原則をそのまま適用することが困難な事例が少なくなかった。それゆえ、日本においては、ナバーロの手引書を基礎としながらも良心問題の解決策を示した日本独自のものが作成される必要性が生じたのである。こうして、いくつかの回答集が作成され、悔悛の秘跡において利用されていたのである。

イエズス会の「適応」

イエズス会は、布教方針として布教地における「適応」（accommodatio）という概念を重視している。布教地において異教徒にキリスト教を布教するためには彼らに対していかに接すべきか。イエズス会の布教方針は、この問題に対する回答であることになる。イエズス会は、布教地に「適応」することを重視しているので、布教方針は「適応主義」であると評されることがある。こうした布教方針は、スペイン系の托鉢修道会から非難を受けることとなった。イエズス会は、フランシスコ会とは様々な問題について激しい論争を交わしている。托鉢修道会は、ヨーロッパにおける原則を日本にもそのままの形で適用しようとする傾向があった。

キリスト教の布教における「適応」の概念は、ローマ帝国の初期教会の時代からすでに存在していた。キリスト教が異教と接触した時、「適応」は、必要不可欠な概念であったと考えられる。布教地における外部的適応の要素には衣食住に関係することが挙げられるが、そのほかの適応の要素には、言語、芸術、美術、社会、法律などが存在する。イエズス会の「適応」の対象には二つの方向性があることが指摘できる。第一は、宣教師自身が布教地における諸要素にいかに適応するかということである。第二は、布教地における未信者や新たな信者達に対して、キリスト教がいかなるものであると説くべきかである。布教地における良心問題の解決策は、悔悛の秘蹟における問題であると見なすならば、後者の範疇に入ることになる。良心問題は、ナバーロの手引書に見られるようなヨーロッパの原則が日本には適用できない場合、ヨーロッパの原則と齟齬を来さずにいかに対処すべきかというものである。

ロドリゲスの事例集

アスピルクエタの『聴罪司祭と悔悛者の手引書』は、海外布教地においても使用されていたが、ヨーロッパの原則を布教地に適用することが難しい場合が少なからず生じていた。そこで、いくつかの問題については、ヨーロッパの原則を修正して布教地における独自の判断基準を設定することが必要となる。

インドのゴアに在住していたイエズス会の神学者フランシスコ・ロドリゲス（一五一五～七三）は、倫理神学と良心問題に精通していることで知られていた。彼は、ゴアのコレジオ院長やインド管区長の要職を務めている。彼は、インド、東南アジア、そして日本における良心問題について答えた事例集を遺している。日本における良心問題に対する事例集は一五七〇年に作成している。彼の事例集は、その後の日本における良心問題の解決に対する指針となった。ロドリゲスの議論の特徴は、例えば、日本人のキリシタンが偶像崇拝に関与することを許容する論拠はおもに聖書に求めているが、偶像崇拝を始めとする良心問題に対する罰については神学者達の見解が参照されていることである。彼は、日本における良心問題に対する罰について、同事例集には懲戒罰として完全破門に処すべき可能性は全く示していない。偶像崇拝に対しても、最高の懲戒罰でも部分破門（小破門）の可能性を提示しているに過ぎない。偶像崇拝の問題は、インドにおいて全面禁止の原則が適用されたが、日本では必ずしも禁止の原則が適用されなかった。この点が、同じく良心問題の範疇に属する婚姻や高利《ウスラ》の問題とは基本的に異なっている。

例えば、信者が偶像崇拝の外観を呈する行為に関与することついて、ロドリゲスは、日本における主従関係を重視して、条件付きながらも容認すべきであると考えていた。彼の議論の特徴としては、新たな布教地においては教会法の適用を一部は留保すべきであると主張していることである。彼は、日本が新たな布教地であり、イスラム教やユダヤ教などヨーロッパにおける既知の宗教とは異なった異教世界であるとして今後の改宗に期待していたのである。

ヴァリニャーノの諮問とバスケスの回答

巡察師ヴァリニャーノは、日本における良心問題の基準を新たに設定することを意図しており、第二次日本巡察時に実行に移している。一五九二（天正二〇）年、ヒル・デ・ラ・マタは、ヴァリニャーノの命令によって、日本における良心問題をヨーロッパの諸大学に諮問させるために、イエズス会日本準管区のプロクラドールとしてヨーロッパに帰還している。この諮問は、アルカラ、サラマンカ、コインブラ、エヴォラの各大学において行なわれ、イエズス会士を中心とする複数の神学者によって回答が作成されている。当時のイベリア半島では、イエズス会の神学者が神学研究の主流であったと言える状況であった。現在、一五九五年に当時アルカラ大学の教授であったイエズス会の神学者ガブリエル・バスケス（一五四九／五一～一六〇四）がヴァリニャーノの諮問に対して与えた回答が諮問の本文とともに確認されている。

バスケスの回答は、イエズス会において妥当性が検討され、イエズス会総長の承認を受けている。その後、ヴァチカンにおいても検討され、枢機卿団、さらにはローマ教皇の承認を受けている。つまり公教会において承認されたことになる。そのうえで、彼の回答は日本にまで齎されている。ヘスス・ロペス・ガイ神父は、スペイン国立歴史文書館所蔵の「大学部」に収録されている同文書の重要性に着目し、ヴァリニャーノの諮問とバスケスの回答との全文を紹介している。ヴァリニャーノの諮問事項は、婚姻、高利《ウスラ》、殺人、戦争と捕虜、偶像崇拝と迷信、そのほかに分類されており、バスケスは、ヴァリニャーノが設定した諮問の順序に沿って個別に回答している。当時はバスケスの回答以外にも複数の回答が存在したようであるが、それらはすでに散逸してしまっている。教会内で承認を受けられなかった回答もあったのかも知れない。

ヴァリニャーノの諮問は、日本における状況の説明が長く、特定の回答を誘導するような形式となっている。このことから、彼は、諮問の作成に当たって、自分の考えに沿わない回答は全く期待していなかったと考えられる。彼は、一五九二年に執筆した「日本諸事要録の補遺」において、日本における良心問題に対する自らの見解を述べている。それによれば、すでにこの時点で彼が日本における良心問題の解決策を抱いていたことが分かる。彼は、日本においてヨーロッパの価値基準を適用することが極めて困難であることを、総長に対して繰り返し強調している。日本においては、すべての価値基準がヨーロッパとは正反対であると述べているのである。それゆえ、ヨーロッパの価値基準から日本社会の価値観を類推することは不可能であるとしている。これは、彼が日本を特別視していることを意味するだけでなく、日本の事情を認識していないヨーロッパのイエズス会士達が日本の諸問題に介入することを防ぐための説明であったと考えられる。

先のフランシスコ・ロドリゲスの議論は、教会法の適用が緩和されていたことが特徴である。その具体的方法としては、トリエント公会議の公布を猶予することなどがある。ヴァリニャーノは、日本人が知らなかったとして、「克服不能な無知」または「やむを得ざる不知」の概念を適用しており、神が日本人に与えたものであると見なした。「克服不能な無知」の概念は、ある事柄が罪となると人の力で認識し得ない場合、それを罪とは見なさないというものである。「克服不能な無知」の概念を基にして、悔悛者に罪となることを語らせないようにすれば、罪にならないので、教会が赦しや罰を与える必要がないことになる。

婚姻問題

ヴァリニャーノによる良心問題の諮問について検討する前に、婚姻問題の概略について見ていきたい。ヴァリニャーノは、婚姻問題を日本における良心問題の筆頭に挙げて詳細に議論している。婚姻問題は、ポルトガル領インドのみならず、スペイン領の新大陸においても議論された普遍的問題のひとつである。当時のヨーロッパの上流社会においては、教会による規制は近親婚の禁止が中心であった。一二世紀頃のフランス社会の研究によれば、教会は離婚と帯妾《たいしょう》（蓄妾《ちくしょう》）を禁止しているが、それが受け入れられるまでには時間を要している。離婚を認めるための方便として、近親婚であったことが使われていた。結婚したが、実は近親婚だったから離婚せざるを得ないというものである。

一五四五年から六三年にかけて、ローマ・カトリック教会は、トリエント公会議を開催した。一五六三年一一月一一日に開催されたトリエント公会議の第二四総会においては、婚姻の基本原則である単一性と不解消性（永続性）が再確認されている。これは教会が新たな見解を提示したのではなく、従来の見解を再確認したに過ぎない。トリエント公会議において再確認された婚姻の単一性とは、妾《めかけ》を持つこと（帯妾、蓄妾）を認めないことを意味する。また、婚姻の不解消性とは、離婚を認めないことを意味する。不解消性は、永続性と同一概念であると見なされる。さらに、教会の原則として、キリスト教の信者は、未信者とは結婚してはならないとするものが存在する。これが異宗婚姻の禁止と呼ばれるものである。しかし、異宗婚姻は、教会法によって禁止が明文化されていることではなく、禁止が教会内で慣習化されていることに過ぎない。婚姻に関する教会の原則を受け入れることは、ヨーロッパにおいてさえ時間を要したくらいであるから、遠隔の布教地である日本においては容易なことではなかったと考えられる。

日本の婚姻問題

日本においては離婚が問題になった。教会の原則によれば、すでに再婚している場合、離婚は認められないので、最初の妻の許に戻るべきことになる。それは現在の家庭を壊すことになる。それでは日本人には受け入れられない。しかも、当時の日本においては最初の配偶者を見つけ出すことが不可能な場合も少なくない。それでは、教会の原則を適用しないためには、つまり最初の妻に戻ることを免除してもらうためには、何が必要かということが問題となる。しかし一方で、異教徒の婚姻については、一二〇一年にガウデムス章によって、ローマ教皇庁は、異教徒の婚姻が真のものであると判断している。実はこの判断が婚姻問題の足かせとなるのである。

一五六〇年代の見解としては、離婚問題は、信者となる前の婚姻が有効か無効かということに関わってくる。信者となる前の婚姻が無効であるとすれば、改宗後の婚姻が再婚とはならないことになる。それゆえ、信者となる前の日本人の婚姻を無効とすればよいことになる。しかし、これでは、異教徒の結婚を有効であると見なしたガウデムス章とは矛盾することになる。当初、ガウデムス章に従って、日本人の婚姻が有効であると見なされていたが、やがて無効であるとする見解が生まれている。それは、離婚問題が日本では最大の障害となったからである。ガウデムス章では、異教徒の婚姻が有効とされているので、当初は日本人の婚姻が有効であると判断されていた。どうすれば、ガウデムス章が日本においてのみ無効であることになるのか。ヴァリニャーノは、日本人の婚姻が試験的なものであるので無効であると説明したのである。

諮問以降に提示されたヴァリニャーノの見解は、異宗婚姻を不可とする原則は日本には適用させないというものであった。異宗婚姻の禁止は、ヨーロッパにおける慣習であったので、教会法による禁止条項は存在しない。キリスト教世界においては、そもそも異宗婚姻を考慮する必要はないのである。前婚障害については、日本人の婚姻は、試験的な意図をもって行なわれるので、正式な婚姻と見なすことはできないとした。それゆえ、日本人の婚姻は無効であるとする。婚姻を無効とすることは同じであるが、理由が変わったのである。婚姻相手の生存期間は、正当な婚姻に対してはカトリック教会が離婚を認めることはできない。ヴァリニャーノは、日本人の婚姻が正当なものではないと見なしたのである。日本人は、婚姻の不解消性を知らず、婚姻が解消可能であると「善意で」思っている。それゆえ、「克服不能な無知」によって知らなかったので仕方がないとする。こうして、日本人の信者は、現在の配偶者と暮らすことが可能になる。異宗婚姻については、当初は異宗障害（宗教が異なること）があるものと見なして無効としていたが、次第に異宗婚姻を許容するようになっている。その理由として、未信者である相手が信者に感化されて改宗することを期待するものとした。これは、異宗婚姻を離婚問題と切り離すことを意味する。日本における状況認識が明確になってきていると言えよう。

離婚は、キリシタン教会においては絶対に認められないかと言えば、実は決してそうではない。教会が例外的に離婚を認める要件に「パウロの特権」と呼ばれるものがある。『新約聖書』の「コリントの信徒への手紙一」第七章の聖パウロの言葉によって、未信者である配偶者が受洗するか、または神を冒瀆することなく信者との同居を望むのであれば、信者は離婚できない。しかし、これを反対解釈するならば、未信者である配偶者が信者との同居を望まないか、信者の信仰を妨げるような場合には、教会は離婚を認めているのである。

豊後の大友宗麟は、ザビエルにも会っているようにキリスト教と接触したのは早かったが、一五七八（天正六）年になってようやく受洗している。妻は奈多《なた》八幡大宮司《はちまんだいぐうじ》の女《むすめ》であったが、受洗後に離婚した。彼の離婚は、パウロの特権によるものであったと考えられる。その後、キリシタンのユリアと再婚している。ユリアについては、侍女であったと考えられるが、宗麟の側室であった可能性もある。

婚姻の慣習としては、懐胎を妨げること、堕胎させることを禁止した。このために、薬草の使用を禁止した。未信者の祝福については、挙式の典礼をトレド典礼と同一のものとした。ただし、日本においては結納金の贈与と指輪の交換は省略している。

日本においては離婚問題を解決することが最重要課題とされた。イエズス会は、日本において異宗婚姻を容認して異宗障害の存在を認めなかった。ただし、帯妾（蓄妾）についてはローマ教会における原則論が遵守され、一貫して禁止されていた。日本のイエズス会の良心問題に対する基本方針は、現状維持のために理論武装をすることにあったと言えよう（安廷苑『キリシタン時代の婚姻問題』教文館、二〇一二年）。

そのほかの良心問題の事例

ヴァリニャーノの諮問には、婚姻問題に続いて以下のような問題が取り上げられ、バスケスの回答も解決策を提示している。バスケスの回答の特徴として、日本の現状を追認する方向に議論が進められていることが指摘できる。

経済倫理に関することも議論された。高利《ウスラ》については、年利二〇から三〇パーセントまでならば利子の徴収を認めるとしたが、これは当時の日本の状況を追認しただけのことである。それ以上を徴収した場合、本来は返上しなければ授洗しないはずであるが、実際には見逃していた。

殺人については、司祭の立場から日本人の殺人を認めてよいかどうかが問題となったが、君主の裁きであるのならば黙認するしかないと判断された。また、他人に殺されることが明らかな状況ならば、自殺もやむを得ないとされた。

戦争と捕虜については、領地の支配について他人の土地を奪い取ったとしても、元に戻すことが事実上不可能ならば黙認してもよいと説明された。告解において、聴罪司祭がキリシタンの領主から戦争を意図していることを聴いたならば、戦争しないよう助言すべきであるが、難しければ黙っていることが容認された。戦利品と捕虜については、それらを所有しても構わず、逃げてきた者を奴隷として匿《かくま》うことは構わないとされた。そうしなければ、異教徒が買うことになるであろうというのである。したがって、キリスト教徒が奴隷を買うことは差し支えないことになる。教会は、実際に日本人の奴隷を所有していたことが知られている。

偶像崇拝と迷信については、異教徒の主人が偶像寺院に赴く時、キリスト教徒の家臣は、主人に随伴できると判断された。また、偶像寺院の建設については、キリスト教徒がそれと知っていても協力することはできるとされた。キリスト教徒が火起請《ひぎしょう》や盟神探湯《くかたち》に参加しても構わないうえに、起請文に宣誓もできるとされた。また、日本の祭りへの参加も容認されていた（高瀬弘一郎『キリシタン時代の文化と諸相』八木書店、二〇〇一年）。

4　イエズス会の中国布教

教会史料の史料的問題

巡察師ヴァリニャーノは、第一次日本巡察前にマカオにおいて中国布教の開始を指示している。これを受けて、イエズス会は、明末清初《みんまつしんしょ》の中国において布教活動を行なっている。それゆえ、中国からイエズス会士達がヨーロッパの本部に書き送った書翰や報告書が存在する。明末清初の史料には、中国側の史料だけでなくヨーロッパ側の史料が存在することになる。こうしたヨーロッパ側の史料は、東西交渉史の史料として利用できるだけでなく、中国側の史料と同じレヴェルで利用することも可能である。明清交替期にあっては、戦争と混乱によって官撰《かんせん》の史書が作成されることが少なかった。また、私撰の野史は、信憑性に疑問が残るだけでなく、そこから全体像を見ることができない。他方、教会史料は、信憑性が高いうえに、明末清初の史料として継続性を持ったものである。それゆえ、教会史料は、中国側史料の欠を埋めることができるのである。

中国布教の開始

中国布教は、日本を離れた後に中国大陸を目前に没したフランシスコ・ザビエルの念願であった。その後しばらくは、イエズス会が中国布教を検討することはなかった。一五七八（万暦六）年、東インド巡察師アレッサンドロ・ヴァリニャーノ（范禮安）は、インドから日本に向かう往路にマカオに立ち寄った際、中国布教を開始するよう指示した。彼の指示を受けて、イタリア人のマテオ・リッチ（利瑪竇、一五五二～一六一〇）とミゲル・ルッジェーリ（羅明堅、一五四三～一六〇七）が中国布教を担当することとなった。ヴァリニャーノは、マカオを中国布教の拠点とすることを同時に指示しており、リッチとルッジェーリは、これによってマカオにおいて中国語（漢語）の学習を開始することになる。中国においては、キリスト教は中国語で「天主教」と呼ばれるようになっていた。キリスト教の神は「天主」であり、イエズス・キリスト（イエス）は「耶蘇《やそ》」と呼ばれた。イエズス会は「耶蘇会」となるので、キリスト教が「耶蘇教」と呼ばれることもあった。

明末の頃、ポルトガル人は、年に二回、広東（広州府）に赴き貿易することが許されていた。広東の滞在期間中、日中は市内への上陸が許可されていたが、夜間は船舶に帰還しなければならなかった。そこで、中国布教を実施するためには、まず広東市内に定住することが課題となった。一五八一（万暦九）年、ルッジェーリは、両広総督陳瑞《ちんずい》の知己を得て広東市内の定住を実現した。翌八二（万暦一〇）年、リッチとルッジェーリは、肇慶府《ちょうけいふ》に移動しており、八三（万暦一一）年、両広総督の許可によって肇慶府の定住に成功した。一五八五（万暦一三）年、彼らは、南昌《なんしょう》においておいて布教活動に従事し始めた。この頃、リッチは、漢文でキリスト教の教理書『天主実義』を作成したと考えられる。一五八九（万暦一七）年、突如、彼らは、肇慶府を追われてしまい、韶州《しょうしゅう》府に赴くことになる。

ところが、その矢先、ルッジェーリは、総長アクアヴィーヴァからヨーロッパへの帰還命令を受けることとなった。スペイン国王フェリペ二世とローマ教皇の使節を中国皇帝に送るための準備をせよというのである。これ以降、イエズス会としては、リッチが中国布教を主導していくことになる。ルッジェーリは、ヨーロッパに帰還後、中国に再び戻ることはなかった。その後、中国への使節派遣が真剣に検討された形跡はないので、ルッジェーリがヨーロッパへの帰還を唐突に命令された理由は不明である。彼は漢語の能力がリッチと比較して劣っていたからであるとも言われるが、中国の布教方針をめぐってリッチと見解の相違が生じたからであるとも言われている。

当時は、明末清初期の混乱状態に当たり、東北地方では女真人《じょしんじん》との戦争が続いていたうえに、朝鮮半島における文禄・慶長の役によって混乱が増幅していた。一五九九（万暦二七）年、リッチは南京に住院を獲得した。この頃、後にイエズス会を庇護することになる徐光啓《じょこうけい》と知己になっている。また、リッチは、李贄《りし》（卓悟《たくご》、一五二七～一六〇二）とも知己となり、彼と議論を交わしている。一六〇五（万暦三三）年、リッチは、北京の宣武門《せんぶもん》内に教会堂を創建することに成功した。その後、北京市内には複数の教会堂が建設されたので、この教会堂は、その位置から現在は南堂と呼ばれている。一六一〇（万暦三八）年、リッチは、ニコラス・ロンゴバルディ（龍華民、一五六五～一六五五）を後継者に指名した後、北京において没している。

イエズス会士の服装

一五八九年頃、リッチは、中国におけるイエズス会士の服装をそれまで着用していた僧服から儒服へと変更した。服装は、外的適応の典型的要素である。中国においては、僧侶の社会的立場が低く儒者の地位が高いことが分かったので、リッチは、僧服を儒服に変更することに決めている。

マテオ・リッチ（左）と徐光啓

儒服の採用は、読書人階級への布教を明確に想定したものである。中国布教に遅れて参入したフランシスコ会やドミニコ会などの托鉢修道会も、服装はイエズス会に倣《なら》って儒服を着用している。イエズス会の「適応主義」は、中国においては儒教に対する適応として展開していくことになる。なお、日本においては、南蛮屏風にも見られ、ヴァリニャーノの「日本イエズス会士礼法指針」に明文化されているように、イエズス会士は修道士の服装をしていた。

日本と同様に中国においても、権力者に謁見する際には、ヨーロッパの文物を贈物として献上していた。中国において、贈物として特に好評を博したものに自鳴鐘《じめいしょう》がある。これは、ヨーロッパ式の大型の機械時計のことである。イエズス会では、自鳴鐘を皇帝や権力者への献上品として好んで準備していた。ヨーロッパ式の機械時計は極めて複雑な構造であったので、技術者による管理が常に必要となる。中国において、自鳴鐘の管理の技術を持っているのはイエズス会士だけである。それゆえ、イエズス会が自鳴鐘を一度権力者に献上すれば、献上者であるイエズス会士が管理のために権力者を再訪できるのである。

漢籍の出版

イエズス会は、読書人階級を布教の対象としたので、ヨーロッパにおいて発達している自然科学の知識を伝えることによって、キリスト教に関心を抱かせることを考慮した。そのために、ヨーロッパの自然科学関係書籍を漢訳し、出版したのである。代表的なものとしては、紀元前三世紀頃のユークリッドの『幾何原本』がある。こうした漢籍は活字を組んだものではなく、中国式の木版刷りであった。初期の叢書としては、李之藻《りしそう》が編纂した『天学初函《てんがくしょかん》』がある。日本においては、印刷事業は「キリシタン版」としてラテン語やローマ字表記の日本語のものも活字を組んで出版されたが、中国においては、活字よりも木版の方がはるかに便利で安価であったので、木版による漢籍の出版が重視された。錬金術に対する関心から自然科学関係書籍を介して、キリスト教に近づく者もいた。

リッチの著作を見ていきたい。『西国記法』は、『記法』とも呼ばれ、リッチが執筆したヨーロッパ流の記憶術を説いた書である。ジョナサン・スペンス氏は、この著作を中心にリッチの事績を紹介している。読書人と呼ばれる中国の知識人達は、科挙を受験するために大量の情報の記憶を可能とする記憶術の修得を必要としていた。リッチは、科挙を受験する官僚の子弟に自らが習得した記憶術を教授することで読書人階級に接近しようとしたのである（ジョナサン・スペンス（古田島洋介訳）『マテオ・リッチ――記憶の宮殿』平凡社、一九九五年）。『交友論』は、リッチがキケロ（紀元前一〇六～前四三）の『デ・アミキティア』などを基にして、アリストテレスの倫理学の議論をも紹介したものである。同書はヨーロッパ人の手になる初めての漢文書籍として知られる。漢籍であるが、イタリア語版も伝存している。同書は、漢文やイタリア語訳などを合わせると全部で二〇点あまりが現存する。リッチは、ヨーロッパの書籍を基にして漢籍を数多く出版した。『天主実義』は、一五九五（万暦二三）年にリッチが漢文で執筆したキリスト教の教理書である（マテオ・リッチ著、柴田篤訳註『天主実義』平凡社、二〇〇四年）。徐光啓などが作成に協力した。李之藻が編集した『天学初函』に収録されている。なお、『祖伝天主十誡』は、十戒を述べたものである。

「大秦景教流行中国碑《だいしんけいきょうりゅうこうちゅうごくひ》」

一六二五年頃、西安郊外において「大秦景教流行中国碑」が地中から発見された。景教とは、ネストリウス派のキリスト教のことである。四三一年のエフェソス公会議においてネストリウス派が異端とされたが、それが中国に伝わっていたのである。七八一（建中二）年、長安の大秦寺に同碑は建立されたが、九世紀半ばの唐の武宗の弾圧によって大秦寺が破壊され、同碑は地中に埋められたと推測されている。同碑文の本文は漢文であるが、一部にはシリア文字も見られる。現在、同碑は、西安市の陝西《せんせい》省博物館（碑林博物館）に保管されている。

中国におけるキリスト教の痕跡としては、元代にイタリア人フランシスコ会士のジョヴァンニ・ディ・モンテコルヴィノ（一二四七～一三二八）がローマ教皇の使節として北京に赴いたことが知られている。しかし、キリスト教のその後の痕跡は確認されないままであった。それがこの碑の発見によって、唐代にすでに伝播していたことが証明されたのである。この碑文の発見は、当時、中国布教に携わっていたイエズス会士達に大きな衝撃を与えた。中国にいたイエズス会士達によって、石碑の調査と研究が行なわれ、この碑文の解釈が印刷に付されるに至った。

徐光啓

中国布教には知識人でもある高級官僚の支援者が出ている。筆頭に挙げられるのが、リッチとも親しく、彼を庇護した徐光啓（一五六二～一六三三）である。徐は、上海に居を構える有力者であり、中国の官僚として最高の地位に登り詰めた人物である。一五六二（嘉靖四一）年、徐は、当時は小さな漁港に過ぎなかった上海に生まれた。一五九七（萬暦二五）年、北京の郷試《ごうし》に最優秀の成績で合格した。しかし、一六〇一（万暦二九）年、科挙で優秀な成績であったにもかかわらず、最終試験の殿試《でんし》において不合格となってしまう。この不遇の時期に徐はリッチと知己になり、受洗したと推測される。洗礼名は、パウロであった。徐は受洗時すでに妻帯していたが、受験浪人中に受洗したこともあって、その後も妾を持つことはなかった。一六〇四（万暦三二）年、徐は科挙に合格し、翰林院検討という役職に就任した。

一六〇七（万暦三五）年、徐は、エウクレイデス（ユークリッド）の『幾何原本』を漢訳して出版した。徐は官僚として順調に昇進していたが、この頃、父の喪により故郷上海に戻ることになり、一時的に中央政界から離れてしまう。一六一六（万暦四四）年、南京においてキリスト教の迫害が起き、イタリア人イエズス会士アフォンソ・ヴァニョーニ（王豊粛、一五六八／九～一六四〇）らが南京を追放された。この時、徐がヴァニョーニらを上海の邸宅に匿っている。徐は自然科学と科学技術に造詣が深く、編著『農政全書』が没後に出版された。また、東北地方における女真人との戦争のために、ポルトガル製の大砲（仏狼機、仏郎機）を導入した。一六三〇（崇禎三）年、徐は礼部《れいぶ》尚書《しょうしょ》に就任した。一六三三（崇禎六）年、北京において没している。彼の家は、代々イエズス会を庇護しており、孫娘の徐カンディダは、フィリップ・クプレの『徐カンディダ伝』（パリ、一六八八年）によって敬虔な信者としてヨーロッパにその名が知られることになった（羅光『徐光啓伝』台北・伝記文学出版社、一九八二年）。

中国人の信者

徐光啓のほかにイエズス会士を庇護した中国人の信者としては、李之藻《りしそう》と楊廷筠《ようていいん》が知られている。李之藻（一五六五〜一六三〇）は、浙江省仁和県に生まれ、一五九八（万暦二六）年、科挙に合格した。一六〇四（万暦三二）年、大運河の工事を監督したが、誹謗によって左遷されたことを機に郷里に帰還した。李はヨーロッパの自然科学に対する関心からキリスト教に近づき、一六〇二（万暦三〇）年、マテオ・リッチの『坤輿《こんよ》萬国全図《ばんこくぜんず》』の出版に協力した。エウクレイデスの『幾何原本』の出版を助け、『天学初函』を編集している。当初は妾の存在が障害となり、受洗できなかったが、一六一〇（万暦三八）年に受洗しており、洗礼名レオ（レオン）を受けた。郷里に過ごした後に再び官途に就いている。晩年に『崇禎暦書《すうていれきしょ》』を作成したが、一六三〇（崇禎三〇）年、完成することなく没した。李の縁者の楊廷筠（一五五七〜一六二六）は、浙江省杭州府の近郊に生まれ、一五九二（万暦二〇）年、殿試に合格した。李と同様に妾の存在が障害となり、長く受洗できなかったが、五五歳の時に受洗し、洗礼名ミゲルを受けている。『代疑篇』を編集している。李之藻と楊廷筠は、リッチを始めとするイエズス会士に会った時にはすでに科挙に合格して官僚となっていたので、妾を置いていた。彼らは、いずれも受洗しているが、妾の問題をどのように解決したのかは不明である。

中国の言語問題

キリスト教を誰に対して説くかによって、修得すべき言語が異なる。イエズス会は、「マンダリン」と呼ばれる官話（北京官話）を重視し、この官話の修得に努めた。これに対して、フランシスコ会とドミニコ会は、官話よりも方言の修得を重視している。中国において方言は地方ごとに全く異なるが、官話を尊重した場合、社会階層的には知識人が話すものに過ぎないが、地域的には全国的に共通する言語を習得したことになるという利点があった。同じ中国語（漢語）であっても、布教対象によって話すべき言語が異なることになる。

イエズス会は、まず支配階級から布教し、それを下の階級に及ぼすという「上からの布教」を実践していた。イエズス会士は、マカオで漢語を修得した後に中国に入ることになった。中国語では、マンダリンと呼ばれる北京官話と一般庶民の話す方言には相違があったが、イエズス会は読書人階級への布教を考慮して北京官話を採用した。それはリッチとルッジェーリの中国語辞典の編集にも表れている。科挙によって採用された官僚は、北京から地方に派遣されることになる。それゆえ、北京官話を習得すれば、彼らが話す言葉が理解できるので、中国全域の布教が可能となるのである。イエズス会は、それまでの日本語研究を中国語（漢語）研究に応用した。言語研究としては、日本語の研究で知られるジョアン・ロドリゲス・ツヅがいる。また、中国においては、イエズス会は儒教研究の必要性から古典研究に傾斜していった。原始儒教の研究をしていった中国学者に、イタリア人プロスペロ・イントルチェッタ（殷鐸澤、一六二六～九六）、ベルギー人フィリップ・クプレ（柏應理、一六二二～九三）などがいる。

他方、ドミニコ会は、福建省福安を拠点にして布教活動を展開していった。事実上、福建省だけでなく台湾もドミニコ会の活動圏内に入っている。ドミニコ会は、読書人階級よりも民衆への布教を重視していた。それゆえ、ドミニコ会士は、口語中国語を重視していたが、北京官話よりも福建方言（閩南語《びんなんご》）を修得することを優先したのである。イエズス会とは異なり、知識人への布教に力点を置かなかったので、四書五経をはじめとする中国古典の研究へは労力を割かなかった。中国布教長ドミンゴ・フェルナンデス・ナバレーテ（一六一〇頃～八九）は、イエズス会に論駁しているが、彼には中国語の能力が不足していたことが、イエズス会士によって指摘されている。日本の場合と同様に、布教方法に対してイエズス会との間で相互に批判がなされた。また、フランシスコ会は、山東省を中心に布教活動を展開していたが、小規模な布教活動であった。中国布教長アントニオ・デ・サンタ・マリア（利安当、一六〇二～六九）は、イエズス会とは良好な関係を築いていたが、中国古典に造詣の深かった彼は、儒教に対してはイエズス会とは異なる見解を抱いていたようである。

言語への対応は、社会や制度への対応に繋がる。中国における言語対応としては、明末には漢語のみの対応であったが、清初には満州語の問題が起きている。清初、アダム・シャールの努力もあって、イエズス会の布教活動は奇跡的に継続が可能となり、一時的弾圧はあったが、イエズス会は命脈を保っていた。清初の宮廷は、漢語と満州語を用いる二重言語政策が採用されていた。宮廷内の布教活動には漢語だけでなく、満州人の皇族のために満州語も必要であった。漢語が必要であることは変わらなかったが、清朝の官僚には漢語と満州語の両方の修得が要求されたので、事実上の二重言語となっていた。満州語は、ヨーロッパ人の宣教師にとっては、言語系統が近いので漢語よりも修得が容易であった。清朝では、宮廷外の布教活動は禁止されていたが、宮廷内ではイエズス会士の活動は事実上黙認されていた。それゆえ、満州語ができれば、宮廷内では官僚や皇族に対して布教活動が可能であったのである。新参の宣教師は満州語の修得を優先させるようになった。

典礼問題

明末清初には、カトリック宣教師達の間に典礼問題が起こっている。矢沢利彦氏によれば、典礼問題とは、中国人のキリスト教徒が祖先、孔子、皇帝などを崇拝する儀式に参加することを認めるか否か、さらにカトリックの諸儀礼のうち、中国人に受け容れ難いとされるものを省くことが適切であるか否かが基本的論点であると説明されている（矢沢利彦『中国とキリスト教――典礼問題』近藤出版社、一九七二年）。イエズス会は、これらを基本的に容認していた。布教に遅れて参入したフランシスコ会、ドミニコ会、アウグスティノ会などのスペイン系托鉢修道会は、イエズス会の布教方針に対して異を唱えた。一六四五年、ローマ教皇庁は、イエズス会の方針を否認したが、五六年には一転して承認した。一七〇四年、教皇クレメンス一一世（在位一七〇〇～二一）は、特使トマ・マイヤー・ド・トゥルノン

（一六六八〜一七一〇）を中国に派遣して信者の中国祭祀への参加を禁止する旨を通達したが、康熙帝は、これを拒否してイエズス会以外の中国布教を禁止した。

イエズス会では、マテオ・リッチは、中国人の信仰する上帝は中国人が意識していないとはいえ、実際にはキリスト教の神を指すとする見解を提示していた。ただし、天については、リッチは、中国人の言う物質的天をもってキリスト教の神と見なしてはならないと考えた。イエズス会は、儒教研究において朱子学を否定しており、天と上帝の議論においては原始儒教の解釈に立ち返ってこれらを理解すべきであると考えていた。この方法によって、儒教に対するリッチの見解がイエズス会の公式見解として確定した。ドミニコ会中国布教長ドミンゴ・フェルナンデス・ナバレーテは、中国人の言う上帝を天主と見なすイエズス会の見解に異を唱えていた。イエズス会でも、中国布教長ニコラス・ロンゴバルディは、上帝が天主であるとする見解に疑問を呈していたが、彼の見解はイエズス会の主流的見解とはならなかった。リッチの見解は、中国布教において儒教の存在を容認するための方策であったと考えられる。上帝がキリスト教の神であるとする彼の見解は、キリスト教の用語をいかに翻訳するかという問題に留まらず、儒教が中国人にとっての宗教であるか否かという問題に繋がる。中国のイエズス会は、儒教は単なる儀礼に留まるものではなく、中国人にとっての宗教であると見なしていた。しかし一方で、リッチは、中国人の祖先崇拝と孔子崇拝などについては、儒教に付随する宗教儀礼とは見なさず、こうしたものは宗教性のない単なる儀礼に過ぎないとして容認したのである。

第四章

禁教、迫害、殉教

1　江戸幕府の禁教政策

貿易と禁教

徳川家康は、江戸幕府の成立時から禁教の志向を明確に示していたわけではない。当初はむしろ禁教には向かわない可能性さえ示していた。一五九八（慶長三）年、フランシスコ会の遣外管区長（日本布教長）ヘロニモ・デ・ヘスース（生年不詳～一五九九）は、伏見において家康に謁見した。この時、家康は、ヘスースを処罰しなかったばかりか、彼にスペイン船の相模国浦賀への寄港と鉱山技師と航海士の派遣を要請した。しかも、ヘスースに江戸における布教の許可を与えたとも言われている。翌年、ヘスースは、京都で病死してしまったので、家康のフランシスコ会の保護の約束は破棄されてしまう。このように、キリシタンに対する家康の政策は当初から明確であったわけではない。家康は、当初は禁教ということ以上に、スペインとの貿易に多大な関心を抱いていた。それを実現するためには、フランシスコ会の仲介が必要であると考えていたのである。

一六〇一（慶長六）年、家康は、安南国（ヴェトナム）に対して、朱印状を所持しない商船との貿易をしないよう要請した。朱印状とは、室町時代の琉球貿易船に下賜されていた渡航許可状である。この制度は、暹羅《せんら》国（シャム）、柬埔寨《かんほさい》国（カンボジヤ）、呂宋国（ルソン）、交趾国（コーチシナ）などの東南アジア諸国に拡大された。朱印船貿易は、これにスペイン船、さらにオランダ船までもが加わることになる。一六〇二（慶長七）年、家康は、フィリピン総督にヌエバ・エスパーニャ（メキシコ）との通交を求め、関東地方に寄港地を設けることを提案した。しかし、一方で、フィリピン総督からの返書において禁教について触れている。それゆえ、この頃から家康には禁教の志向があったことが分かる。

朱印船貿易の貿易品は、従前のポルトガル貿易と事実上大差なく、中国産の生糸が過半であった。それゆえ、従来のポルトガル貿易に、スペイン、オランダ、さらに東南アジア諸国が競争相手として参加してきたことになる。朱印船貿易は、一六〇四年から三五年までの期間に行なわれ、約三六〇隻が日本に来航した。朱印船貿易家としては、京都の茶屋四郎次郎（第二代、生年不詳～一六〇三）や角倉了以《すみのくらりょうい》（一五五四～一六一四）、大坂の末吉孫左衛門（一五七〇～一六一七）、長崎の末次平蔵（一五四六頃～一六三〇）などの商人、島津、松浦、有馬氏などの大名、李旦《りたん》（生年不詳～一六二五）などの中国人、ウィリアム・アダムス（一五六四～一六二〇）などのイギリス人、ヤン・ヨーステン（一五五六頃～一六二三）などのオランダ人が知られている。朱印船の寄港地となる東南アジア諸国には日本人が数多く居住することになり、港には日本人町が形成されていった。アユタヤやマニラの日本人町は、代表的なものである。しかし、こうした日本人町は、その後の「鎖国」によって衰退していき、やがて消滅していくことになる。

当初からイエズス会が独占的に主導してきた日本布教であるが、一七世紀に入ると新たな局面を迎えることになる。スペイン系の托鉢修道会が日本布教に新たに参入してきたのである。一六〇二（慶長七）年七月、托鉢修道会士達がマニラから来日している。この時点では、フランシスコ会士一五名およびドミニコ会士五名が島津領内の甑島《こしきじま》に上陸している。さらに、アウグスティノ会士二名が平戸に上陸している。スペイン系の托鉢修道会は、活動規模はイエズス会に及ばないが、それでも日本に多大な影響を与えている。彼らは、マニラから日本に渡航すると、イエズス会に倣って長崎を拠点として布教活動を開始した。

家康のキリシタン対策

一六〇六（慶長一一）年、日本司教ルイス・セルケイラは、伏見において家康に謁見した。前長崎奉行の小笠原一庵の仲介によるものである。家康のキリシタン政策がまだ明らかになっていなかった時期のことである。

翌〇七（慶長一二）年、準管区長フランシスコ・パシオ（一五五四～一六一二）は、駿府《すんぷ》において家康に謁見した。パシオは、さらに江戸において秀忠にも謁見した。この時点では、家康のキリスト教に対する姿勢は明確になってはいなかった。家康は、当初から禁教を志向していながらも、明確に打ち出してはいなかったのである。キリシタン教会は、当初は家康が秀吉のキリシタンに対する政策を継承しないかもしれないと期待していた。しかし、その一方で、家康は、秀吉の伴天連《バテレン》追放令を撤回することもしなかったのである。家康は、一六〇三（慶長八）年頃から長崎の市政に関与しており、言語学者として知られるイエズス会のジョアン・ロドリゲス・ツヅに長崎の統治を委任している。しかし、マードレ・デ・デウス号事件と岡本大八事件が発生したことによって、イエズス会が排除され、幕府の方針が禁教に向かうことになる。

マードレ・デ・デウス号事件と岡本大八事件

一六〇九（慶長一四）年、マカオから来航したポルトガル船ノッサ・セニョーラ・ダ・グラッサ号が、長崎沖で肥前国の有馬晴信の兵によって撃沈された。この船名が聖母マリアを意味することから、マードレ・デ・デウス号事件と呼ばれるようになったが、この事件の経緯は、以下の通りである。

前年、晴信が派遣した朱印船がマカオにおいて騒ぎを起こしたので、マカオ提督（カピタンモール）アンドレ・ペッソアがこれを鎮圧し、朱印船の積荷を押収した。ペッソアは、直接ことの経緯を家康に説明するつもりであったが、長崎奉行長谷川藤広《ふじひろ》（一五六七～一六一七）がこれを止めたので、説明のために使者を派遣することにした。しかし、積荷の先買権をめぐってペッソアと藤広とが対立してしまい、藤広は晴信に対してペッソアを家康に訴えさせた。晴信は、ペッソアの引き渡しを要求したが、ポルトガル側がそれに応じなかったので、晴信が船を襲撃することになった。海上での交戦が四日続き、窮地に立たされたペッソアは、船に火を放って自爆した。これによって、ポルトガル貿易は、以後二年間中断することとなる。しかも、家康に近づいていたイエズス会のジョアン・ロドリゲス・ツヅは、マカオに追放されてしまった。彼の追放によって、家康とイエズス会との関係が断たれたことになる。家康は、ロドリゲスに代わって、イギリス人ウィリアム・アダムスを顧問とした。

マードレ・デ・デウス号事件の延長上にあるのが、岡本大八事件である。一六一二（慶長一七）年、有馬晴信と、家康の側近である本多正純の家臣である岡本大八との間に贈収賄事件が発生した。大八は、晴信にノッサ・セニョーラ・ダ・グラッサ号の撃沈の功績として、肥前三郡（佐賀および長崎の一部）の拝領を斡旋すると言って、正純への贈賄を持ちかけた。しかし、その後、晴信は、幕府から何ら音沙汰がないことを不審に思って正純に確認したところ、これが大八の策略であることが発覚した。これによって、大八は獄に繋がれることとなった。しかし、大八は、かつて晴信が長崎奉行長谷川藤広の謀殺を計画していたことを訴えたので、両者が改めて取り調べを受けることになった。その結果、大八の死罪は免れなかったが、晴信も自害を命じられた。この事件の当事者がいずれもキリシタンであったことが家康の不信を買い、禁教の原因となったと言われている。家康は、同年のメキシコへの返書において禁教を告知し、キリシタン禁令を発布した。翌年、家康は、金地《こんち》院崇伝《いんすうでん》に「伴天連追放之文」を起草させて発布した。

こうした状況に追い打ちをかけたのが、平山常陳《じょうちん》事件である。一六二〇年八月二日（元和六年七月四日）、貿易家の平山常陳がマニラからアウグスティノ会士のペドロ・デ・スニガとドミニコ会のルイス・フローレスら宣教師を密入国させようとしたところ、オランダとイギリスの連合艦隊によって拿捕《だほ》されてしまった。常陳は、これをイギリスとオランダの日本船に対する不法行為であると非難したが、平戸の松浦氏は両国の商館を持っていたことから両国を支持したのである。こうして、この事件は、常陳と松浦氏との対立にまで発展した。しかし、スニガが宣教師であることを自白したので、常陳はスニガとともに長崎において火刑に処された。

禁教令の発布

一六一二（慶長一七）年三月、江戸幕府は、江戸、京都、駿府、天領（直轄地）に禁教令を発布した。この禁教令には、豊臣氏とキリシタンとの結びつきを断つ目的があったと考えられる。家康は、秀吉の家臣にキリシタン大名がいたことから、イエズス会が豊臣氏と何らかの関係があることを危惧していたのである。実際には家康の危惧は的を射たものではなかったが、豊臣氏とキリシタンが結びつけて考えられていたのである。

一六一四年一月二八日（慶長一八年一二月一九日）、江戸幕府は、全国的禁教令を発布した。この禁教令は、江戸幕府によって厳格に施行されたと考えられている。慶長一九年八月、大村喜前《よしあき》は、禁教令を根拠として、江戸において二七名のキリシタンを処刑した。幕府は、キリシタンを処刑することによって、禁教令を厳格に施行することを内外に明示したのである。また、京都においては、家康の意を受けて、将軍秀忠の擁立に努めた大久保忠隣《ただちか》がキリシタン教会の破壊を行なっている。

一六一六年六月一日（元和二年四月一七日）、家康が駿府において没した。幕府の実権が秀忠に継承された後にはキリシタンの禁教はさらに厳格なものとなった。幕府は、キリシタンを厳格に取り締まったうえに、諸大名には幕府の方針に追随することを要求した。イエズス会は、家康の没後、キリシタンに対する迫害が強化されると予測していたが、実際に秀忠の命令を受けて「元和の大殉教」と呼ばれる一連の大量処刑が実施されている。

慶長遣欧使節

遣欧使節は、キリシタン時代に二回実施されている。両者ともに日本の主権者が派遣したものではないという特徴がある。いずれの遣使も、その後の日本における影響は強いものではなかった。

フランシスコ会士ルイス・ソテーロ（一五七四～一六二四）は、仙台藩主伊達政宗にヨーロッパへの使節の派遣を持ちかけ、政宗が家臣の支倉六右衛門《はせくらろくえもん》（常長、一五七一〜一六二二）を特使として派遣している。これが慶長遣欧使節と呼ばれるものである。ソテーロは、日本の一部をポルトガル系の府内司教区から切り離し、スペイン系の司教区を創設することを意図していた。政宗は、領内でソテーロの布教活動を援助したが、家康の思惑もあってメキシコ貿易の開始を視野に入れていた。ソテーロと政宗の思惑が一致したことによって、この使節派遣は可能となったのである。しかし一方で、政宗はこの計画に多大な期待は寄せておらず、支倉は有能な家臣とは目されなかったがゆえに、特使に任命されたとも言われる。

一六一三（慶長一八）年、使節は月浦を発ちメキシコ経由でスペインに到着した。セビーリャを経由してマドリードで国王フェリペ三世に謁見し、ローマでは教皇パウルス五世に非公式に謁見した。スペイン系司教区の創設とメキシコ貿易は、ポルトガル系のイエズス会から妨害されたうえに、スペインからも一部の利害が絡むことから歓迎されず、実現することなく終わった。日本におけるキリスト教の迫害は、庇護者である政宗が強大な権力を持っているとするソテーロの説明とは矛盾することとなった。かくして、この使節の派遣は失敗であったとされる。

東北地方と蝦夷地への布教

この頃、イエズス会は、東北地方から蝦夷地にまで進出している。ジェロニモ・デ・アンジェリスとディエゴ・カルヴァーリョが、それぞれ蝦夷地を探検している。彼らの蝦夷地探検は、江戸幕府の禁教令と無縁ではない。

ジェロニモ・デ・アンジェリス（一五六八〜一六二三）は、シチリア島のエンナに生まれた。一五九五年一二月、カルロ・スピノラに同行してジェノアにおいて乗船した。翌年四月、リスボンからインドに向かったが、暴風によって新大陸に進路を取ることを余儀なくされ、サンサルバドールに到着した。同地で船を修理した後、一五九八年一月、ひとまずリスボンに帰還する。この間、リスボンで司祭に叙階された。一五九九年三月、スピノラとともにインドに向かい、同年中にゴアに到着した。一六〇二（慶長七）年、来日し、翌年伏見の教会に着任した。以後、伏見・大坂を中心に布教活動に携わっており、日本語は京言葉に特に習熟していた。一六一四（慶長一九）年、江戸幕府の禁教令によって、アンジェリスは、日本管区長から長崎に赴くことを命じられた。この禁教令によって、京都・大坂のキリシタン七一名が津軽に流された。また、各地からキリシタンが東北地方に逃れてきた。キリシタンの後藤寿庵の招きによって、アンジェリスは、江戸を経て仙台に赴き、寿庵の領地であった見分《みわけ》（水沢市）に赴いている。一六一八（元和四）年、アンジェリスは、初めて蝦夷に赴いた。見分の後藤寿庵の屋敷を活動の拠点としており、仙台から秋田を経て、同地からは船で深浦を経て蝦夷に渡っている。一六一九（元和五）年、仙台から米沢、越後、佐渡、能登、加賀にまで赴いている。一六二〇（元和六）年、仙台藩主伊達政宗が突然キリシタンに対する迫害を開始した。この時点では、アンジェリスは、仙台に滞在していた。翌二一（元和七）年の夏、アンジェリスは、第二次の蝦夷探検に赴いた。その後、江戸に派遣され、約二年間、潜伏生活を続ける。一六二三（元和九）年、将軍職を継承した家光は、キリシタンの迫害を開始した。アンジェリスは、彼に従っていたシモン円甫《えんぽ》とともに出頭した。フランシスコ会のフランシスコ・ガルベス（一五七五頃～一六二三）も捕縛された。同年、アンジェリスは、江戸において殉教した。彼は、当初は東北地方に追放されたキリシタンの司牧と蝦夷地布教の可能性の模索を目的としていたが、やがて彼の関心は、東北地方、ひいては蝦夷地に江戸幕府の禁教令が及ぶかどうかを確認することに移っている。松前藩には、江戸幕府の禁教令を受け入れない余地が残されていると見られていた。一時は、江戸幕府の禁教令が蝦夷地にまでは及ばないのではないかと期待されていたのである。

ディエゴ・カルヴァーリョ（一五七八～一六二四）は、ポルトガルのコインブラに生まれた。一六〇〇年、インドに向けて出発し、秋にはゴアに到着した。その後は、マカオにおいて勉学を続け、司祭に叙階された。一六〇九（慶長一四）年、来日し、天草を中心に活動した。一六一四（慶長一九）年、江戸幕府の禁教令によって、ほかのイエズス会士達とともにマカオに追放された。フランシスコ・ブゾミとともにコーチシナ布教に携わっていたが、日本渡航を志願し、一六一六（元和二）年に再び来日した。大村地方で活動後、翌一七年からは東北地方に渡ることを命じられた。一六二〇（元和六）年夏の第一次蝦夷探検は、見分、下嵐江《おろせ》、久保田（秋田）、蝦夷、津軽、高岡、碇ケ関《いかりがせき》、秋田、院内という経路であった。九月に仙台において迫害が起こったので出羽に留まった。当時、久保田では大眼宗《だいがんしゅう》と呼ばれるものが広まっており、後に迫害を受けることになる。大眼宗は、仏教系の新興宗教であると考えられるが、当時はキリシタンが変形したものであると見られることもあった。一六二二（元和八）年、カルヴァーリョは、第二次蝦夷探検を行なった。翌二三（元和九）年の江戸の大殉教は、東北地方にも波及した。一六二四（寛永元）年、政宗は、江戸幕府の方針に追随するために、領内のキリシタンに対する迫害を開始した。同年、カルヴァーリョは、見分の後藤寿庵の屋敷に匿《かくま》われていたが、寿庵や信者達と捕えられた。寿庵は南部に追放されたが、カルヴァーリョは、拷問の末に信者達とともに殉教した。

教理書と排耶書《はいやしょ》

禁教の基になった排耶思想について見ていきたい。キリシタンを排斥する目的で執筆された排耶書のうち、初期のものとしては林羅山（一五八三〜一六五七）の「排耶蘇《はいやそ》」が挙げられる。一六〇六（慶長一一）年、若き羅山は、イエズス会のイルマンであった不干斎ハビアンと対面してキリスト教の是非を論争している。「排耶蘇」は、その際の内容を羅山が後に短く記述したものである。羅山の場合、僧侶と儒者のいずれとも見ることができるが、僧侶による排耶書は少なくない。家康に重用された金地院崇伝は、「排吉利支丹文」を纏《まと》めているが、それは一八六〇（万延元）年に刊行された『息距篇』にも収録されている。幕閣《ばっかく》であり僧侶でもあった鈴木正三《しょうさん》（一五七九〜一六五五）は、一六四二（寛永一九）年に『破吉支丹』を執筆している。同書は、後代に幾度も刊行されている典型的排耶書である。

不干斎ハビアンは、イエズス会のイルマンとして「妙貞問答」を、その後に棄教してからは『破提宇子《はだいうす》』を執筆している。その間、約二〇年の時間が経過している。ハビアンという同一作者によるキリスト教の教理書と排耶書という点で、両書は対照的な存在であると言えよう。「妙貞問答」は、日本語で執筆された教理書としては、かなり高度な内容である。他方、『破提宇子』には、ハビアンがイエズス会のイルマンとして二〇年近くの間、活動していたことが記されている。しかし、彼は、イエズス会の司祭に叙階されることはなかった。このことが原因で、ハビアンがイエズス会に対して不満を持つに至ったと考えられている。『破提宇子』の末尾において、ハビアンは、ヨーロッパ人の宣教師達が日本人に対して傍若無人な振る舞いをしていることを非難している。

「妙貞問答」は、ハビアンがイエズス会のイルマンとして活動していた頃に執筆した教理書である。同書は、修道女の幽貞《ゆうてい》と一般女性の妙秀《みょうしゅう》という架空の二人の女性がキリスト教の教えについて対話する形式であり、書名は彼女達の名前から採られている。現在、同書の写本が確認されている。本文は、上巻で仏教、中巻で神道と儒教について触れ、最後の下巻ではキリスト教それ自体について説明している。中巻と下巻は伊勢の神宮文庫に所蔵されていることが二〇世紀の初頭に確認されていたが、約半世紀後に神道の記述を含む上巻と中巻が神道の一派の宗家である吉田家に伝存していることが確認された。現在、吉田家本は、天理図書館に所蔵されている。上巻は仏教について記述されているが、禅宗の記述が不自然なほど詳細なので、ハビアンは、イエズス会の入会前は禅僧であったと推測される。

『破提宇子』は、ハビアンがイエズス会退会後、一六二〇（元和六）年に出版した排耶書である。『破提宇子』には、「妙貞問答」において展開された論理が反転されているだけで、キリスト教の教理の反駁において、独自の目新しい内容は見られないというのが従来の評価である。両書の残存形態については、「妙貞問答」は写本が現存しているだけで印刷されていないが、『破提宇子』は印刷本が伝存しているので、排耶のためのプロパガンダの要素が強いものであったと言える。

キリスト教からの改宗者による排耶書としては、転び伴天連クリストヴァン・フェレイラの作とされる『顕偽録』がある。ポルトガル出身のフェレイラは、イエズス会の日本管区長代理という要職にあったが、棄教した後には幕府のキリシタン穿鑿《せんさく》に積極的に協力している。キリシタン教理書や排耶書には、各宗教の間における相互批判が展開されている。イエズス会から脱会した後にハビアンが執筆した排耶書である『破提宇子』は、キリスト教に入信した日本人が執筆した初期の史料である。また、鈴木正三は、幕閣のひとりであると同時に出家しているので、僧侶による排耶論であるとも見ることができる。彼の議論は、仏教とキリスト教の比較論になっている。僧侶による排耶論の系譜としては、京都南禅寺の雪窓宗催《せっそうそうさい》（一五八九〜一六四九）の『対治《たいじ》邪宗論《じゃしゅうろん》』が知られている。同書は『闢邪管見《へきじゃかんけん》録《ろく》』などに収録されている。排耶書は、ヨーロッパに対する排斥意識が芽生えることによって生まれている。江戸時代を通じて水戸藩においては排耶書が特に盛んに執筆されており、たびたび出版もされている。その後、攘夷運動が生じる幕末になってからは、外国の思想を排斥する目的から排耶書が新たに執筆されているだけでなく、すでに存在している排耶書の復刻が行なわれている。

2　キリシタンの迫害と殉教

国是（Razón de Estado）

「国是」ないし「国家理性」という言葉自体は、キリシタン史料における宣教師達の記述に見られるが、政治学の分野では一般的に使われる言葉である。「国是」とは、国が是とするもの、すなわち確定している施政方針の意味であるが、国家がそれに立脚する政治思想という意味を持つことがある。

イエズス会の日本管区長マテウス・デ・コーロス（一五五九〜一六三二）は、日本におけるキリシタンの迫害が江戸幕府の「国是」によるものであるとしている。一六二一年三月一五日付、コーロスの総長ムティオ・ヴィテレスキ宛の三書翰《しょかん》においては、江戸幕府によるキリシタン迫害が日本の「国是」によるものであり、キリスト教は日本を征服するための手段であると幕閣が考えていることが示されている。イエズス会出身の日本司教ルイス・セルケイラは、日本布教が日本の「国是」に抵触することを回避するためには、フランシスコ会をはじめとするスペイン系托鉢修道会の修道士達が日本から退去することが必要であるとしている。キリシタン迫害が日本の「国是」であるならば、スペイン人が日本に滞在することもまたスペインの「国是」であると、彼は見ていたのである。

このように、キリシタン宣教師達は、江戸幕府によるキリシタンの迫害が「国是」によるものと捉えている。彼らは、迫害が日本の為政者の恣意によって行なわれているとは見ておらず、時間が経てば収束するようなものであるとも考えてはいなかった。日本におけるキリシタンの迫害は、国是と国是の対立によって引き起こされた必然の結果であると捉えていたのである。

殉教とは

キリシタンの迫害によって、殉教という現象が起きている。殉教（martyrium）とは、ある人物が殉教者（martyr）としての死を遂げたという事実を言う。殉教の語源は、ギリシャ語の「証人」である。殉教者とは、信仰を棄てるよりは苦痛や死を受けることを選ぶ者を言う。迫害者がキリスト教会やキリスト教の真理に対する憎悪や悪意から暴力を加える時、殉教者達は迫害者に対して反抗しない。これは、イエズス・キリストの行ないに倣《なら》っているものである。アウグスチヌスの見解に従って、殉教者は受けた刑罰によってではなく、その訴因によって成立するとされている。「殉教」という言葉は、日本語であると考えられている。「殉教」の語が使われたのは、一八七八（明治一一）年の太政官翻訳係版『日本西教史』が最も初期の事例であると見られており、キリシタン時代にはおおむね「マルチル」という言葉が使われていた（佐藤吉昭『キリスト教における殉教研究』創文社、二〇〇四年）。

カトリック教会の関係者による歴史研究は、迫害と殉教の研究となるケースが多い。この場合の殉教研究とは、殉教の事実それ自体を明らかにすることである。殉教者の信仰は疑ってはならないものなので、殉教に至る経緯を明らかにすることに力点が置かれている。これは、殉教者の列聖のための調査に繋がるものである。殉教それ自体は、いわば空白の状態であり、解明の対象とするのは殉教前後の事実関係のみなのである。こうした姿勢は、現在のカトリック教会の研究方法において基本的に踏襲されている。

殉教録とは、殉教者の名簿のことである。ローマ教会の殉教録は、一六世紀に作成された後は改訂されながら多数の版を重ねている。殉教録の形式は、通常は各殉教者の氏名とともに事跡が簡略に記されている。殉教者の調査が列聖に繋がることから、聖人伝の形式が殉教録の形式を踏襲する形になった。日本の殉教者についても、殉教報告書を基にした殉教録が作成されており、出版されたものとしてはアントニオ・フランシスコ・カルディンの『日本の精華』（ローマ、一六四六年）などが有名である。

聖人という称号は初期の頃から聖徳に秀《ひい》でた人々に限定されていた。生存中に英雄的な徳の実行によって目立ったので、教会が通常の普遍的教導権によって聖人と宣言した人々、ないし列聖という形式によって聖人と宣言した人々を指す。福者は、聖人の前段階であると位置づけられる。聖人になると、その人物は天国の栄光の中にあり、その人物に神への取り次ぎを願ってよいことを意味する。聖人の生存時の徳や殉教はキリスト教信仰の証言であり模範であるとされる。

日本における殉教

キリシタン時代の日本における迫害と殉教は、ローマ帝国における原始教会の歴史に準《なぞら》えられている。当時の日本は、世界的に見ても殉教可能な唯一の土地であった。そのために、殉教願望を満たすことのできる唯一の土地として、日本は一部の宣教師達を惹きつけたのである。殉教者に倣うべきであるという殉教準備教育は、ヨーロッパにおいて行なわれてきたが、日本においても、一九九一年に加津佐《かづさ》において印刷された『サントスの御作業のうち抜書』などの聖人伝においてなされたことである。ザビエルに倣って日本布教を行ない、できれば日本において殉教したいと考えた人物としては、マルチェロ・フランチェスコ・マストリーリ（一六〇三～三七）がいる。殉教を回避したいという意識と殉教したいという願望は相反するものであるが、日本においては両者が存在したのである。

日本における殉教のあり方について、佐藤吉昭氏によれば、その記述には文学的類型が見られるということである（佐藤吉昭、前掲書）。この類型は、古代ローマの殉教録に通ずるものであるとされている。佐藤氏は、ペドロ・モレホンの『日本殉教録』の記述には、登場人物さえも類型化されていると指摘している。その記述は、次のような展開になっているとされる。迫害者である暴君との仲介役として、信仰を理解はできないが刑罰を回避しようとする善意の奉行が登場する。しかし、殉教者達には、そうした地上の善意を受け入れる余地はない。大衆は、彼らを嘲笑する者達と共感する者達に二分される。そして、囚人達の良心の目を開かせる。そこで、処刑の命令が下される。奉行は退場する。為政者からは、誇りを持って死なせてはならないという命令が下され、十字架の烙印、手足や指の切断などがなされるが、殉教者達はそれでも断食する。その後、彼らは、殉教し、勝利が確定する。次に、回心の時に話が戻る。熱心な仏教徒からキリスト教への改宗は、聖パウロの回心を思わせるものである。最後に、殉教に伴う奇跡が示される。例えば、死後に一度目を開けるということなどである。しかも、殉教者の逮捕から処刑までの出来事がカトリック教会の聖なる日々に重ねられている。

キリシタン版『サントスの御作業のうち抜書』には、迫害者が悪魔の手先であると説明されている。しかし、その後、迫害が神の意思であるとする考え方が生まれた。江戸幕府による迫害に対して、日本巡察師フランシスコ・ヴィエイラ（一五五五～一六一九）は、一六一六年一〇月一四日付、マカオ発、総長宛の書翰において、迫害は弛緩した日本教会に対して神がお与えになった試練であるとしている。この間、迫害に対する認識が転換したことになる。佐藤氏は、ヴィエイラの見解が三世紀のカルタゴの殉教者キプリアヌスと同一のものであることを指摘している（佐藤吉昭、前掲書）。

キリスト教の迫害に対して信者は、キリスト教を棄てる、という対応と、キリスト教を棄てない、という二通りの対応が想定できる。後者の場合、表向きは棄てる、抵抗する、抵抗しない、という三通りのあり方が想定できる。表向きは棄てたことにする場合、潜伏キリシタンになる。キリスト教を棄てずとも抵抗したのでは、それによって生命を落としても殉教にはならない。抵抗しない場合にのみ殉教になる。日本における殉教の特徴としては、殉教者には迫害者から常に棄教の機会が与えられていることが挙げられる。迫害者である江戸幕府は、表向きに信仰を否定することも可としている。キリシタンが表向きであっても信仰を否定さえすれば、実際に釈放していた時期もある。

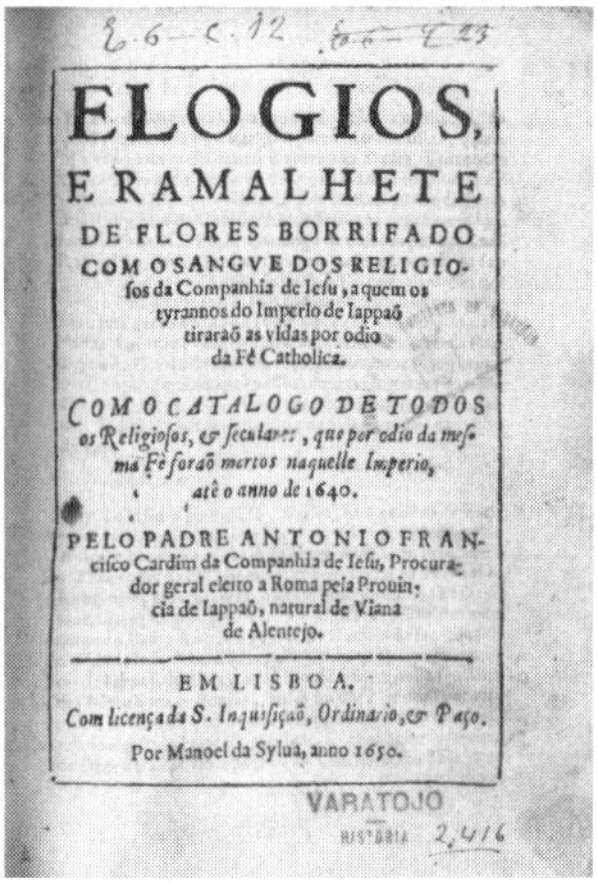
ELOGIOS,
E RAMALHETE
DE FLORES BORRIFADO
COM O SANGVE DOS RELIGIOsos da Companhia de Iesu, a quem os tyrannos do Imperio de Iappaõ tiraraõ as vidas por odio da Fè Catholica.

COM O CATALOGO DE TODOS os Religiosos, & seculares, que por odio da mesma Fè foraõ mortos naquelle Imperio, atè o anno de 1640.

PELO PADRE ANTONIO FRANcisco Cardim da Companhia de Iesu, Procurador geral eleito a Roma pela Prouincia de Iappaõ, natural de Viana de Alentejo.

EM LISBOA.
Com licença da S. Inquisiçaõ, Ordinario, & Paço.
Por Manoel da Sylua, anno 1650.

カルディン『日本の精華』

カルディン『日本の精華』

日本において殉教が頻発していた頃、アントニオ・フランシスコ・カルディン（一五九五／九六〜一六五九）の殉教録『日本の精華』が出版された。同書は、その副題「一六四〇年までにかの帝国において同信仰によって没した修道士と世俗の者達のカタログを含む」に見える通り、一六四〇年までに日本において殉教したイエズス会士の略歴と殉教の様子を描いた図が収録されたものである。一六四六年にローマにおいて刊行されたラテン語版が同書の初版であるが、ほかに一六五〇年にリスボンにおいて刊行されたポルトガル語版がある。

カルディンは、ポルトガルのアレンテージョ地方のヴィアナに生まれた。一六一八年、日本司教ディオゴ・ヴァレンテの日本赴任に同行してインドに向けて出帆している。カルディンは、ゴアのイエズス会の教育機関において教育を受け、同地において司祭に叙階されている。一六二三年、ゴアからマカオに向かい、日本管区所属となってマカオのコレジオに学んでいる。マカオ滞在の目的は日本渡航の準備であったが、結局、彼の日本渡航はその後も実現しなかった。彼は、日本管区所属であったが、カントンのほか、当時日本管区が担当していたシャムなど東南アジア諸地域において布教に従事している。一六三一年、マカオに帰還し、三二年から三六年まで、マカオのコレジオ院長を務めている。一六三八年、カルディンは、来《きた》る四五年に開催予定の第八回イエズス会総会議に出席するために、ローマに派遣されることが決定した。同年中にゴアからローマに赴き、第八回イエズス会総会議に日本管区所属のプロクラドールとして出席した。一六四五年から四九年まで、ヨーロッパに滞在していたことが確認されている。一六四九年、コインブラからリスボンを経由してゴアに向けて出帆し、翌五〇年五月にゴアに到着した。一六五二年、ゴアからマカオに向かった。同年以降は、基本的にマカオに居住しており、一六五五年にゴアに一時的に渡航したが、その後マカオに帰還している。一六五九年四月二〇日、マカオにおいて没した。

殉教録は、それが作成された後、殉教者が列福さらに列聖されることによって、聖人伝に転化していく。殉教者の絵伝も作られているが、ヨーロッパにおいては殉教録や聖人伝に絵を入れることはよく見られることである。カルディンの著作も、その系列に含まれるものであるが、日本の殉教録で殉教者の画像を収録したものは稀少である。ヨーロッパの聖人伝としては、一三世紀のヤコボ・ア・ヴォラギネの『黄金伝説』を挙げることができる。同書も絵入りのものが作成されており、印刷されたものも少なくない。一六世紀以降、ヨーロッパにおいては殉教図が殉教録や聖人伝に収録されるようになった。こうした聖人伝は、イタリアやスペインにおいて印刷されたものが多数確認できる。これらの挿絵に使われた殉教図は、銅版ではなく木版のものがほとんどであった。原始教会の殉教録は、一六世紀にリッポマーノ（一五〇〇〜五九）の聖人伝などが出版されているが、ピエトロ・ナターリ（一三三〇頃〜一四〇六）の聖人伝のように絵入りの聖人伝も出版されている。スペインでは、アルフォンソ・デ・ビリェガスの聖人伝に絵入りのものがあるので、カルディンの殉教録は、こうしたヨーロッパの絵入り聖人伝の系譜の上にあるものと言えよう。

ペドロ・ゴメスの信仰告白論

殉教に繋がる問題として、信仰表明の問題を取り上げる。信仰表明とは、通常は信仰告白であると換言できる。カトリック教会は、信仰告白の原則として、信者はいかなる時であっても信仰告白をすべきであると説明している。それは、論拠が聖書に求められる。「マタイによる福音書」第一〇章第三三節には、イエズス・キリストの言葉として、「人々の前でわたしを知らないと言う者は、わたしも天の父の前で、その人を知らないと言う」とあり、「ルカによる福音書」第一二章第九節には「人々の前でわたしを知らないと言う者は、神の天使たちの前で知らないと言われる」

と記されている。キリストの否定は、信仰の否定に通じるものである。キリストが捕えられた時、弟子達はキリストを見捨てて逃げてしまった。キリストは、弟子ペトロに「鶏が鳴く前にあなたは三度わたしを知らないと言うだろう」と言われ、事実その通りになった。ただし、ペトロは、迫害に巻き込まれることを恐れて、自分がキリストの弟子であることは否定したが、キリストの神性は否定しなかった。

殉教の模範としては、エレアザルの事例が挙げられている。『旧約聖書』の「続編」の「マカバイ記二」に見られるエレアザルの事例が信仰告白の模範とされている。アンティオコスがエルサレムのユダヤ人にディオニュソス神を礼拝するよう強要した時、高齢の律法学者であったエレアザルは、その証明として豚肉を食べるよう強要されるが、生命を賭して拒否して殉教した。豚肉を食べたふりをする、つまり異教を表向きに受け入れたふりをすることを勧める者がいたが、エレアザルは、それでは高齢の自分が生命を惜しんだと思われて若者達に悪影響を及ぼすと言って、それすら拒否したのである。

信仰告白について、キリシタンであるか否かを問われた場合、たとえ生命の危険があろうとも、自分はキリシタンであると答えるのが、ローマ・カトリック教会の原則である。日本準管区長ペドロ・ゴメスは、この原則を認めたうえで、この議論に対して例外規定を設けたのである。迫害者が信仰の問題としてではなく、国家や財産をめぐる戦争の際に敵か味方かを区別するために質問したのならば、信仰告白を回避したり、信仰を否定したりしても構わない。たとえその場合でも、事後に告解をすれば赦されることである。こうして、悔悛の秘蹟を受けるまでのキリシタンの罪の赦しを留保することを可能にしたのである。

ゴメスは、迫害者がキリシタンを殺害するためにキリシタンであるか否かを質問したのであれば、キリシタンは、罪なくして信仰告白を回避できると説いた。彼は、キリシタンの迫害が現実化する前に迫害時の信仰告白のあり方を規定しているのである。彼の議論の聖書における論拠としては、『新約聖書』の「マタイによる福音書」第一〇章第二三節のイエズス・キリストの言葉「ひとつの町で迫害されたときは、他の町へ逃げて行きなさい」が挙げられる。また、「使徒言行録」第八章第一節には「エルサレムの教会に対して大迫害が起こり、使徒たちのほかは皆、ユダヤとサマリアの地方に散って行った」とあることも論拠とされている。ゴメスの議論は、聖職者と一般信徒を区別しており、聖職者に対しては一般信徒よりも厳しい基準を設定しているが、それでも徒《いたずら》に生命を落とすべきではないと説いている。

「一五九八年の日本年報」においては、日本において初めて大規模な殉教があったことが報告されている。前年の長崎の二十六聖人の殉教である。ゴメスは、迫害時の対応を一般信徒と聖職者の場合に分けて議論しており、彼の「講義要綱」では、日本語稿本の基準がラテン語稿本の記述よりもやや緩やかになっている。「講義要綱」が作成された時点では、日本人司祭の存在は想定されていないからであろう。長崎の二十六聖人の殉教では、聖職者だけでなく、多数の日本人の一般信徒が殉教している。そこで、一般信徒に対して、殉教の意義を説くことが必要となったのである。長崎の二十六聖人の殉教の後、一五九八（慶長三）年にゴメスの殉教書が長崎において日本語で印刷されている。このキリシタン版は現存しないが、姉崎正治氏（一八七三〜一九四九）が「マルチリヨの心得」として紹介したものが、この殉教書の写しであると考えられる。その内容は、「講義要綱」における議論を基本的に踏襲している。ゴメスの殉教書の内容は、日本人が殉教を回避することを正当化するものとなっているので、殉教書が印刷された時点では、イエズス会では、日本人の一般信徒に殉教を勧める必要はなかったと考えられていたことになる。

キリスト像
（潜伏キリシタンの聖画）

殉教者の分類

日本における殉教者の分類としては、ヨーロッパ人の宣教師、日本人の聖職者、そして日本人の一般信徒が考えられる。ヨーロッパ人宣教師は、ヨーロッパのキリスト教世界において教育を受けている。若くしてアジア地域に来た者もいるが、通常は教会の教育機関において教育を受けており、幼少期からキリスト教的価値観を身につけている。それゆえ、彼らは、ヨーロッパのキリスト教的価値観を基にして殉教を理解していたと考えられる。彼らの中には、殉教願望を持って日本に来た者もいる。日本人の聖職者は、パードレやイルマンの場合、日本人の一般信徒の場合とは異なり、ヨーロッパ人宣教師と近い教育環境にあったと考えられる。日本人の聖職者は、マカオなどの海外の教育機関で教育を受けてきている。天正遣欧使節となった四名をはじめとしてヨーロッパに渡った経験のある者もいる。一六世紀には日本の教育機関から教会の教育機関に移った者が多かったが、一七世紀には幼児期より一貫してイエズス会の教育機関で教育を受けた者が輩出している。日本教会が成熟した結果であるとも言える。

特に問題となるのが日本人の一般信徒の殉教である。彼らの殉教については、当事者の記した史料がほとんど存在しない以上、第三者が記したものを基にした具体的事例から考察することになる。殉教は、第一義的にはキリストに倣《なら》うという意味を持つ。日本人の一般信徒にも、キリストに倣うことを希求して殉教者となった者達がいた。京都所司代板倉重宗がキリシタンに好意で行なったことのように、処刑に十字架を用いたことが殉教に臨む信者を喜ばせている。こうしたことから、日本人の一般信徒にキリスト論が浸透していたものと推測される。日本にはキリスト論に関する史料的根拠が乏しいことが指摘されていたが、ゴメスの「講義要綱」日本語版の発見によって、三位一体論が日本において説明されていたことが確認された。ゴメスの示した三位一体論のみならず、殉教者が輩出した事実からは実際にキリスト論が重視されていたことが分かる。日本人の一般信徒には、キリシタン版の『サントスの御作業のうち抜書』のような原始教会における殉教の事例が説明されていた。さらに、日本における殉教者の輩出は、日本人の一般信徒に殉教の意義を説く材料とされた。京都所司代板倉重宗の見解のように、キリシタンの迫害が間違っていたというのは、こうした論理から生まれている。彼は、迫害によってキリシタンの論理に落ちてしまったことを危惧したのである。その一方で、年報作成者ガスパール・ルイスは、日本における殉教を高く評価しているので、重宗の見解を肯定してはいない。

信仰の迫害者からも、表向きの棄教を事実化する方法が採られた。信者にとって表向きの信仰否定が存在したように、迫害者にも表向きの棄教承認の方法が存在したことになる。役人達は、取り調べ中のキリシタンが棄教したという証言を無理やり取ろうとしている。例えば、彼らは、そのキリシタンが棄教したと大声を張り上げたりしている。そのキリシタンがそれを強く否定しない限りは、棄教が事実化されるのである。この方法は、キリシタンを棄教させる際に一般的に採られていたと考えられる。一方で、棄教者が後悔し、再び信仰告白を行なったことが散見される。これは、一度は信仰を否定した者であっても教会に戻ることができる論理が存在したことを意味する。一般信徒の場合、信仰の迫害者に対して一度は信仰を否定した者であっても、悔悛の秘蹟が受けられれば赦しが与えられる。禁教下であっても、司祭がいれば悔悛の秘蹟において赦しを与えることが可能なのである。

殉教と武士道

近世の日本人の切腹に潜む思想について、山本博文氏は、日本人のキリシタンが殉教を切腹に似た感覚で捉えていたことを指摘している。切腹、特にそれが亡くなった主君に対する殉死である場合、追い腹を切る形で切腹を許されることは武士にとって大変名誉なこととされていた。他方、キリシタン関係史料には、日本人のキリシタン達が壮麗な衣裳を纏《まと》い、晴れやかな表情で殉教に臨んだことが頻繁に記されている。こうした日本人殉教者の態度は、彼らの信仰の深さと潔さを示すものであるとも考えられるが、山本氏は、彼らが殉教を殉死と同次元のものとして捉えていた証拠であると見なしている。日本人のキリシタンの殉教は、山本氏の議論によれば、日本的神観念などによるものではなく、武士としての倫理に基づくものであることになる（山本博文「日本人の名誉心及び死生観と殉教」竹内誠監修『外国人が見た近世日本』角川学芸出版、二〇〇九年、同『殉教――日本人は何を信仰したか』光文社、二〇〇九年）。山本氏は、殉死とは、下級武士にとっては死ぬことを許されることを意味すると指摘しているが、こうした観念がキリスト教における謙遜と結びついたことが考えられる。

殉教がキリスト教の神から死を許されることであるとする見解は、「マルチリヨの勧め」に見られるように、キリシタン時代からすでに存在していた。キリシタンの迫害が神から許されたものと見なされていたのである。それゆえ、殉教は、信者にとっては神から許された特別な死だったのである。殉教は切腹とは形態が異なるとはいえ、日本人のキリシタンにとって、イエズス・キリストやローマ帝国の原始教会の殉教者達に対する殉死の意味合いを持つものであったと考えられる。長崎の二十六聖人の殉教以降、ヨーロッパ人の聖職者を含まない日本人のキリシタンのみの殉教が散発的に起きているが、彼らは、ヨーロッパ人の聖職者によって主導されずとも、日本人としての信仰の捉え方によって殉教に臨んでいたことになる。それゆえ、「マルチリヨの勧め」のような直截的とも言える殉教の勧めは、たとえ殉教の定義を教えるものとなったとしても、日本人の一般信徒に果たして殉教を決意させるだけの材料となったのかは疑わしい。日本人の殉教者達は、殉教に臨んでローマ帝国の原始教会における殉教者達の生涯を記した聖人伝を好んで読んでいたことが知られている。彼らは、かつての殉教者達の生涯に自らを準《なぞら》えることで殉教の決意を固めていたようである。

「マルチリヨの勧め」

一八九六（明治二九）年、村上直次郎氏は、長崎県庁において全二一〇枚のキリシタン関係文書を発見した。同文書は、長崎奉行所が寛政初期のキリシタン捜索の際に浦上のキリシタンから没収した全一四種類の写本類である。原文書は発見後に散逸したとされている。村上氏は、同文書の写本を作成し、さらに藤田季荘《すえたか》氏が村上写本から写本を作成している。現在、藤田写本が「耶蘇教叢書」として東京大学総合図書館に所蔵されている。姉崎正治氏は、藤田氏の写本の三点を「マルチリヨの栞《しおり》」と総称して翻刻している。いずれの文書にも題名のみならず執筆者名や執筆年代も記されていないが、姉崎氏は、第一〇号文書「マルチリヨの心得」は寛永年間に執筆されたものと推定している。しかし、実際には「マルチリヨの心得」が最も早く作成されたものである。

「マルチリヨの勧め」は、日本人の一般信徒に対して殉教の意義を説き、機会があれば殉教することを勧めたものである。作者は不明であるが、キリスト教神学の素養のある者が執筆したことは明らかであり、その内容から恐らくイエズス会士であろうと推測されている。作成年代や作成地なども、同文書には記されてはいない。この文書においては、殉教にふさわしい機会があれば殉教すべきであると、日本人の一般信徒に対して殉教することが強く勧められている。この点が「マルチリヨの心得」とは大きく異なるが、「マルチリヨの心得」は地域的に限定された教えではないので、両者の論理の差異が地域的なものであると考えることは難しい。それゆえ、両者は、たとえ成立年代が相互に異なるとしても、同時に発見されたことから長期間にわたって並存していたと考えることができる。

「マルチリヨの勧め」についてては、日本人の信者に説くべき殉教理論が先に存在していたのではなく、日本の現状に沿うような殉教理論が後から形成されていったと推測される。迫害によって殉教が頻繁に起きている状況の下、新たな殉教理論が必要とされたことが同文書を生み出した背景には存在すると考えられる。日本人の一般信徒の殉教を基にして、巡察師ヴィエイラが現実に適応可能な殉教理論を再構築したことが推測される。同文書は、ヴィエイラの日本巡察を契機として作成され、印刷された書籍である可能性が指摘できる。日本準管区長ゴメスの「講義要綱」に示された殉教に繋がり得る信仰告白に対する見解は、巡察師ヴァリニャーノが同時期に承認していたと考えられる。こうした信仰告白に対するイエズス会の統一見解を、たとえ部分的にであっても修正できる権限を持っていたのは、巡察師ヴィエイラのようなイエズス会の要職にある人物であったはずである。しかしながら、彼自身は日本語を知らなかったので、実際に彼が作成したとは考え難い。それゆえ、「マルチリヨの勧め」は、殉教に対する巡察師ヴィエイラの見解を基にして、彼の日本巡察時に日本管区長を務めていたマテウス・デ・コーロスが作成したものであると推測される。

3 元和の大殉教

京都の大殉教

元和年間には、三回にわたって大きな殉教が起きている。これらは元和の大殉教と呼ばれている。秀忠政権では、キリシタンは処刑することが方針であったと考えられる。最初の大殉教は、一六一九（元和五）年の京都における殉教である。これは、日本人の一般信徒のみの殉教であった。続いては、一六二二（元和八）年の長崎と江戸における殉教である。長崎における殉教では、イエズス会のカルロ・スピノラらが殉教している。この後、元和の大殉教には数えられていないが、一六二四（寛永元）年には東北における殉教があり、同年の平戸における殉教が続いている。

元和五年の京都における大殉教は、日本人、しかも一般信徒のみが五二名も殉教している。この殉教は、ヨーロッパ人の聖職者によって殉教を指導された結果ではない。日本人の信者達は、キリスト教の信者として殉教を望んだのである。殉教の記憶が殉教を生み出したと考えられる。この時の殉教者のほとんどが、イエズス会士から洗礼を受けた者達であった。日本人の一般信徒はなぜ彼らのみで殉教したのであろうか。彼らは、ヨーロッパ人でもなく、聖職者のように教会における教育を受けてきたわけでもない。日本人のみの殉教を可能にした要因には殉教の連鎖がある。ゴメスの議論によれば、信仰告白を回避して殉教しないように対処することが可能であったが、日本人の殉教者には禁教下に自ら進んで信仰を告白している者がいる。彼らには殉教願望が存在していたと考えられる。あえて迫害者に信仰告白をすることは、迫害者に自身を呈したことになる。これはゴメスが「講義要綱」において明確に禁止していることであるが、実際には年報作成者達によって彼らの行為は称賛されている。

彼らの処刑を命令した京都所司代は、秀忠から政治手腕を高く評価されていた板倉勝重（一五四五～一六二四）であった。勝重の長男重宗（一五八六～一六五七）は、勝重の後任として京都所司代に就任している。勝重は、当初はキリシタンを処刑する意図を持っていなかったが、伏見に立ち寄った秀忠がキリシタンを処刑するよう彼に圧力をかけたとされる。勝重は、キリシタンにおおむね好意的であった。彼は、キリシタンの処刑に十字架を用いており、火刑に処す場合でも苦痛を長引かせないよう大量の薪を使って速やかに行なった。「一六一九年の日本年報」には、重宗がキリシタンは処刑されることを喜んでいるので、迫害は間違っていたと考えていたことが示されている。年報作成者のガスパール・ルイスは、同年の日本人キリシタンの殉教を高く評価しているので、キリシタンの迫害を否定するために重宗の見解を肯定しているわけではない。重宗がキリシタンの迫害を政策として誤りであったと判断していたと考えられる。

殉教者には、大別すれば、ヨーロッパ人の宣教師、日本人の聖職者、そして日本人の一般信徒がいる。そのほか、人数は多くないが、ポルトガル人の一般信徒、朝鮮人、中国人がいる。日本人の聖職者と一般信徒の間には、聖職者になることを希望していた神学生などの中間的とも言える存在がある。司祭の場合には、ヨーロッパ人であれ、日本人であれ、斬首よりも厳しく対処され、生きながら火刑に処される傾向にあるが、日本人の下級聖職者の場合には、火刑よりは斬首が選ばれる傾向にあった。

長崎の大殉教

京都の大殉教を受けて、長崎においてキリシタンの取り締まりが強化され、長崎の大殉教が起きている。一六一九（元和五）年一一月一八日に五名、二七日に一一名のキリシタンが処刑され、その動きは翌年以降も継続している。一六二二年八月一九日（元和八年七月一三日）、長崎において、平山常陳《じょうちん》、アウグスティノ会士ペドロ・デ・スニガ、ドミニコ会士ルイス・フローレスが処刑された。船長の常陳は、マニラから日本に宣教師であるスニガとフローレスを連れてきたとして処刑された。この時の処刑を実施したのは、長崎奉行長谷川権六《ごんろく》藤正であった。常陳、スニガ、フローレスの三名は、生きながらにして火刑に処され、ほかに一二名の日本人のキリシタンが斬首された。スニガは、当初自らが司祭であることを否定していたが、これは自らの身を案じてのことではなく、船員に責任が及ぶことを危惧してのことであった。彼は、すでに高齢であったが、殉教願望を抱いてフィリピンから来日した。彼は、フランシスコ会士エルナンド・デ・サン・ホセとドミニコ会士アルフォンソ（アロンソ）・ナバレーテが一六一七年六月一日に大村において殉教したことに感化され、日本に渡航して殉教することを決意した。長谷川は、信仰を棄てれば生命を助けるとスニガを説得するが、スニガは殉教するために来日したので当然これを受け付けない。長谷川は、ローマに学び、後に棄教したという司祭にスニガを説得させようとする。この元司祭が日本人か否かは不明だが、棄教後に幕府のために働いていた元司祭がいたようである。スニガは、日本語がほとんどできなかったので、元司祭の説得はヨーロッパの言語で行なわれたはずである。処刑の際、スニガは、火刑の苦しさから聖アウグスチヌスに助けを求めた。自身の生命を救うことを願ったのではなく、苦痛から解放するよう願ったのだが、これに対して、フローレスは、スニガを戒めている。この会話はスペイン語でなされたはずなので、スペイン語を理解する者が彼らの殉教を目撃したことになる。スニガは、ビーリャマンリケ侯爵家の息子であったので、キリシタンが遺体を完全な状態で入手した後、マニラ経由でスペインに運搬された。幕府が殉教者の遺体を監視していたとはいえ、殉教者の遺体などの聖遺物の入手が可能であった。殉教者の遺体は、聖遺物であると同時に殉教の証拠として丁重に扱われた。

一六二二年九月一〇日（元和八年八月五日）、長崎において六〇名以上のキリシタンが処刑された。殉教者は、ヨーロッパ人司祭八名、日本人司祭一名、ポルトガル人一般信徒一名、朝鮮人一ないし二名、中国人一名であった。イエズス会士カルロ・スピノラ、日本人初の司祭木村セバスティアンがいる。棄教者の末次平蔵がスピノラに司祭または

長崎大殉教図（元和八年の大殉教）

修道士であるかを質《ただ》したところ、スピノラはこれを肯定した。そのうえで、スピノラは、平蔵が、司祭または修道士であると告白することと、キリシタンであると告白することがいずれもキリシタンの義務であると思い込んでいることを正した。これは、迫害者に対して信仰を告白することは、司祭や修道士には義務であるが、一般信徒には必ずしも義務ではないことを意味する。状況によって信仰告白が義務ではないというのは、ゴメスの議論である。スピノラは、日本滞在が二〇年以上と長く、ゴメスの議論を熟知していたと考えられる。ゴメスの議論がこの時点でも生きていたとはいえ、棄教者の平蔵が理解していなかったので、すべての一般信徒が理解していたわけではないことが窺える。処刑を実施した長崎奉行長谷川権六は、京都所司代の板倉勝重とは異なり、キリシタンに対して過酷な処刑方法を用いた。処刑方法は、火刑と斬首であった。火刑の場合は、生きながらにして処された。自力で抜け出すことが可能な程度に緩く縛り、すぐに火が回らないようにして時間をかけて焼く。焼死する以前に一酸化炭素中毒によって死に至るものである。この時点での殉教は、通常の処刑以上の苦痛を与えるものであり、殉教を回避する方法が周到に用意された過酷なものであった。潔く殉教するためには、強い意志が必要となるのである。この時、火刑に処されたのは、ドミニコ会士六名、フランシスコ会士四名、イエズス会士八名、一般信徒四名であった。斬首されたのは、イエズス会士一名、ドミニコ会士一名、一般信徒二八名であった。

スピノラは、自らの処刑前に役人達の面前で、ヨーロッパ人が武力によって諸国を侵略するというのは誤解であると説いている。スピノラは、世俗の関心によって日本に来たのであれば処刑は悲しむべきことであるが、救霊のために来たのであるから神のために死ぬことは実に喜ばしいことであると述べている。火刑に処される前にこれを最初に日本語で、次にポルトガル語で説いたとされる。この当時、イベリア両国の武力征服論は、日本に根強く存在しており、容易に払拭できるものではなかった。しかし、スピノラの論述に見られるように、イエズス会に限らずヨーロッパ人の聖職者が殉教している事実は、武力征服の可能性を否定する重要な論拠になり得たと考えられる。彼の日本語の陳述を基にして状況が説明されているので、彼の殉教情報をイエズス会に提供したのは殉教を実際に目撃した日本人の信者であったと推測される。スピノラは、役人に向かってキリシタンが死を前に妄言を吐こうとも無視して欲しいと、彼らが殉教者として死ねるよう配慮を求めた。火刑中に日本人の一般信徒三名が落伍して阿弥陀《あみだ》と叫びながら火中から脱出を図るが、役人に引き戻された。彼らは、殉教者には数えられていない。彼らは、托鉢修道会系の信者であったとされている。牢内の様子からスピノラが彼らの落伍を予言していたとされているが、殉教前のスピノラの説教は、彼らのような落伍者が出ることを危惧したものであった。このことは、托鉢修道会系の信者よりもイエズス会系の信者の方が信仰に篤《あつ》いことを示す意味もあろうが、他方で、イエズス会が一般信徒に対して殉教の意思を事前に確認していたことを窺わせる。イエズス会では、殉教の意思を持つ者には殉教させるが、意思が弱いと思われる者には殉教を回避させていた。そのためには、殉教を正当に回避させるゴメスの議論が生きていたと考えられる。

江戸の大殉教

一六二三（元和九）年一二月四日、江戸においてジェロニモ・デ・アンジェリスら四一名が火刑に処されている。江戸の最初の大殉教と呼ばれている。同月二三日、同じく江戸において五〇名が処刑され、江戸の第二の大殉教と呼ばれている。この時、殉教者の多くは火刑に処されている。将軍秀忠は、当時江戸にいた諸大名にキリシタンを厳罰に処すべきであるとする幕府の方針を見せつけたのである。これによって、諸大名は、自領に帰還後はキリシタンの摘発と処刑を行なうことになる。当時江戸にいた仙台藩主伊達政宗は、江戸の大殉教を目の当たりにすることになった。元和の大殉教は、寛永年間に各地において大殉教を引き起こす要因となっているが、こうして東北地方にも波及したのである。

一六二四（寛永元）年、政宗は、江戸幕府の方針に追随するために領内に戻るとキリシタンに対する迫害を開始した。二月一日に二名を火刑に処したのを皮切りに断続的にキリシタンの処刑を執行していった。カルヴァーリョは、見分《みわけ》の後藤寿庵の屋敷において信者達と捕えられ、拷問の末に信者達とともに殉教した。仙台から盛岡、秋田など東北地方の各地においてキリシタンの摘発と処刑が行なわれていった。七月七日、秋田において、久保田家の三二名が処刑されている。こうして、キリシタン禁令という幕府の方針が全国に徹底されていったのである。

殉教と聖遺物

殉教後、殉教者の遺体や身に着けていたものが、信者によって聖遺物として扱われるようになる。信者が殉教者の遺体の一部や所持品を聖遺物と見なして獲得しようとしていたことが知られている。幕府は、処刑後に遺体や遺物を信者に奪われないように処分しているが、それでも信者の手に渡った聖遺物は少なくなかったようである。当時の日本においては、殉教が続いたことによって真性の聖遺物が絶えず生産されていたことになる。聖遺物、特に殉教者の遺体は、日本における殉教の証拠となった。聖遺物の存在は、殉教の証拠として一部の信者に潜在していた殉教願望を刺激することとなったと考えられる。

日本においては、キリシタン達が殉教者の遺品などの聖遺物を獲得しようとして、殉教者の遺体に群がっている。こうした聖遺物が薬として用いられ、それによって病気が治癒したなどという事例が幾度となく紹介されている。殉教者が輩出している、つまり信仰ゆえに生命を落としている多数の者が出ているという事実と、聖遺物によって信者の病気が治癒したという記述が並立していると実に奇異な印象を受ける。殉教を厭わない者達がいる半面、殉教者の御利益《ごりやく》に与《あずか》ろうという者達がいたことになる。多数の信者が聖遺物の服用による病気の平癒という現世利益的な動機から聖遺物に群がっていたようであるが、その反面、自らが殉教を志向する信者にとっては、聖遺物は別の意味を持っていたはずである。彼らにとっては、聖遺物によって病気が治癒したことは、聖遺物が小さな奇蹟を齎《もたら》したことを意味する。こうした聖遺物に対しては、奇蹟の実現と現世利益の獲得という二つの異なった要素が混在していたと考えられる。

寺請《てらうけ》制度と絵踏

江戸幕府は、禁教を実現するために、キリシタンに対抗する宗教として仏教を選んだ。それゆえ、キリスト教の対策として寺請制度が創設されたのである。一六一四（慶長一九）年、棄教者に対して僧侶から寺手形を徴収したことに始まると考えられている。一六三五（寛永一二）年、幕府は、寺請制度を正式に創設し、すべての人々が特定の仏教寺院の檀家となることを定めた。その一方で、幕府は、体制に反抗する日蓮宗の不受不施派は弾圧しており、そうした地域では神職請を容認している。寺請制度は、反体制的と見なされる宗教のみを排除することを目的とする制度であった。不受不施派など一部の例外を除いては、通常は仏教徒であることがキリシタンではないことの証明となったのである。

「鎖国令」発布後、一六四〇（寛永一七）年、幕府は、大目付《おおめつけ》を宗門改役《しゅうもんあらためやく》とし、井上政重をこれに任命した。井上は、キリシタンが棄教したことを証明する手続きを考案し、それを制度化していった。井上は、寺請による宗門改帳の作成を強化していった。当初は、仏教を受け入れたことを何らかの方法で示すだけであり、その具体的方法は定まっていなかったが、やがて絵踏（踏絵を踏むこと）という形式に統一されていった。一六二八（寛永五）年、長崎奉行水野守信が初めて絵踏を行なわせたと言われている。当初は恒常的なものではなかったが、一六六九（寛文九）年、長崎において絵踏が制度化されている。イエズス・キリストや聖母マリアなどの画像を踏めば、キリシタンではないと見なされた。その後、キリシタンの穿鑿が形骸化していくにつれて、絵踏の実施もまた形式化していった。

禁教下に来日した宣教団

「鎖国」の直後、イエズス会は、マニラから二回にわたって日本に宣教団を派遣している。最初の宣教団は、日本・中国巡察師アントニオ・ルビノ（一五七八〜一六四三）が率いており、第二の宣教団は日本管区長ペドロ・マルケス（一五七五〜一六五七）が率いていた。彼らは、いずれも殉教を覚悟のうえで禁教下の日本に潜入したのである。棄教したイエズス会士クリストヴァン・フェレイラを信仰に立ち返らせようとしたと言われている。フェレイラは、日本管区長代理であったが、一六三四（寛永一一）年に拷問を受けた末に棄教しており、日本名を沢野忠庵と名乗っていた。要職にあった彼の棄教はイエズス会に大きな衝撃を与えた。フェレイラは、棄教後はキリシタンの穿鑿に積極的に関与しており、「目明かし忠庵」とも呼ばれていた。ルビノとマルケスは、自らが殉教する姿を潜伏しているキリシタンに見せることによって、フェレイラを改心させるだけでなく、キリシタンの教えの正しさを彼らに示し、日本教会を救おうと考えたのである。

一六四二（寛永一九）年夏、日本・中国巡察師ルビノの一団九名は、マニラから日本に渡航した。薩摩の海岸に上陸したが、間もなく捕らえられて長崎に送られた。彼らは、そこで棄教を迫られ、水責めなどの拷問を受けたが、それに耐え、翌年三月に穴吊しの刑によって殉教した。一六四三（寛永二〇）年、ヨーロッパ人四名、アジア人六名の第二団は、日本管区長マルケスが率いたものであった。日本渡航団をあえて二団に分けたのは、後発の第二団が第一団の事蹟を調査する必要があったからである。第一団は、殉教を目的として渡航したので、第二団がそれを確認する必要があった。しかし、彼らは、ルビノが率いた第一団とは異なり、捕縛はされたが殉教は叶わず、井上筑後守政重の手腕によって棄教させられる結果になった。この間、幕府の方針がキリシタンを殉教させずに棄教させるよう方向転換されたと推測される。

マルケスに随伴して来日したイエズス会士にシチリア出身のジュゼッペ・キアラ（一六〇二〜八五）がいる。キアラは、ペドロ・マルケスの率いる第二ルビノ宣教団の一員として、一六四三（寛永二〇）年にマニラから日本に渡航して筑前国に潜入したが、直後に捕らえられ、拷問を受けて棄教した。同年七月に江戸に輸送され、小石川の切支丹屋敷に監禁され、日本人女性と結婚して日本名を岡本三右衛門と名乗ることになった。切支丹屋敷とは、一六四六（正保三）年に大目付井上筑後守政重の小石川にある下屋敷が改築されたものである。なお、井上は、江戸湾近くの霊巌寺の隣の土地を代替地として受けている。マルケスは、一六五七（明暦三）年に没するまで切支丹屋敷において生活し、キアラは、八五（貞享二）年まで切支丹屋敷で生活していた。

新井白石（一六五七〜一七二五）の「天主教大意」には、岡本三右衛門が「三巻の書を作り置候事」とあり、白石がローマ教皇の使節として来日したジョヴァンニ・バッテスタ・シドッチ（一六六八〜一七一四）を江戸において尋問する際に参考資料とされたことが窺える。白石の時代まで、彼らに関する断片的な情報が残存していたのである。白石の「西洋紀聞」には、キアラは「コンパニアヨセフ」と記されているが、これは「イエズス会のヨセフ（ジュゼッペ）」を意味する。彼の事蹟は、『査《さ》妖《よう》余《よ》録《ろく》』や『契《き》利《り》斯《し》督《と》記《き》』などの取調べ記録に詳しい。なお、キアラは、遠藤周作（一九二三〜九六）の文学作品『沈黙』（新潮社、一九六六）の主人公のモデルになった人物である。

4　島原の乱と「鎖国」

「鎖国」研究

江戸幕府の「鎖国」の性質について学問的に議論したものとしては、戦後間もなくのものであるが、哲学者として知られる和辻哲郎（一八八九～一九六〇）の『鎖国――日本の悲劇』（筑摩書房、一九五〇年）を挙げることができる。同書は、和辻の著作とされているが、東京大学における共同研究の形態を採っており、実際には様々な分野の研究者が参加している。共同研究の成果を和辻が自らの責任で文章化したものであると考えてよい。当時の研究の限界として、文書などの一次史料ではなく、イギリスの「ハクルート叢書」やオランダの「リンスホーテン叢書」などの編纂物が利用されていたことが分かる。現在の研究水準からすれば同書は史料的制約を受けた不十分なものと言わざるを得ないが、研究史的には重要な位置を占めるものである。

和辻の『鎖国』は、全二部構成となっている。第一部は「人倫の世界史的反省」とされ、太平洋戦争における日本の敗戦がこの研究の契機であることが示されている。第二部は「世界的視圏の成立過程」とされ、ヨーロッパ文明がアジア文明に優越している理由が考察の対象となっている。なぜ日本が太平洋戦争に負けたのかという疑問と反省が研究の根底にあることが分かる。和辻の『鎖国』によって、江戸幕府による鎖国が日本の発展に影響を与えたとする「鎖国得失論」の基本形態が確定したと言える。和辻の「鎖国得失論」の基礎となったのは、エンゲルベルト・ケンペルの『日本誌』における鎖国の取り上げ方であったことが知られている。和辻の研究は、江戸幕府の「鎖国」に対する負のイメージとともに、後世の「鎖国」認識に多大な影響を与えることとなった。和辻が鎖国研究を大きく推進した一方で、その後の研究が和辻の研究における「鎖国得失論」から脱却するのに時間を要することになってしまったのである。

「鎖国」という言葉

「鎖国」という言葉は、鎖国令が発布された同時代に存在したものではない。この言葉は、エンゲルベルト・ケンペル（一六五一～一七一六）の著作に由来している。ケンペルは、ドイツ人であるが、一六九〇（元禄三）年、長崎の出島に来航してオランダ商館付の医師として二年間勤務した経験を持っている。彼は、ドイツに帰国後、医師として働きながら、日本において収集した資料を基にして『日本誌』を彼の母国語であるドイツ語で執筆した。同書は、日本の歴史を中心とした日本に関する総合的著作となっている。彼の没後に遺稿が売却され、ドイツ語の稿本から英語に翻訳されたものが、一七二七年にロンドンから出版されている。その後、オランダ語版も出版されたが、それらの底本となったドイツ語版は、一七七三年に彼の故郷レムゴーからようやく出版されている（松井洋子『ケンペルとシーボルト』山川出版社、二〇一〇年）。

一八〇一（享和元）年、志筑忠雄（一七六〇～一八〇六）は、ケンペルの『日本誌』の付録論文を「鎖国論」として翻訳した。これが「鎖国」の語源となっている。志筑は、若い頃はオランダ通詞（稽古通詞）を務めていたが、辞職後は蘭学研究に専念し、一八〇二（享和二）年に『暦象新書』を著している。ケンペルの「鎖国」は、必ずしも否定的意味を持つ言葉とはなっておらず、志筑もそのように翻訳しているが、それが後に否定的意味で使用されるようになった。一八〇四（文化元）年、ロシア帝国のニコライ・レザノフ（一七六四～一八〇七）が長崎に来航すると、幕府は鎖国が「祖法」であるとしてロシアとの通商を拒んだのである（藤田覚『近世後期政治史と対外関係』東京大学出版会、二〇〇五年）。

オランダとイギリス

日本とオランダ・イギリスとの関係は、偶然によるところが大きい。オランダとは、一六〇〇（慶長五）年、オランダ船リーフデ号が豊後国の臼杵湾に来着したことに端を発する。同号に乗船していたオランダ人ヤン・ヨーステン（一五五六頃～一六二三）とイギリス人ウィリアム・アダムス（一五六四～一六二〇）は、家康に謁見しており、それ以後、家康の外交顧問となっている。一六〇二（慶長七）年、イギリスのエスピリト・サント号が土佐国の清水港に漂着した。この時、幕府は、同船の積荷を没収しなかっただけでなく、外国人の居留をも承認したが、キリスト教は禁止した。

オランダとイギリスは、日本に商館を設置することに成功し、各商館において日本との貿易を行なった。一六〇九（慶長一四）年、平戸にオランダ商館が建設された。一六一三（慶長一八）年、イングランド国王ジェームズ一世（一五六六～一六二五）の親書を携えて日本に通商を求めたジョン・セーリス（一五七九／八〇～一六四三）は、オランダに続いて平戸にイギリス商館を開設することに成功し、リチャード・コックス（一五六六～一六二四）を平戸イギリス商館長とした。しかし、平戸イギリス商館は、その維持が困難になり、一六二三（元和九）年には開設後わずか一〇年にして閉鎖されることになる。

一六〇九（慶長一四）年以降、オランダ商館は、平戸に設置されていた。一六三三（寛永一〇）年、オランダ商館長ニコラス・クーケバッケル（一五九七～没年不詳）が着任直後に江戸に参府した。これ以降、オランダ商館長の江戸参府が慣例化した。一六三六（寛永一三）年、幕府は、長崎港内に出島を構築し、そこにポルトガル人を収監することにした。一六三九（寛永一六）年、幕府は、第五次鎖国令によってポルトガル人を日本から完全に追放したので、一六四一（寛永一八）年、空いた出島にオランダ人を移転させることにした。オランダ人は、居留地として指定された出島から特別な許可なしに上陸することは認められなかった。長崎出島のオランダ商館は、こうして幕末まで使用されることになる。

連合東インド会社（Vereenigde Oostindische Compagnie : VOC）は、アムステルダムに本部が設置され、十七人会という重役会によって活動内容が決定されていた。バタビア（現ジャカルタ）は、その出先機関に過ぎず、長崎は、さらにその支部に当たる。オランダは、世界中の主要な港町に商館（Comptoir Factrij）を設置して貿易活動を展開していた。こうした商館には、常時一〇名から二〇名のオランダから派遣された商館員が勤務していた。商館には商館長（Opperhoofd, President）が常駐し、職務日誌をつけていた。現在、歴代の商館長が世界各地で作成した「商館長日誌」は、原本がハーグのオランダ国立文書館に所蔵されている。平戸と長崎の「オランダ商館長日誌」は、オランダ東インド会社文書群のひとつの文書セクションである。

オランダ通詞

オランダ人との通訳には、日本人のオランダ通詞が当てられた。江戸時代の日本人の通訳は、一般に中国人との通訳は唐通事《つうじ》、オランダ人との通訳はオランダ通詞（阿蘭陀通詞）と呼ばれている。一六四〇（寛永一七）年、平戸にあったオランダ商館が長崎の出島に移転されると、従来からの二名の南蛮通詞が大通詞に任命された。幕府は、それまでポルトガル語の通詞であった南蛮通詞をオランダ通詞に転用したのである。それゆえ、初期のオランダ通詞は、オランダ人との間の通訳ではあったが、使用言語はオランダ語ではなくポルトガル語だったのである。

寛永長崎港図

初期のオランダ通詞の職掌には、その起源を始めとして不明な点が少なくない。一六五七（明暦三）年には、オランダ通詞のうち、ほかの通詞の役職として小通詞と稽古通詞の存在が確認されている。この頃には、使用言語がポルトガル語からオランダ語に移行していたと考えられている。一六九五（元禄八）年、幕府は、阿蘭陀通詞目付を置いて、これらの通詞の監督に当たらせた。通詞目付は二名、大通詞は四名、小通詞は四名、稽古通詞は若干名が普通の状態であった。こうした形態は唐通事に近い。オランダ通詞職は、家の役職として代々継承されている。そのほか、オランダ商館には下働きとしてオランダ語を多少理解して働く者達がいたが、幕府は後に彼らを内通詞として制度化している。幕末期には、こうした通詞は全部を合わせると約一四〇名になっていたことが知られている。

「鎖国」以降、幕府は、オランダ人に海外情報を報告させるようにした。オランダ商館長が口述したものをオランダ通詞が翻訳していった。これはやがてオランダ風説書という形態になっていく。一九世紀になると、通常の風説書のほか、重大事件に関しては別段風説書が作成されるようになった（松方冬子『オランダ風説書と近世日本』東京大学出版会、二〇〇七年）。

貿易との関係

キリシタン禁教令を受けて、キリシタンの商人が貿易からも排除されていった。村山当安《とうあん》と末次平蔵《すえつぐへいぞう》との間で確執が生じていたが、キリシタンであった村山当安が末次平蔵に追い落とされることとなった。キリシタン禁教令と東シナ海における紛争によって、末次平蔵が貿易を独占することになったのである。台湾事件の後にはオランダとの関係が一時的に中断していたが、これもやがて回復された。

幕府は、出島のオランダ人に対して、オランダが従来のポルトガル貿易を代替できるかどうかを打診した。オランダ人は、もちろん自分達にはポルトガル貿易の代替が可能である旨を回答した。その結果を受けて、幕府は、オランダとの貿易だけで貿易の需要を十分に満たすことができると判断した。それによって、幕府は、ポルトガル貿易を打ち切って、オランダ貿易に一本化することを決定したのである。

村山当安（等安、一五六八頃～一六一九）は、イエズス会士から洗礼を受けて、アンタン、すなわちアントニオの洗礼名を受けた。その出自は明らかではないが、博多の末次家の使用人から身を起こしたと見られる。長崎代官に就任すると、その立場を利用して貿易の実権を掌握し、巨万の富を築き上げた。当安は、イエズス会士から受洗したこともあって当初はイエズス会を庇護していた。しかし、イエズス会のジョアン・ロドリゲス・ツヅと対立すると、その後はフランシスコ会に接近して庇護するようになり、やがてフランシスコ会の「大檀那《おおだんな》」と呼ばれるまでになった。

一六一五（元和元）年、当安は、台湾に遠征したが、暴風と人々の抵抗によって失敗し、続いて行なった明への勘合貿易再開の要求も実現しなかった。これが原因となって、当安は窮地に陥り、末次平蔵から排斥を受けて没落が決定的となった。長崎奉行長谷川権六藤正によって、彼がキリシタンとして活動していることを暴露された。このため、一六一九（元和五）年、当安は江戸において処刑された。

末次平蔵（一五四六頃～一六三〇）は、博多の貿易商人であった父の跡を継いで、乙名《おとな》として活躍した。秀吉から安南への異国渡海朱印状を受けて貿易を営み、江戸幕府からも朱印状を受けた。同家の使用人であった長崎代官の村山当安が権勢を振るうに至って、訴訟を起こし、当安がキリシタンであることを暴露した。このため、当安は一族全員が処刑され、平蔵がこれに代わることとなった。

その後、平蔵は、台湾貿易に着手したが、オランダ人のタイオワン（安平）建設によって日本人とオランダ人との間に競合が起こり、台湾貿易が阻害されるに至った。一六二八（寛永五）年、彼は、船長浜田弥兵衛《やひょうえ》に艦隊を率いさせ、オランダの台湾長官ピーテル・ヌイツ（一五九八～一六五五）との交渉に当たらせたが、交渉が決裂して紛争となってしまった。この事件は、台湾事件、または浜田弥兵衛事件と呼ばれる。平蔵の報告を受けて幕府が平戸貿易を禁止すると、オランダ側が妥協してヌイツを日本に送るなどした。この結果、オランダとの貿易が再開された。この間の動きとしては、日本人の貿易家が村山当安を中心とする勢力から末次平蔵を中心とする勢力に移行していったと説明できる。このことは、貿易の主体がイエズス会を仲介してポルトガル貿易に関係していた勢力から、オランダとの貿易に関係する勢力に転換していったことを意味する。

鎖国令以前

将軍秀忠は、人身売買、武器売買、倭寇を禁止し、一六三一（寛永八）年、朱印船の制度から老中奉書《ほうしょ》を持参する奉書船の制度に変換した。しかし、翌三二（寛永九）年に秀忠が没すると、第三代将軍家光は、貿易に関心がなかったこともあって、奉書船さえ廃止する方向に進んだ。この頃、老中は、酒井忠勝と土井利勝であった。さらに、家光は、長崎奉行竹中重義を罷免した。家光に政権が移行したことで対外政策が一変したのである。

第一次の鎖国令と呼ばれるものは、寛永一〇年の法令である。これは、奉書なしで渡航したり、私貿易を行なったりすることを禁止したものであり、これによって長崎奉行の職務を遵守することを命令した。それゆえ、実際に法令として発布されたものではないと考えられている。

鎖国令を発布するに当たって、幕府は、江戸参府中のオランダ商館長フランソワ・カロン（一六〇〇～七三）にオランダとの貿易がポルトガルとの貿易を代替できるかどうか質問している。カロンは、もちろん代替は可能であると答えている。オランダにポルトガル貿易との代替が可能であれば、幕府には鎖国政策に踏み切る意図があったのである。その一方で、幕府は、鎖国政策を採用した場合、ポルトガルとスペインからの軍事攻撃が報復措置としてあるかも知れないと懸念していた。その結果、幕府は、西国の諸大名に命じて沿岸警備体制を強化することになる。しかし、実際にはポルトガルやスペインからの報復措置はなかった。ポルトガルやスペインは、東アジアにおいて報復活動を実行に移すだけの兵力を動員できる力は持っていなかったのである。したがって、その報復への懸念は、幕府の杞憂に過ぎなかったと言える。

鎖国令

江戸幕府の「鎖国令」と呼ばれるものは、全部で五つあり、いずれも寛永年間に出されたものである。各法令の要点は次のようなものである。

第一次、寛永一〇（一六三三）年二月二八日　一七箇条
　奉書船以外の日本人の海外渡航を禁止する。キリスト教を禁止する。

第二次、寛永一一（一六三四）年五月二八日　一七箇条
　第一次と同じ。

第三次、寛永一二（一六三五）年五月二八日　一七箇条
　第一次を改訂。日本人の海外渡航と海外在住日本人の帰国を禁止する。

第四次、寛永一三（一六三六）年五月九日　一九箇条
　日本人とポルトガル人の混血児を追放する。

第五次、寛永一六（一六三九）年七月五日　三箇条
　キリスト教を布教したのでポルトガル人を追放する。

「鎖国令」の研究は、古くは上記の法令の条文を詳細に検討することによって行なわれていた。第一次と第二次のように文言が変わっても実質がほとんど変化していないものもあるが、そのほかの条文は時間とともにその内容が推移していることが分かる。岩生成一氏は、これらの条文を検討していった結果、鎖国令が①貿易統制、②キリスト教の

禁止、③海外渡航の禁止という三要素からなると考えた。岩生氏は、第一次から第五次までの鎖国令を検討し、これらの統制が徐々に強化されていることに着目し、法令の条文が変化していくことが、「鎖国」が完成する過程であると見なした。一連の「鎖国令」は、幕府が鎖国を完成させるに至るまで規制を徐々に強化していく過程であると考えたのである（岩生成一『鎖国』中央公論社、一九六六年）。

「鎖国令」を見ていくと、第一次から第四次までは毎年連続して出されている。ところが、最終となる第五次の鎖国令は、三年後となっているうえに、条文がわずかに三条のみとなり、それまでの法令と比較して条文が極端に少なくなっているなど形式が全く異なっている。第五次の鎖国令とは、以下のようなものである。

条々

一　日本國被レ成二御制禁一候吉利支丹之儀、乍二其趣存知一、彼法者、于レ今密々差渡事、

一　宗門之族、結二徒黨一企二邪儀一、則御誅罰事、

一　伴天連同宗之者隠居所江、従二彼國一つつけの物送與ふ事、

右、因レ茲自今以後、かれうた渡海之儀被レ停二-止之一訖、此上若差渡ニおひてハ、破二-却其船一、并乗來候者速可レ處二斬罪一之旨、被二仰出一者也、依執達如レ件、

寛永十六年七月五日

對馬守（阿部重次）在判
豊後守（阿部忠秋）在判
伊豆守（松平信綱）在判
加賀守（堀田正盛）在判
讃岐守（酒井忠勝）在判

大炊頭〔土井利勝〕在判
掃部頭〔井伊直孝〕在判

第五次鎖国令の三箇条の要点は、以下のようになる。

一、キリシタン禁令にもかかわらず、それを知っていながら、キリシタンが密かに宣教師を送ってきた。
二、キリシタンが徒党を組んでよからぬことを企てたがこれは処罰すべきである。
三、キリシタン宣教師と信徒が隠れているところにかの国より物資を届けた。

以上によって、今後はガレオン船（スペインの帆船）の来航を禁止する。もし送って来たならば、その船を破壊し、その者を斬罪に処すことを明言する。

第五次は、それまでの法令とは異なり、宛名が記されていない。特定の相手に宛てたものではないことが考えられる。発給者には、大老格の酒井忠勝と土井利勝の名が見えるほか、老中の阿部重次、阿部忠秋、松平信綱、堀田正盛が連名となっており、譜代大名の井伊直孝の名も見える。ポルトガルとの通航禁止が定められたことになるが、その理由にはキリシタンが関わっているとされている。

法令の文書型式について、第五次はそれまでの鎖国令とは全く異なっている。第一次から第三次までが全一七箇条、第四次が全一九箇条と長文であったものが、一挙に全三箇条に簡略化されている。イエズス会の史料には、第五次の鎖国令のみがポルトガル語に翻訳されていることが確認できる。

山本博文氏は、鎖国令の発給形態に着目し、第五次のみが公布された法令であることに気づいた。山本氏は、第五次の鎖国令が示しているキリスト教の禁止こそが鎖国令の本質であり、海外渡航の禁止や貿易統制などは禁教を実現するための副次的要素に過ぎないと説明している。山本氏によれば、第一次から第四次までの鎖国令は、老中奉書として長崎奉行に宛てられたものである。それゆえ、これらは案文のようなものであり、公に発布された法令として扱うことはできない。これに対して、第五次の鎖国令は、全国的に公布したものである。したがって、実際に鎖国令として扱うことができるのは第五次のもののみであると指摘している。なお、キリシタン史料においても、「鎖国令」として認識されて翻訳されているものは第五次の法令のみであり、ほかは認識すらされていないようである。このことも、「鎖国令」発布の事実の有無を示すものと考えられる（山本博文『寛永時代』吉川弘文館、一九八九年、同『鎖国と海禁の時代』校倉書房、一九九五年）。

島原の乱

「鎖国令」に関して言えば、第四次と第五次の間には幕府を揺るがす大きな状況の変化があった。それは、島原の乱の勃発である。島原の乱とは、一六三七・三八年（寛永一四年一〇月二六日～同一五年二月二八日）、島原・天草の農民が起こした一揆である。天草一揆とも呼ばれる。

島原の乱の経緯は、以下のようなものである。島原藩主松倉重政と天草領主寺沢堅高《かたたか》の下で、一六三七（寛永一四）年秋に農民が代官を殺害したことを契機として一揆が勃発した。一揆勢は、有馬氏の旧城であり、すでに廃城となっていた島原の原城に立て籠《こも》った。天草四郎時貞（一六二一頃～三八）なる若者を主導者として、牢人達も一揆に参入していった。天草時貞は、キリシタンの影響を受けたらしく、天人が降臨し、異教徒には審判が下るであろうと言っていたという。このように、一揆勢がキリシタンの信仰を前面に掲げたことからキリシタン一揆であると言われることもあるが、その一方で、一揆の参加者がすべてキリシタンであったわけでもない。

幕府は、板倉重昌を一揆の討伐のために総大将として派遣したが、一六三八（寛永一五）年の総攻撃の際に戦死してしまった。老中松平信綱は、第二次の総大将として美濃大垣藩主戸田氏鉄《うじかね》の派遣を決めたので、板倉が戸田の到着までに無理にでも攻撃を仕掛けようと焦ったのが敗因であると言われている。こうした幕府の対応の不手際に加えて、原城が小さいながらも難攻不落の城であることも幕府側の損害を拡大する要因となった。幕府軍は、原城に籠城する一揆軍を攻めあぐね、一時は海からオランダ船による砲撃を依頼したほどであった。幕府側は、一揆の鎮圧を持久戦に持ち込み、籠城する一揆勢を兵糧《ひょうろう》攻めにした。結局、松平信綱が九州諸大名の軍勢を集結して一揆を鎮圧することに成功した。肥後熊本藩の細川氏、筑前福岡藩の黒田氏、肥前佐賀藩の鍋島氏が攻撃に参加している。鎮圧軍の手柄稼ぎのために一揆に参加した多数の者達が殺害されている。一揆に加担した者達は、ほぼ皆殺しにされたと言われている。近年、原城の発掘調査が進んでいるが、この時のものと思われる大量の戦死者の遺体が発掘されている。

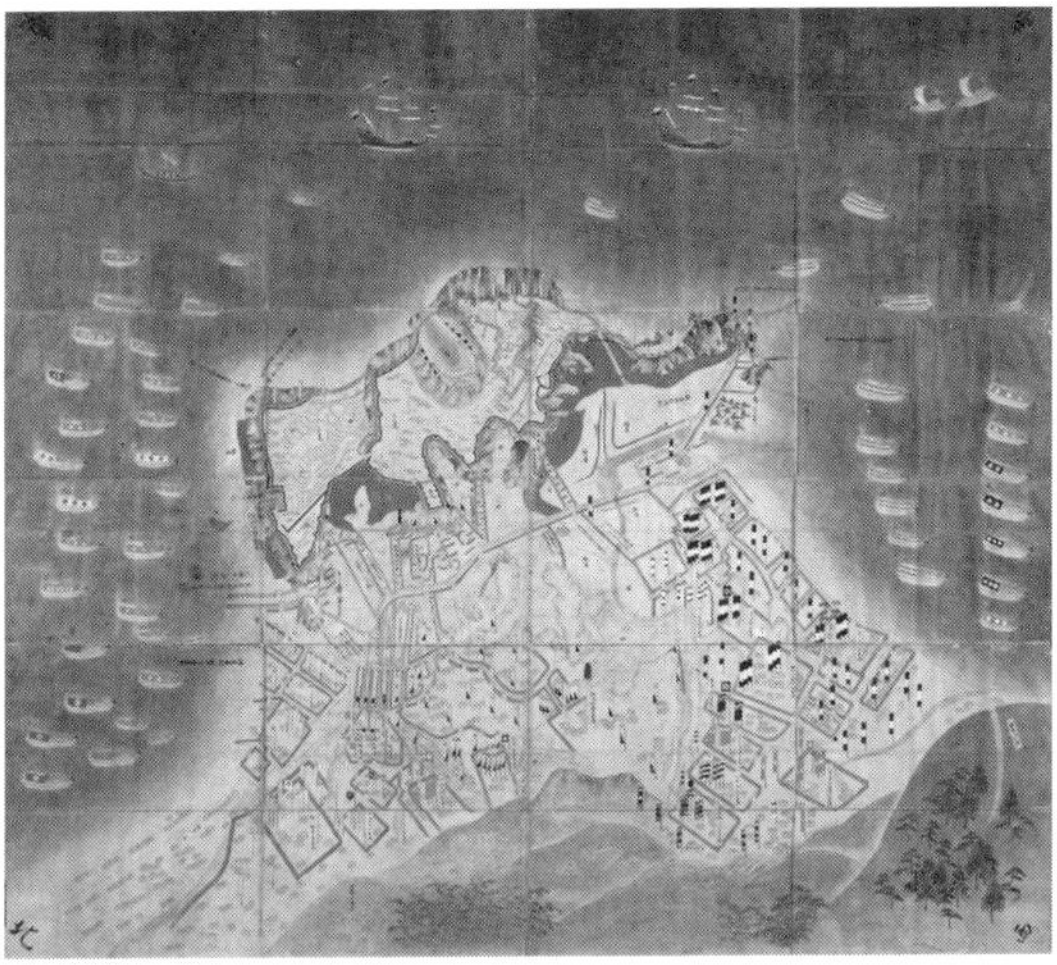
寛永十五年肥前島原陣之図（幕府側の布陣と、海から砲撃しようとするオランダ船などの様子が描かれている。）

　幕府は、島原の乱に非常に大きな衝撃を受けた。幕府は、事実はどうあれ、キリシタンが一揆の中心であると考えた。それゆえ、島原の乱の鎮圧後、幕府は、キリシタンの取り締まりを強化することにしたのである。第五次の鎖国令の発布には、島原の乱の勃発が影響していると考えられている。なお、島原の乱は、近世の百姓一揆に通じるものではなく、中世的一揆の最後のものであると言われている（神田千里『島原の乱――キリシタン信仰と武装蜂起』中央公論新社、二〇〇五年）。なお、カトリック教会は、一揆軍が迫害者に対して武力で抵抗しているので、彼らの死を殉教とは見なしていない。

マカオからの遣使

幕府の「鎖国」政策は、日本との貿易に依存していたマカオにとっては死活問題であった。一六四〇（寛永一七）年、幕府の「鎖国」政策を受けて、ポルトガルの使節団が日本に貿易の再開を求めるためにマカオから派遣されてきた。前年に幕府が発布した第五次の鎖国令に対して、マカオ側がその取り消しを求めてきたのである。マカオは、日本との貿易に経済基盤を置いていたが、日本との貿易が断絶した場合、代替できるような貿易相手国は存在しなかったのである。この使節団は、カトリック教会ではなく、ポルトガル政府が派遣したものであったが、幕府は、彼らの渡航が日本の法令に違反したと判断して、総勢七〇名の使節団のうち、五七名を長崎において処刑するという厳しい対応をした。これによって、幕府は、第五次の鎖国令を実効性のある法令としたのである。残りの一三名の水兵は、使節の処刑をマカオに報告させるためにマカオに返送された。使節団の処刑の知らせは、処刑を予想していなかったマカオに、ひいてはポルトガルに大きな動揺を齎すこととなった。なお、彼らの処刑については、カルディンの『日本の精華』に記述されている。

一六四七年七月二六日（正保四年六月二四日）、二隻のポルトガル船が貿易再開を要請するためにマカオから長崎に来航した。あえて危険を冒したことになるが、いわゆる鎖国政策による貿易の中断はマカオにとって存続を脅かすことであった。この時にポルトガル国王から派遣された使者は、ゴンサロ・シケイラ・デ・ソウザ（一五八七〜一六四八）であった。幕府は、長崎港を海上封鎖して使節一行を拘束した。ソウザは、来日後に貿易再開を要請できる状況にはないことを悟り、ポルトガルがスペインから独立したことを告げて交誼《こうぎ》の復活を求めた。これに対して、幕府は、今回はソウザに対して処罰を下すことなく、速やかに帰国することを命令した。一六四七年九月四日（正保四年八月六日）、ソウザは長崎を出港した。この後、幕府はポルトガルからの報復を恐れ、海防を強化していった。

5　近世日本と東アジア

『華夷変態《かいへんたい》』

一七世紀前半は、日本のみならず、東アジアが全般的に再編されていく時期であった。日本における江戸幕府の成立期は、中国においては明末清初《みんまつしんしょ》の戦争と混乱が続く時代だったのである。一六四四年、李自成《りじせい》を中心とする農民反乱の勢力が北京を陥落させたが、その後、瀋陽《しんよう》を首都としていた女真人《じょしんじん》の後金《こうきん》が北京を制圧して清朝が成立した。これが、いわゆる明清交替である。漢人の王朝である明朝が倒れ、野蛮とされる満州人（女真人）の王朝である清朝が取って代わったのである。江戸幕府は、中国における明清交替を衝撃的なものとして受け止め、中国人から関連情報を収集することに努めていた。

江戸幕府は、この頃に収集した中国情報の整理を後に試みている。一六四四（正保元）年から一七一七（享保二）年までの期間に、中国船から齎された「唐風説書《とうふうせつがき》」約二二〇〇通を編纂しているのである。「唐風説書」とは、長崎奉行から幕府に上申された中国関係の一連の報告書である。江戸幕府は、明清交替を「華、夷に変ずるの態」と見なしており、そこから「唐風説書」を編纂したものを『華夷変態』と名付けている。それまで華（中華）であったものが夷（未開人、蛮族）となり、代わって夷であったものが華となったのである。この書名には、江戸幕府の明清交替に対する見方が端的に示されていると言えよう。『華夷変態』の編纂は、大学頭《だいがくのかみ》を務めていた林家が担っており、林春勝（鵞峰《がほう》）から林信篤（鳳岡）に引き継がれた。なお、同書は、林家旧蔵本が内閣文庫に所蔵されている。

鄭成功《ていせいこう》の活動

明清交替期の中国の状況を見ていきたい。

北京の陥落後、明朝の亡命政権として華南を拠点に抵抗した人物に鄭成功（一六二四〜六二）がいる。鄭成功は、名が森であり、成功は号である。明の皇帝の姓である朱姓を受けたことによって、「国姓爺《こくせんや》」とも呼ばれる。ヨーロッパ側の史料では「国姓爺」の発音がローマ字表記され、それがコクセンヤまたはコクシンヤとなったのである。成功の父は鄭芝《ていし》龍《りゅう》（一六〇四〜六一）、母は平戸出身の日本人女性であり、田川七左衛門の娘である。父の芝龍は、福建省泉州の出身であり、日本貿易に従事して「一官」と呼ばれていたが、元来は倭寇であったと考えられる。息子の成功は、後に近松門左衛門の戯曲『国性爺合戦』のモデルとなっている。こちらはわざわざ「国姓爺」ではなく「国性爺」とされている。元来は人形浄瑠璃であったが、後に歌舞伎化された。

鄭芝龍は、李旦《りたん》の死後、福建省沿岸の最大軍閥となった。明の永暦帝は、芝龍の軍事力を借りるために芝龍を招撫《しょうぶ》しようとした。芝龍は、これに呼応して清軍と交戦するが、持ち堪えることはできなかった。一六四六（順治三）年、芝龍は泉州《せんしゅう》において清軍に投降したが、これによって成功の母の田川氏は自害した。芝龍は、ヨーロッパの史料には「ニコラス」ともあり、キリシタンであったとも言われる。鄭芝龍は清に投降したが、息子の成功は屈服せず、華南において「抵清復明」をスローガンに掲げて清に対する抵抗活動を継続した。成功は、清に抵抗するために、周辺諸国に「乞師《きっし》」と呼ばれる軍事援助の要請を行なっていった。一六四八（順治五）年、成功は「日本乞師」として江戸幕府に向けて軍事援助を要請するために使者を派遣している。しかし、この要請は、戦争に巻き込まれることを危惧した家光政権からは黙殺されてしまった。

一六五五（順治一二）年、清は成功の軍隊を封じ込めるために、海上封鎖令である「海禁」政策を実施した。一六五八（順治一五）年から翌年にかけて、成功は、約一〇万人の軍勢で南京攻略を試みるが、清軍との戦闘によって敗走してしまう。成功は、南京攻略に失敗した後、福建省の厦門《アモイ》、福州《ふくしゅう》、泉州を拠点に活動していたが、劣勢に立たされて行き詰まった戦況を打破できずにいた。なお、この頃、明の儒者朱舜水《しゅしゅんすい》が清に仕えることを嫌って日本に亡命している。

一六二四年、オランダ東インド会社は、台南にゼーランディア城を建設した。当時、台南は、オランダにとってはインドネシアのバタビアの出先機関として機能していたが、それ以前に入植していたスペイン人が北部を依然として占拠していた。一六四二年、オランダ人は、北部のスペイン人を駆逐した。一六六一（順治一八）年、成功は、台湾を急襲してオランダ人を駆逐すると、活動拠点を台湾に移して活動を開始した。同年、清朝は、成功を台湾に封じ込めるために海禁を強化して完全な海上封鎖令である「遷界令《せんかいれい》」を発布した。遷界令とは、海岸から三〇里以内の住民を強制的に内陸部に移動させ、沿岸部と台湾の関係を遮断するというものである。遷界令によって、成功は、福建省沿岸部から物資を調達することが困難になり、台湾に孤立することになってしまった。

一六六二（康熙元）年三月、成功は、福建省を中心に布教活動を展開していたスペイン人ドミニコ会士ビットリオ・リッチ（李科羅、一六二一～八五）を、スペインに対する軍事援助要請のための特使としてフィリピンに派遣した。当時、福建省はドミニコ会が布教に当たっており、台湾もその範疇に含まれていた。リッチは、フィリピンに到着すると、鄭氏政権に対する軍事援助をフィリピン総督に要請した。この軍事援助の可否について、フィリピンにおいては具体的に検討されたようであるが、この直後の成功の死去によって軍事援助が実現することはなかった。

同年四月、明朝の亡命政権の中心であった永暦帝が昆明《こんめい》において清朝の軍隊によって殺害された。同年五月、台湾においては成功が没し、息子の鄭経《けい》が跡を継いだ。一六八三（康熙二二）年、経が清朝に降《くだ》ったことによって、清朝が台湾を掌握することとなった。ここに、清朝の中国支配が完成したのである。

大琉球と小琉球

鄭成功が活動拠点とした台湾について触れておきたい。中国からは沖縄は「大琉球」と呼ばれていたが、台湾は「小琉球」と呼ばれていた。これは島の面積の差によるものではなく、中国に朝貢していたか否かの相違であると考えられている。「琉球」という言葉は、『隋書』に初めて登場するが、台湾と沖縄のどちらを指すのかははっきりしない。明代には沖縄が中国に対する朝貢国であったのに対して、台湾には国や政権が成立することもなかった。一六世紀までは、台湾は、中国からも関心を示されることがなく、ほぼ未開拓の土地として放置されていたのである。ポルトガル人が東アジアに進出してくると、台湾はポルトガル語の「美しい島」を意味する「イーリャ・フォルモサ（Ilha formosa）」という言葉から、ヨーロッパ人によって「フォルモサ」と呼ばれるようになった。

大琉球と呼ばれた沖縄においては、一四世紀から琉球国は明に朝貢していたことが『明実録』によって知られる。一五世紀初頭に琉球国中山王《ちゅうざんおう》の尚巴志《しょうはし》が山北と山南を倒して琉球国を統一したと言われている。これは『中山世鑑』、『中山世譜』、『球陽』などの琉球の歴史書に見られることである。これに対しては、中山、山北（北山）、山南（南山）などの貿易勢力のうち、後二者が消えたことによって中山が後二者を併合したとする説話が作られ、それが一七世紀以降に作成された歴史書に反映されたとする見解がある（生田滋「琉球国の「三山統一」」『東洋学報』第六五巻、第三・四号、一九八四年）。なお、琉球は、ポルトガル人との接点はそれほど確認されていない。

一六〇九（慶長一四）年、薩摩の島津氏は、約三〇〇〇名の軍隊を動員して琉球を急襲して制圧した。その後、島津氏は、琉球が薩摩藩の付庸国であるとして実質的に支配下に置き、江戸幕府もこれを承認していた。琉球は、明から冊封使を迎え入れて朝貢していたが、そのような中国との関係は清になっても継続した。それと同時に、江戸時代には薩摩藩の支配下で江戸の徳川将軍にも琉球国王の代替わりごとに謝恩使を送るなど、長期にわたって二重統治の形態を維持することとなった。

明清交替とキリスト教会

明末に布教を行なっていたイエズス会士達は、やがて明清交替の戦争と混乱に巻き込まれ、生命を落とした者さえいる。その反面、混乱期に成立した地方政権の中枢にあって政権の維持に関与した者もいる。南明政権では、フランシスコ・サンビアーシ（畢方済、一五八二〜一六四九）が唐王の特使としてマカオのポルトガル人に軍事援助を要請している。この軍事援助の要請は、サンビアーシの出発直後に彼を派遣した唐王政権が瓦解したので実現することはなかった。サンビアーシの活動は、外国に軍事援助を要請する「乞師」活動のひとつと見ることができる。

明末の農民反乱または民衆反乱としては、華北において李自成（一六〇六〜四五）が樹立した大順《だいじゅん》政権が有名である。張献忠《ちょうけんちゅう》（一六〇六〜四七）は、四川《しせん》省の首都成都《せいと》において大西政権を樹立したが、後に彼はその政権を維持しようとはせず、四川省全域の破壊活動を行なっている。張献忠の四川破壊は「屠蜀《としょく》」と呼ばれている。当時、シチリア出身のルイス・ブリオ（利類思、一六〇六〜八二）とポルトガル出身のガブリエル・デ・マガリャンエス（安文思、一六一〇〜七七）は、四川省の省都である成都において布教活動に従事していたが、張献忠に拘束されて自分達の意思とは無関係に彼に仕えることになってしまった。それによって、張献忠の軍隊による四川破壊を実際に目撃することになった。彼らは、清軍が張献忠を殺害して彼の軍隊が瓦解した後に清軍によって奇跡的に救出され、外国人であることが判明したことから北京に護送された。

ドイツ人のヨハン・アダム・シャール・フォン・ベル（湯若望、一五九二〜一六六六）は、明清交替の時期に北京に留まった。彼は北京を陥落させた李自成に会ったとも言われている。清が北京を制圧した後、彼は暦を作成することを業務とする欽天監《きんてんかん》に奉職した。こうして作成され、清朝の暦として採用されたのが「時憲暦」である。アダム・シャールと同じく欽天監に仕えていた楊光先《ようこうせん》は、自らの立場を失うことを恐れて西洋暦法は正確ではないと非難しており、それが契機となってキリスト教の迫害が生じている。楊は、イスラム教徒であったと考えられている。アダム・

シャールは、自らの能力では清朝の暦の作成事業には対応できないと考えて、暦の作成のために若く優秀な数学者の中国派遣をイエズス会総長に要請した。これを受けて、ベルギー出身の若手数学者フェルディナンド・フェルビースト（南懐仁、一六二三〜八八）が中国に派遣されることとなった。一六五八（順治一五）年、フェルビーストは中国に到着し、以後アダム・シャールを補佐しながら順治、康熙《こうき》帝に仕えた。

イエズス会は、明清交替を経て、中国布教の連続性を奇跡的に維持できた。明清交替時の戦争はヨーロッパに報告されており、マルティーノ・マルティーニ『タタール戦記』（アントワープ、一六五四年）など出版されたものもある。しかし、清朝に仕えたアダム・シャールは、張献忠に仕えて奇跡的に北京に帰還できたブリオとマガリャンエスを不当な反乱勢力に仕えたと言って非難した。これに対して、ブリオとマガリャンエスは、張献忠に仕えたことは本意ではなかったうえに、清朝に仕えることも張献忠に仕えることも正当性という意味では本質的差異はないと反論している。両者の議論は、清朝の支配の正当性をめぐる論争にまで発展したが、康熙初期の暦法に端を発するキリスト教の迫害によって収束していった。

日本型華夷秩序

この時期における儒教のあり方と密接に関係するものとしては、「日本型華夷秩序」という概念がある。この華夷の発想は中国的であると言えよう。「中国的＝儒教的」と断言することはできないとしても、儒教が華夷思想の中核をなしていると見ることはできよう。朝尾直弘氏は、この意識が現実の世界に反映していることに対しては慎重に考えており、「日本型華夷意識」という言葉を使っている（朝尾直弘『将軍権力の創出』岩波書店、一九九四年）。しかし、荒野泰典氏は、華夷が現実の世界に対応するものであるとして「日本型華夷秩序」という言葉を使っている（荒野泰典『近世日本と東アジア』東京大学出版会、一九八八年、同「日本型華夷秩序の形成」朝尾直弘他編『日本の社会史』第一巻、岩波書店、一九八七年）。この点に関しては、ロナルド・トビ氏も同様である（ロナルド・トビ（速水融・永積洋子・川勝平太訳）『近世日本の国家形成と外交』創文社、一九九〇年）。「日本型華夷」の問題については、すでに複数の研究者が議論しており、トビ氏は、儒教と日本在来の思想が日本の外交システムの中で「日本型華夷秩序」にまで発展したことを論じている。この議論が「鎖国得失論」の克服であると説明されている。トビ氏は、林《はやし》羅山《らざん》を始めとする幕閣に参入している儒者によってこの概念が形成されたと指摘しており、この議論は、日本が中国を中心とする世界秩序から離脱することによって初めて可能となったと説明している。荒野氏は、「日本型華夷秩序」の概念を発展させ、「鎖国」を「海禁」に置き換えることを提唱している。「鎖国」を「海禁」に置き換えれば、この概念が地域的普遍性を持つというのが、かつての田中健夫氏の見解であった（田中健夫『対外関係と文化交流』思文閣出版、一九八二年）。一八二五（文政八）年、水戸藩の会沢正志斎（一七八二〜一八六三）は、その著書『新論』において「鎖国」ではなく「海禁」という言葉を使っているので、同時代にも「鎖国」という言葉が確定していたわけではない。「日本型華夷意識」に「海禁」を結びつけて実際の状況を説明しようと試みた概念が「日本型華夷秩序」であると見られる。近年では「日本型華夷秩序」が「日本型小帝国」を示すものと説明されている（村井章介・荒野泰典「地球的世界の成立」荒野・石井・村井編『日本の対外関係』第五巻、吉川弘文館、二〇一三年）。

こうした議論の背景には、近世日本の対外政策を表現するのに「鎖国」という言葉が適切かどうかという問題がある。「鎖国」を普遍的に表現することが、ひとつの解決方法であると考えられたのであろう。もうひとつは、日本は朝鮮とは通信関係にあり、オランダとは長崎の出島を介して関係を保っていた。さらに、琉球とも薩摩の島津氏を介して関係があり、琉球を介して清国とも関係があった。それゆえ、日本は決して「鎖国」していたわけではないという考え方である。しかし、山本博文氏は、「鎖国」の本質をキリスト教の禁止であると捉えている（山本博文『鎖国と海禁の時代』校倉書房、一九九五年）。幕府は、キリスト教を禁止するために、付随的要素として海外渡航と貿易を禁止したというのである。山本氏の見解によれば、「鎖国」がイベリア両国に対する対外政策であるので、キリスト教、特にカトリックの国でなければ「鎖国」の対象にはならない。それゆえ、清国や朝鮮など東アジア諸国やオランダとの関係は、「鎖国」の対象外であることになる。「鎖国」概念を中国における「海禁」に準《なぞら》えるためには、その規範となる中華思想の成立条件を検討することが必要であろうが、双方の思想の明確な接点は示されていない。こうした華夷思想は、「日本型華夷」がヴェトナムや朝鮮型の小中華を意味するものではなく、いわば対抗中華を意味していることになる。

「日本型華夷」を説明するための図式として、近世日本が海外に向けて設けていた「四つの口」というものがある。江戸幕府の対外政策は、各口との交渉担当者が独占的に「役」を担う。四つの口とは、次の通りである。

長崎口―西洋（オランダ）
対馬口―朝鮮
薩摩口―琉球
松前口―蝦夷

この議論では、「四つの口」の対象となる国々が幕府に朝貢する存在であると見なされているようである。それぞれの代表として、オランダ商館長、朝鮮通信使、琉球使が江戸に上り、将軍に謁見することになっているが、その一方で、彼らは、将軍に朝貢しているわけではない。確かに朝貢によって、「華―夷」の図式が描かれることになるが、この議論ではその要素に欠ける。実際に「四つの口」は、江戸幕府と冊封関係にはないことが説明されていないのである。また、「四つの口」が海外に向かって開かれていると説明されているが、実際のところ、その性格は一様ではない。長崎は、江戸幕府が海外情報を収集する場所であり、ほかの口とは性格が異なっている。

日本型華夷の問題点

日本型華夷の議論は、この時代の対外関係のあり方を根本的に見直す契機になったが、それと同時に従来の議論では中華思想それ自体が十分には検討されていないきらいがある。例えば、日本型の中華の中心に位置するのは、天皇なのか徳川将軍なのか。日本は中国との関係において何を目指していたのか。こうしたことが日本型華夷の議論だけでは説明できない。日本が東アジアにおいて形成したのは、中国を盟主として頂く小中華なのか、それとも中国と並ぶ存在を目指す対抗中華なのか。中華世界が再編され、日本が中国を中心とする秩序から離脱し、独立したとするならば、なぜ日本は不完全な小中華を形成しなければならなかったのか。さらに、中華という言葉にも問題がある。そもそも、日本は完全な冊封関係をいかなる国とも持っていない。それゆえ、もし日本が擬似的冊封関係にあるとするならば、何をもって冊封の要件と見なすのかが問題となるであろう。

中華システムは、現実には「冊封」と「朝貢」の相互関係によって成立するものである。冊封とは、皇帝が爵位や称号を授与することである。皇帝は、冊封する相手に「汝を以て□□国王と為す」という詔勅を下す。それによって、君臣関係が成立することになる。皇帝は、同時に複数の相手を冊封することが可能である。冊封を受けた諸王間の地位は、原則的に対等なものとなる。冊封によって、皇帝を頂点とするヒエラルキーが成立することになる。冊封と反対の方向を持つものが朝貢である。朝貢とは、諸王から皇帝に貢物《みつぎもの》を贈ることである。諸王からの貢物に対して、皇帝からは下賜《かし》がある。貢物と下賜との交換になるので、朝貢貿易と呼ばれる貿易形態を取っていると見なすことが可能である。朝貢貿易は、通常は貢物よりも皇帝からの下賜の方が多くなるので、実際には朝貢者にとって割りのいいものとなる。それゆえ、朝貢は、それを受ける側にとっては大きな負担となることさえある。中国にとって、朝貢は経済的には負担なのである。

中華思想について、古田博司氏が性質を分類しているので、明末清初までの概念に限定して見ていきたい。古田氏は、重要な要素として以下の三点を挙げている（古田博司『東アジア・イデオロギーを超えて』新書館、二〇〇三年）。

第一は、中華思想が礼（礼儀作法）を核とし、人々の矜持として発生したことである。「中国」が現実のものとなるのは統一王朝が誕生し、儒礼が広まる漢代以降のことである。周辺は「夷狄《いてき》」として認識される。

第二は、東アジア思想による中華思想が分布したことである。ヴェトナムが中華思想を受け入れ、中国が「北国」、ヴェトナムが「南国」とされたが、その論理がヴェトナムと周辺地域に適用され、キン族が「京人」であり、周辺は「土人」であるとされた。

第三は、朝鮮にも中華思想が形成されたことである。朝鮮は小中華思想を持った国であるとされる。高麗は仏教国であったが、次いで成立した李氏朝鮮は体制教学として儒教、特に朱子学を採用した。李氏朝鮮は、儒教を国内に押し付けた。しかし、明が満州族に占領されると、朝鮮こそが「礼」を正しく継承するものであると主張した。

そのほかの要素としては、以下のようなものがある。日本は「礼」を核とせず、「礼教化」の歴史がないので、儒教国ではない。「中国」は、異民族が支配することがあり得るように、王朝交替によって幻想性を増してくる。「西洋の衝撃」によって西洋の進化論的人種論を再構築し、中国と欧州を人種的に優れた地域として、ほかを「夷狄」と見る。礼はもはや保ち難く、中国が劣勢なのは満州人の王朝だからとされ、「滅満興漢《めつまんこうかん》」がスローガンに掲げられる。中華民国の孫文が「漢種」を拡大し、西欧の社会主義や共産主義も元来は「中国」に存在したと説明した。

古田氏は、日本は儒教国ではないと判断している。日本が儒教国ではないならば、日本型華夷を議論するためには、疑似中華の存在を仮定する必要がある。そのためには、日本が中華のいかなる要素を満たしているのかを考えるべきであろう。例えば、中国において伝統的に実施され、小中華を形成する周辺諸国に存在したものに、科挙と宦官《かんがん》がある。しかし、日本において科挙が実施されたことはなく、宦官も存在しなかった。日本が疑似中華を形成していたとしても、その構成要素は大きく欠如していたのである。

儒教と対外関係

従来の研究では、近世初頭における対外関係史と思想史との接点を探ることは、対外関係史の専門家の立場からは、偏《ひとえ》に儒教的観点からのみなされていた。儒教的国家観と仏教的国家観の対立の様相は、換言すれば、儒者である林羅山と僧侶である鈴木正三《しょうさん》の評価に対する違いに帰着するであろう。儒教的国家観を強調する研究者は、近世日本において中華意識、さらには中華意識を核とした秩序を見出そうとしている。日本における中華意識は、その後、一七世紀末に新井白石に完成を見ることができるが、一七世紀前半の幕藩制国家の成立期においてもすでに見られると考えられている。江戸幕府が反キリシタンの立場を明確に打ち出したことによって、反キリシタンの思想は江戸幕府の対外認識を鮮明にしていると言えよう。島原の乱は、江戸幕府に多大な衝撃を与えているだけでなく、江戸幕府が反キリシタンの立場を明確にした端的な理由となっている。

中華思想の輸入は、李氏朝鮮や南越黎朝《なんえつれいちょう》でもなされたことである。中国の冊封下にあった両国では、時期にこそ若干の相違があるが、いずれも中国に範を取った小中華意識が芽生えたことが知られている。小中華意識は、中華世界の周縁に位置する国家にとって宿命的に芽生えるものであったのだろう。日本にも中華思想は輸入されているので、小中華意識が芽生えたとしても、何ら不思議はないと言える。しかし、日本が独自の中華を形成していたとするのであれば、周辺諸国とは冊封と朝貢という関係が成立しなければならないが、日本と冊封関係がある国は存在しない。しかも、日本が儒教国ではないと見るならば、「日本型華夷」は成立していないと見るか、仮に機能していたとしても不完全なものであったと考えなければならない。

ここで、江戸幕府の体制教学がいかなるものであったかを考えるべきであろう。ヘルマン・オームス氏は、江戸幕府には国家イデオロギー、すなわち正統思想と言うべきものが存在したと見なしている。その思想は、島原の乱までは、鈴木正三の思想に見られるように、儒教ではなく、まして朱子学などではなく、仏教であったと主張している。

オームス氏によれば、朱子学が江戸幕府の正統思想となるのは一七世紀後半からであり、その時点における『徳川実記』などの江戸幕府の歴史書の編纂によって、朱子学がそれ以前から重要な思想であったかのような記述をしているというのである（ヘルマン・オームス（黒住真他訳）『徳川イデオロギー』ぺりかん社、一九九〇年）。

オームス氏の主張が正しいとすれば、少なくとも江戸幕府の成立期における藤原惺窩《せいか》や林羅山などの儒者の対外認識を重視する議論は成立し得ないことになる。中華思想が儒教的発想によるものである以上、島原の乱までの江戸幕府の正統思想が仏教であったことは、少なくともこの時点までは儒教思想に基づいた「日本型華夷秩序」が成立し得ないことを意味している。江戸幕府の正統思想を解明するためには、幕府の正統思想となった鈴木正三などの仏教思想を理解しなければならず、その世界観は儒教的なものではなく、仏教的なものでなければならない。江戸幕府の禁教政策によって、キリシタン思想は江戸幕府の正統思想から完全に排除されることとなった。いくつかの排耶書に見られるように、僧侶や儒者など様々な立場からキリシタン思想を排斥する論理が生み出された。しかし、そうした排斥の論理は、あくまでもキリシタン思想に対するアンチテーゼに過ぎず、それ自体が体系化された思想を形成するには至らなかったのである。

終章

潜伏の時代へ

潜伏キリシタン

江戸幕府の禁教によってキリシタンは表向きは消滅したが、その一部は信仰を秘匿《ひとく》しながら潜伏していた。彼らは「潜伏キリシタン」と呼ばれているが、彼らの潜伏を可能にしたものに「コンフラリア（confraria）」という信徒組織の存在がある。コンフラリアとは、「組」または「講」を意味するポルトガル語である。この言葉は、ラテン語のコンフラテルニタス（confraternitas）から派生している。コンフラテルニタスは、一三世紀頃からイタリアにおいて発展したカトリック教会の信徒組織である。信徒組織として自然発生的に形成され、通常は組織として会規を持っていた。日本のコンフラリアは、ルネサンス期のヨーロッパのコンフラテルニタスに起源を持つキリシタンの信徒組織であるが、ヨーロッパとは異なり聖職者が設立を主導していた。カトリック教会の信徒組織は、海外布教地を含めキリスト教が伝播した地域には大抵存在していた。

川村信三神父は、コンフラリアが江戸幕府の禁教によって日本型の組織に変質し、発展していったことを説明している。川村神父によれば、一三世紀のイタリアの事例からコンフラテルニタスの形態を分類すると、最多が「鞭打ち集団型」、次いで「慈善事業型」、さらに「讃歌合唱型」となっている。それ以外の形態には、「信心業実践型」、「少年集団型」、「職人集団型」があり、さらに女性のみの集団や上記の複合型の集団がある。「ミゼリコリディア」の名を冠するものの多くは「慈善事業型」と見なされる。コンフラテルニタスは、信徒組織として形成後に活動方針が定められたので、その活動内容は多岐にわたり、具体的には、①施し（徴収と分配）、②身寄りのない少女達の養育と彼女達の結婚のための持参金の準備、③病院の運営、④孤児の世話、⑤元売春婦とその子供の世話、⑥監獄の訪問、⑦宗教教育、⑧低利の貸付、⑨行き倒れの者の埋葬、などであったという（川村信三『キリシタン信徒組織の誕生と変容――「コンフラリヤ」から「こんふらりや」へ』教文館、二〇〇三年）。

信徒組織の史料的根拠

コンフラリアは、日本に早くから存在していたと推測されている。一五五五（弘治元）年、豊後府内において一二人の慈悲役が病院を経営していた。慈悲役は、抽籤《ちゅうせん》によって決められたが、この方法はヨーロッパのコンフラテルニタスと同じである。慈悲役のような代表者が存在していたことからこの時点で何らかの信徒組織が存在していたと考えられている。一五五九（永禄二）年、ガスパール・ヴィレラは、平戸には七人の司祭の代役、すなわち慈悲役がいたと述べている。慈悲役のおもな業務は、日曜日にキリシタンを集めることと死者を埋葬することであった。他方、日本のコンフラリアは、ヨーロッパのコンフラテルニタスとは相違点が認められる。コンフラテルニタスは一般信徒が主導していたが、コンフラリアは司祭が主導することによって開始された。聖職者が主導したことが日本のコンフラリアの最大の特徴である。信仰組織は、キリスト教界にあっては自然発生するが、新たな布教地では聖職者の指導が必要なのであろう。

川村神父は、日本のコンフラリアが「受容→移行→変容」の三段階に分類できると説明している。一五六〇年頃までがコンフラリアの受容期であり、その形態は慈善事業型、つまりミゼリコリディアであった。慈悲役の存在が確認できることも特徴である。民間指導者が信仰組織には存在していた。一五六〇年代が移行期と見られ、この時期に常設の祭壇が設置されている。司祭が信者を巡回訪問しているが、司祭不在の教会を一般信徒が維持することが必要となる。一五八七（天正一五）年の伴天連《バテレン》追放令以降が変容期であり、この時期にキリシタンの信仰が民衆化していったとされる。その一方で、禁教令の下、コンフラリアが潜伏キリシタンへの変容を遂げており、このように変容することで生き残ることができた。川村神父は、コンフラリアは設立当初はおおむね慈善事業型であったが、伴天連追放令の発布を境として信心業実践型へと変容していったという。伴天連追放令を画期とすることには疑問が残るが、禁教令下に変容していったことは認められる。日本においては、キリシタンの迫害に対してコンフラリアが信仰を守るための強固な基盤となったのである。それゆえ、禁教下のコンフラリアは、潜伏が可能になる形態を採っていた。

一五七〇年頃から慈悲役が「看坊《かんぼう》」と呼ばれるようになる。看坊は、真宗の門徒指導者の意味で使われる用語である。看坊は、司祭の不在時に教会を預かる者であるが、それは同時にコンフラリアという信仰集団における指導者であると考えられる。禁教令によって司祭の巡回が困難になると、看坊が司祭に代わる役割を果たしていくようになる。それによって、たとえ司祭がいなくてもコンフラリアが組織として機能する下地が成立していたことになる。

信徒組織の形態

コンフラリアは、小さな組織の集合体であり、「通用組（親組）―大組―小組」の構成となっていた。通用組（親組）は、複数の大組からなる。通用組は、組名に地名を冠することが多く、大組は、組名に祝日の名を冠することが多い。小組は、組名に聖人の名を冠している。規模としては、大組が五〇〇から六〇〇人であり、小組が約五〇人であった。コンフラリアの「組親」は、信仰の世話役を務めていた。大抵の場合、組親は、村落共同体の村方の庄屋、乙名、五人組頭、長百姓を務めており、コンフラリアが村の自治組織と重なることが少なくない。潜伏期には、こうした組が同時に潜伏組織の基本単位となる。キリシタンの組織が村落共同体と同一のものとして存在していたので、信仰を秘匿できたと考えられている。絵踏を行なった後には、コンチリサンを共同で唱えることができた。コンフラリアが信仰集団として機能することによって、潜伏キリシタンが長期間にわたって存続することが可能となった。しかし、その反面、潜伏キリシタンの共同体には、潜伏しているがゆえに、コンフラリア間の横の繋がりはほとんど存在しなかった。

ヨーロッパのコンフラテルニタスには必ず規則が存在していたように、日本のコンフラリアにも規則が存在している。コンフラリアの規則は、通用組（親組）のレヴェルで作成された。こうした規則は、日本語やポルトガル語で記されていた。イエズス会系コンフラリアの三つの規則が現存している。

① さんたまりやの組の規則　カサナテンセ図書館

② ぜすすの組のれいがら須　カサナテンセ図書館、スペイン王立歴史学士院図書館

③ 被昇天の聖母の組の規則　ローマ・イエズス会文書館　一六一八年の成立

コンフラリアを組織したのはイエズス会だけではない。スペイン系の托鉢修道会や教区教会もコンフラリアを組織した。それゆえ、規則には、イエズス会系のものとフランシスコ会系のものが存在していた。フランシスコ会系のコンフラリアには、「コルダァン（帯紐）の組」や「勢数多講《セスタ》」がある。フランシスコ会のルイス・ソテーロは、江戸においてフランシスコ会系のコンフラリアを組織した。ドミニコ会系のコンフラリアには、「ロザリオの組」がある。また、ドミニコ会のアフォンソ・ナバレーテ（一五七一～一六一七）は、「イエズスの御名の組」を組織した。教区系のコンフラリアには、一六一四年に教区司祭の村山フランシスコが組織した「クルスの組」がある。

コンフラリア成立の背景の違いによって、コンフラリア間の反目や対立も生じていた。こうした背景から、日本人の信者に自分達がキリシタンであると証言させる文書が宣教師によって徴収されている。イエズス会のコーロスの文書とドミニコ会のディエゴ・コリャードの文書が「徴収文書」として知られている。コンフラリアと潜伏キリシタンの関係については、コンフラリアが禁教下に潜伏のための組織として機能していたと考えられている。コンフラリアは、キリシタンの信仰組織であるが、もし村落単位で信仰を同じくする者の組織を形成すれば、村落単位で潜伏することが可能になるのである。

それでは、為政者は、こうしたキリシタンの潜伏を実際に知らなかったのか、それとも知っていて黙認していたのか。これには「崩れ」の問題が関係している。「崩れ」とは、潜伏キリシタンの存在が発覚することである。しばしばキリシタンの摘発が実施されることによって「崩れ」が起きているが、これは為政者がキリシタンの存在を実際に

ある程度まで把握していたことを意味する。つまり、為政者は、キリシタンを必要に応じて摘発していたと考えられているのである。

潜伏キリシタンが存続できた要因としては、組織のあり方に関わること以外に、彼らを精神的に支える教えが存在していたことが指摘できる。いかなる時であっても信者は信仰を否定してはならないとするカトリック教会の原則論に対して、日本準管区長ペドロ・ゴメスは、迫害下などの状況によっては信仰告白を回避しても構わないと説いた。しかも、ゴメスは、一般信徒に対しては、もし、生命に危険が及ぶようならば、信仰を否定することさえ容認したのである。この論理は、キリシタンが自らの信仰を秘匿することを正当化したと考えられる。これによって、潜伏キリシタンが生まれる素地ができたことになるのである。

潜伏キリシタンは、地域によって異なった名称を持っていた。生月《いきつき》・平戸系としては、生月では「ふるキリシタン」、「旧キリシタン」、「納戸神《なんど》」などと呼ばれていた。外海《そとめ》・五島・長崎系としては、外海では「昔キリシタン」、「ふるキリシタン」などと呼ばれ、五島では「もと帳」、「ふる帳」などと呼ばれていた。潜伏キリシタンの相互の繋がりがない以上、名称は地域によって異ならざるを得なかったのであろう。また、これらは外部からの呼称であり、潜伏キリシタンの内部では自分達に対する名称を持たないことが多い。潜伏キリシタンは、いわば地下組織であったので、自分達が集団として概念化することを嫌ったものと考えられている。

潜伏した状態の信徒組織を維持するためには、司祭の役割を担う者が必要となる。それゆえ、潜伏キリシタンには、独自の階層が存在していたのである。当然、司祭の役割を担う者が組織において指導的役割を果たすことになる。潜伏キリシタンの階層は、カトリック教会の位階に沿っているが、横の繋がりがなかったので地域によって名称が異なっている。生月においては、位階は「爺役《じいやく》—御番役—御弟子」となっている。爺役は「お水かけ（洗礼）」を行ない、御番役は納戸神の番役であり、「家祓《ばら》い（未信者の訪問後のお祓い）」と「もどし（葬式）」を行ない、家は「つもと

（宿元）」である。御弟子は、数戸からなる「コンパンヤ」を率いている。これによって、司祭不在の状態の下、指導者の一般信徒が司祭の役割を果たしていた。これに対して、浦上や外海においては、位階は「帳方―水方―聞役」となっている。帳方が司祭の役割を果たすが、水方が洗礼を授けることになっており、洗礼の授与が分離されていたのである。聞役は、水方の補佐役を務めていた。潜伏キリシタンの間には、カトリックの典礼が代々継承されていた。「オラショ」という祈りの言葉が「御経文」や「おつとめ」などと呼ばれ、口承で伝えられていた。オラショは、禁教下には文字化することが避けられたので、口承となったのである。慈母観音像などを聖母マリアに見立てるマリア観音や納戸に軸物やメダイなどを安置する納戸神が崇拝の対象となった。また、日本人バスチャンが作成したとされる「バスチャンの日繰り」という教会暦が潜伏キリシタンの間に伝わっていた。バスチャンが誰であるのか特定できないが、日本人のイエズス会イルマンであると考えられている。

雪のサンタ・マリア
（潜伏キリシタンの聖画）

隠れキリシタン

隠れキリシタンとは、信教の自由が認められた後もカトリック教会には戻らずに以前潜伏していた時のキリシタンとしての信仰を守り続けている人達のことである。それゆえ、禁教令下のキリシタンを「潜伏キリシタン」と呼んで区別することがある。潜伏キリシタンの多くは、近代にその存在が明らかとなった。潜伏キリシタンは、一八七三（明治六）年を境として一部がカトリック教会に戻った。それが本来のあり方であると考えたのである。これを「復活キリシタン」と呼ぶ。これに対して、隠れキリシタンは、カトリック教会に戻ることを拒否した人達である。「離れ」と呼ばれたこともあった。隠れキリシタンは、カトリックの典礼などを継承してはいるが、実際には隠れキリシタンとしてのシンクレティズム（混成宗教）の信仰に変容してしまっており、カトリックとは全く異なった信仰形態になっていると言われる。

隠れキリシタンは、潜伏キリシタンの意味に使われることもあれば、復活後に教会に戻らなかったキリシタンの意味に使われることもある。宮崎賢太郎氏は、彼らを「カクレキリシタン」と呼び、ひとつの概念を持つ学術用語として扱うことを提唱している。現在も存在する「隠れキリシタン」は、為政者から迫害を受けているわけではないので、実際には「隠れ」ているわけではない。それゆえ、「隠れ」と表記するのは適切ではないというのである。宮崎氏は、現地調査を行なうことによって彼らの現状を記録しているが、宮崎氏によれば、現在の「カクレキリシタン」がカトリック教会に戻らずに独自に存続しているのには、次のような理由があるとされている。

一、「カクレの神様」が「祟る」ので、カクレから離れることができない。

二、カトリック教会に戻ってしまうと、指導者が立場を失うことになる。

「カクレ」がカトリック教会に戻らないのは、そうしてしまうと、「カクレ」の組織が崩壊してしまうからであると言われている（宮崎賢太郎『カクレキリシタンの信仰世界』東京大学出版会、一九九六年）。「カクレ」の指導者は、「カクレ」の存続のためにはその立場を維持することが必要となる。カトリック教会は、「カクレ」の組織を崩壊させないよう配慮していると言われている。カクレキリシタンの信仰がシンクレティズム化してしまったこともあり、仏教や神道への集団改宗の事例も報告されている。

コンチリサン

殉教者は、キリシタンの迫害下において信仰を貫き通したうえ、迫害者に対して信仰告白している。迫害者に対する信仰告白は、生命の危険を伴うものである。それでは、迫害下において恐怖に耐えられずに信仰を否定してしまった信者は、どうしていたのか。キリシタン教会においては、「完全な痛悔《つうかい》」を意味する「コンチリサン」という秘蹟が行なわれていた。この秘蹟の本来の意味は、悔悛の秘蹟において与えられる罪の赦しを自身の完全な痛悔によって代替し、キリスト教の神に赦しを請うというものである。これに対して、不完全な痛悔は、アチリサンと呼ばれている。江戸幕府の禁教令によって悔悛の秘蹟を担う司祭がいなくなった状態において、潜伏キリシタン達は、コンチリサンを頻繁に行なっていた。元来、コンチリサンは、悔悛の秘蹟に属する下位の秘蹟に過ぎなかったが、やがて独立した秘蹟として扱われるようになった。日本においては、迫害によって秘蹟としてのコンチリサンが極度に発達したのである。

日本司教ルイス・セルケイラは、日本人の一般信徒のために「こんちりさんのりやく」を執筆している。同書は、一六〇三（慶長八）年に国字の金属活字版が長崎において印刷された。これまで同書の刊本の存在は確認されていないが、その写本がカトリック長崎大司教館（大浦天主堂）に所蔵されている。「こんちりさんのりやく」の第四「でうすにたちかゑり奉る罪人の申上べきこんちりさんのおらつ所の事」には、「罪人いまよりわが進退を改め、二たびもるたる科（大罪）をおかせして、かつてでうすの御内証をそむく事あるまじきと、堅くおもい定め申もの也」と記されている。この言葉は、日本人のキリシタンが自らの行ないを改め、再び大罪を犯すことをせず、キリスト教の神の意思に背かないことを誓うものである。「内証」は、本来仏教用語であるが、ここではキリシタンの教えの意味に使われている。コンチリサンを行なうのであれば、たとえ大罪に陥っていたとしても、その罪が赦され得ること

真鍮踏絵ピエタ

が示されている。

コンチリサンの論理によって、信仰告白を回避したり信仰を否定したりすることが赦されたと考えられる。同書は、キリシタンが臨終の際などに唱えるだけでなく、絵踏を行なった後などにも唱えるべきものとされていた。コンチリサンによって、潜伏キリシタンは、司祭が現れる時まで悔悛の秘蹟を留保していたとされている。同書は、外海、五島、長崎にのみ伝わり、平戸、生月には伝わらなかったとされており、伝存地域の潜伏キリシタンが明治期に教会に戻る潜在的要素になったと考えられている。

研究文献一覧（キリシタン史関係の日本語の単行本）＊は一般向けの書籍

岡本良知『十六世紀日欧交通史の研究（改訂増補版）』（六甲書房、一九四二年）※一九七四年に原書房より影印版として復刊。

和辻哲郎『鎖国――日本の悲劇』（筑摩書房、一九五〇年）

吉田小五郎『キリシタン大名』（至文堂、一九五四年）＊〔概説〕

岡田章雄『キリシタン・バテレン』（至文堂、一九五五年）＊〔概説〕

吉田小五郎『ザヴィエル』（吉川弘文館、一九五九年）＊

H・チースリク『キリシタン人物の研究――邦人司祭の巻』（吉川弘文館、一九六三年）

海老沢有道・松田毅一『エヴォラ屏風文書の研究』（ナツメ社、一九六三年）

海老沢有道『日本キリシタン史』（塙書房、一九六六年）＊〔概説〕

松田毅一『近世初期日本関係　南蛮史料の研究』（風間書房、一九六七年）

ディエゴ・パチェコ（結城了悟）『長崎を開いた人――コスメ・デ・トーレスの生涯』（中央出版社、一九六九年）

海老沢有道・大内三郎『日本キリスト教史』（日本基督教団出版局、一九七〇年）＊〔概説〕

ロペス・ガイ（井手勝美訳）『十六世紀キリシタン史上の洗礼志願期』（キリシタン文化研究会、一九七三年）

片岡瑠美子『キリシタン時代の女子修道会――みやこの比丘尼たち』（キリシタン文化研究会、一九七六年）

高瀬弘一郎『キリシタン時代の研究』（岩波書店、一九七七年）

松田毅一『大村純忠伝――付日葡交渉小史』（教文館、一九七八年）

片岡弥吉『日本キリシタン殉教史』（時事通信社、一九七九年）

ロペス・ガイ（井手勝美訳）『初期キリシタン時代の準備福音宣教（改訂版）』（キリシタン文化研究会、一九八〇年）

海老沢有道『キリシタンの弾圧と抵抗』（雄山閣出版、一九八一年）

ロペス・ガイ（井手勝美訳）『キリシタン時代の典礼』（キリシタン文化研究会、一九八三年）

岡本良知『キリシタンの時代――その文化と貿易』（八木書店、一九八七年）※岡本氏の遺稿集。

村井早苗『幕藩制成立とキリシタン禁制』（文献出版、一九八七年）

ホアン・G・ルイズデメディナ『遥かなる高麗《カオリ》――一六世紀韓国開教と日本イエスス会』（近藤出版社、一九八八年）
河野純徳『聖フランシスコ・ザビエル全生涯』（平凡社、一九八八年）
安野真幸『バテレン追放令――一六世紀の日欧対決』（日本エディタースクール出版部、一九八九年）
岸野久『西欧人の日本発見――ザビエル来日前日本情報の研究』（吉川弘文館、一九八九年）
五野井隆史『日本キリスト教史』（吉川弘文館、一九九〇年）＊〔概説〕
マイケル・クーパー（松本たま訳）『通辞ロドリゲス――南蛮の冒険者と大航海時代の日本・中国』（原書房、一九九一年）
高瀬弘一郎『キリシタンの世紀――ザビエル渡日から「鎖国」まで』（岩波書店、一九九三年）＊〔概説〕
五野井隆史『徳川初期キリシタン史研究（補訂版）』（吉川弘文館、一九九二年）　※一九八三年に同出版社より初版刊行。
※一九九二年に刊行された慶應義塾大学通信教育部教材を増補したもの。
高瀬弘一郎『キリシタン時代対外関係の研究』（吉川弘文館、一九九四年）
井手勝美『キリシタン思想史研究序説――日本人のキリスト教受容』（ぺりかん社、一九九五年）
岸野久『ザビエルと日本――キリシタン開教期の研究』（吉川弘文館、一九九八年）
尾原悟『ザビエル』（清水書院、一九九八年）＊
東光博英『マカオの歴史――南蛮の光と影』（大修館書店、一九九八年）＊
大泉光一『支倉六右衛門常長――慶長遣欧使節を巡る学際的研究』（文眞堂、一九九八年）
大泉光一『支倉常長――慶長遣欧使節の悲劇』（中央公論新社、一九九九年）＊
太田淑子編、H・チースリク監修『日本史小百科　キリシタン』（東京堂出版、一九九九年）＊
伊藤玄二郎編著『エヴォラ屏風の世界』（「エボラ屏風」修復保存・出版実行委員会、二〇〇〇年）
清水紘一『織豊政権とキリシタン――日欧交渉の起源と展開』（岩田書院、二〇〇一年）
高瀬弘一郎『キリシタン時代の文化と諸相』（八木書店、二〇〇一年）
高瀬弘一郎『キリシタン時代の貿易と外交』（八木書店、二〇〇二年）
五野井隆史『日本キリシタン史の研究』（吉川弘文館、二〇〇二年）
川崎桃太『フロイスの見た戦国日本』（中央公論新社、二〇〇三年）＊
ルイス・デ・メディナ『イエズス会士とキリシタン布教』（岩田書院、二〇〇三年）
川村信三『キリシタン信徒組織の誕生と変容――「コンフラリヤ」から「こんふらりや」へ』（教文館、二〇〇三年）

ヨゼフ・B・ムイベルガー『日本における信仰――ヴァリニャーノの「日本のカテキズモ」と倫理神学的見解』（サンパウロ、二〇〇四年）
佐藤吉昭『キリスト教における殉教研究』（創文社、二〇〇四年）
太田淑子編『日本、キリスト教との邂逅――二つの時代に見る受容と葛藤』（オリエンス宗教研究所、二〇〇四年）＊〔概説〕
高橋裕史『イエズス会の世界戦略』（講談社、二〇〇六年）＊
田中英道『支倉常長――武士、ローマを行進す』（ミネルヴァ書房、二〇〇七年）＊
村井早苗『キリシタン禁制の地域的展開』（岩田書院、二〇〇七年）
伊川健二『大航海時代の東アジア――日欧通交の歴史的前提』（吉川弘文館、二〇〇七年）
浅見雅一『キリシタン時代の偶像崇拝』（東京大学出版会、二〇〇九年）
清水紘一『日欧交渉の起源――鉄砲伝来とザビエルの日本開教』（岩田書院、二〇〇九年）
川村信三編『超領域交流史の試み――ザビエルに続くパイオニアたち』（上智大学出版、二〇〇九年）
山本博文『殉教――日本人は何を信仰したか』（光文社、二〇〇九年）＊
高祖敏明『キリシタン版『サカラメンタ提要　付録』――影印・翻字・現代語文と解説』（雄松堂書店、二〇一〇年）
岡美穂子『商人と宣教師――南蛮貿易の世界』（東京大学出版会、二〇一〇年）
神田千里『宗教で読む戦国時代』（講談社、二〇一〇年）＊
浅見雅一『フランシスコ＝ザビエル――東方布教に身をささげた宣教師』（山川出版社、二〇一一年）＊
川村信三『戦国宗教社会＝思想史――キリシタン事例からの考察』（知泉書館、二〇一一年）
清水有子『近世日本とルソン――「鎖国」形成史再考』（東京堂出版、二〇一二年）
浅見雅一・安廷苑『韓国とキリスト教――いかにして〝国家的宗教〟になりえたか』（中央公論新社、二〇一二年）＊
安廷苑『キリシタン時代の婚姻問題』（教文館、二〇一二年）
村井章介『日本中世境界史論』（岩波書店、二〇一三年）
朴哲（谷口智子訳）『グレゴリオ・デ・セスペデス――スペイン人宣教師が見た朝鮮と文禄・慶長の役』（春風社、二〇一三年）
浅見雅一編『近世印刷史とイエズス会系「絵入り本」』（慶應義塾大学文学部、二〇一四年）
安廷苑『細川ガラシャ――キリシタン史料から見た生涯』（中央公論新社、二〇一四年）＊
大橋幸泰『潜伏キリシタン――江戸時代の禁教政策と民衆』（講談社、二〇一四年）＊
五野井隆史『島原の乱とキリシタン』（吉川弘文館、二〇一四年）＊

史料集一覧（欧文から邦訳された主要なもの）

村上直次郎訳『耶蘇会士日本通信——京畿篇（異国叢書）』全二巻（駿南社、一九一三年、雄松堂書店、一九六六年）
村上直次郎訳『イエズス会士日本通信（新異国叢書）』全二巻（雄松堂書店、一九六八・六九年）
〔初版〕『耶蘇会士日本通信——豊後篇（続異国叢書）』全二巻（帝国教育出版会、一九三六年）
村上直次郎訳『イエズス会士日本年報』全二巻（雄松堂書店、一九六八・六九年）
〔初版〕『耶蘇会の日本年報』全二巻（拓文堂、一九四三・四四年）
浦川和三郎訳『元和五・六年度の耶蘇会年報』（東洋堂、一九四四年）
ペドロ・アルーペ神父・井上郁二訳『聖フランシスコ・ザビエル書翰抄』全二冊（岩波書店、一九四九年）
東京大学史料編纂所編纂『日本関係海外史料　イエズス会日本書翰集』（東京大学史料編纂所、一九九〇年～）
※原文編之一、一九九〇年。訳文編之一（上）、一九九一年。同（下）、一九九四年。原文編之二、一九九六年。訳文編之二（上）、一九九八年。同（下）、二〇〇〇年。原文編之三、二〇一一年、訳文編之三、二〇一四年。
H・チースリク編（岡本良知訳）『北方探検記——元和年間に於ける外国人の蝦夷報告書』（吉川弘文館、一九六二年）
L・フロイス（岡田章雄訳）『日欧文化比較』（岩波書店、一九六五年）
※（高瀬弘一郎編）『ヨーロッパ文化と日本文化』（岩波書店、一九九一年）
H・チースリク編著『芸備キリシタン史料』（吉川弘文館、一九六八年）
J・ロドリーゲス（佐野泰彦・浜口乃二雄・土井忠生他訳）『日本教会史』全二巻（岩波書店、一九六七・七〇年）
A・ヴァリニャーノ（家入敏光訳）『日本のカテキズモ』（天理図書館、一九六九年）
A・ヴァリニャーノ（矢沢利彦・筒井砂訳）『日本イエズス会士礼法指針』（キリシタン文化研究会、一九七〇年）
A・ヴァリニャーノ（松田毅一他訳）『日本巡察記』（平凡社、一九七三年）
ペドゥロ・モレホン（野間一正・佐久間正訳）『日本殉教録』正・続（キリシタン文化研究会、一九七三・七四年）
ヨゼフ・フランツ・シュッテ編（佐久間正・出崎澄男訳）『大村キリシタン史料——アフォンソ・デ・ルセナの回想録』（キリシタン文化研究会、一九七五年）

松田毅一・川崎桃太訳『日本史』全一二巻（中央公論社、一九七七～八二年）※中公文庫として再録。

I・オルファネール（井手勝美訳、ホセ・デルガド・ガルシア註）『日本キリシタン教会史　一六〇二～一六二〇年』（雄松堂書店、一九七七年）

メンデス・ピント（岡村多希子訳）『東洋遍歴記』全三巻（平凡社、一九七九・八〇年）

D・コリャド（井手勝美訳、ホセ・デルガド・ガルシア註）『日本キリシタン教会史補遺　一六二一～二二年』（雄松堂書店、一九八〇年）

高瀬弘一郎他訳註『イエズス会と日本』全二巻（岩波書店、一九八一・八八年）

松田毅一、E・ヨリッセン『フロイスの日本覚書』（中央公論社、一九八三年）

河野純徳訳『聖フランシスコ・ザビエル全書簡』（平凡社、一九八五年）※平凡社東洋文庫に四巻本として再録。

松田毅一監訳『十六・七世紀　イエズス会日本報告集』第I－III期、全一五巻（同朋舎、一九八七～九八年）

東京大学史料編纂所編纂『大日本史料』第十一編別巻之一・二（天正遣欧使節関係史料）（東京大学史料編纂所、一九五九・六一年）

D・アドゥアルテ著（ホセ・デルガード・ガルシーア編註、佐久間正・安藤弥生訳）『日本の聖ドミニコ――ロザリオの聖母管区の歴史（一五八一年～一六三七年）』（カトリック聖ドミニコ会ロザリオの聖母管区、一九九〇年）

A・ヴァリニャーノ（高橋裕史訳）『東インド巡察記』（平凡社、二〇〇五年）

高瀬弘一郎訳註『モンスーン文書と日本――十七世紀ポルトガル公文書集』（八木書店、二〇〇六年）

仙台市史編さん委員会編『仙台市史　特別編八　慶長遣欧使節』（仙台市、二〇一〇年）

高瀬弘一郎訳註『大航海時代の日本――ポルトガル公文書に見る』（八木書店、二〇一一年）

図版出所一覧

三頁　イエズス会員の書翰　一六四一年四月八日付、アングラ・ド・エロイスモ（アソーレス諸島）発、マヌエル・モンテイロのポルトガル国王ジョアン四世宛書翰　慶應義塾図書館所蔵
七頁　イエズス会本部（ローマ）著者撮影
二一頁　イグナシオ・デ・ロヨラ　J. W. O'Malley S. J. & G. A. Bailey, and G. Sale, S. J., *The Jesuits and the Arts 1540-1773*, Saint Joseph's University Press, Philadelphia, 2005, p. 206.
二七頁　ザビエル城　著者撮影／フランシスコ・ザビエル　神戸市立博物館所蔵
三九頁　アジア図　ポルトガル国立図書館（リスボン）Biblioteca Nacional de Portugal, Lisboa 所蔵
四三頁　ザビエルの説教図　サン・ロケ教会博物館（リスボン）Museu da Igreja de São Roque, Lisboa 所蔵
六二頁　都の南蛮寺図　神戸市立博物館所蔵
六七頁　アレッサンドロ・ヴァリニャーノ　ナルディ・イシードロ・アクィラーノ『ヴァリニャーノ家譜』（ローマ、一六八六年）著者所蔵
七五頁　穴吊りを受ける中浦ジュリアン　アントニオ・フランシスコ・カルディン『日本の精華』（リスボン、一六五〇年）ポルトガル国立図書館（リスボン）Biblioteca Nacional de Portugal, Lisboa 所蔵
八一頁　南蛮屏風　神戸市立博物館所蔵
一一三頁　ぎやどぺかどる　上智大学キリシタン文庫所蔵
一二五頁　聖パウロ教会（マカオ）著者撮影
一二九頁　アスピルクエタ『聴罪司祭と悔悛者の手引書』著者所蔵／南蛮屏風（部分）南蛮文化館所蔵
一四一頁　マテオ・リッチ（左）と徐光啓　アタナシウス・キルヒャー『中国図誌』*The Jesuits and the Arts 1540-1773*, p. 266.
一六四頁　カルディン『日本の精華』ポルトガル国立図書館（リスボン）Biblioteca Nacional de Portugal, Lisboa 所蔵
一六七頁　キリスト像　東京大学総合図書館所蔵
一七六頁　長崎大殉教図　ジェズ教会（ローマ）Chiesa del Gesù, Roma 所蔵
一八五頁　寛永長崎港図　長崎歴史文化博物館所蔵
一九三頁　寛永十五年肥前島原陣之図　慶應義塾図書館所蔵
二一三頁　雪のサンタ・マリア　日本二十六聖人記念館所蔵
二一五頁　真鍮踏絵ピエタ　東京国立博物館所蔵

あとがき

本書は、慶應義塾大学通信教育部の教材として執筆したキリシタン史の概説書である。同教材としては、吉田小五郎先生、高瀬弘一郎先生のものがあり、いずれも優れた概説書として知られている。また、五野井隆史先生の概説書からも学ぶところが多かった。もとより私は、キリシタン史の概説書を執筆できるほど広範囲の問題に精通しているわけではない。当初、これまで担当してきた総合教育科目「歴史」の講義ノートを文章化すれば概説書になるだろうと考えたが、実際に纏めようとすると予想以上に不備な点が多いことに気づかされた。ようやく執筆を終えてこれで万全だと思ったわけではないが、ひとつの区切りとして出版することにした。なお、特定の見解について、それを提示した研究者の氏名を挙げるようにしたが、概説書という性質上、すべてを詳細には示せなかった。また、本文中には妾など現在では差別用語とされる言葉が見られるが、歴史用語として使用したことを断っておきたい。

昨今、キリシタン史の研究を志す若者が稀になっている。日本史の一分野として世間の関心も決して高いとは言えない。われわれ現役世代の研究者にも魅力ある研究ができていない点で責任があるとは思うが、この分野の研究に従事しても研究職や教授職に就くことが、ほかの分野以上に困難である現状によるところは大きいであろう。それでも、キリシタン史の研究を志す優秀な若者がぜひ現れて欲しいと思う。本書がそのきっかけとなるならば幸いである。

本書の編集は、慶應義塾大学出版会の佐藤藍子氏が担当して下さった。この場をお借りして謝意を表したい。

二〇一六年二月

著者

［わ行］

［ま行］

［や行］

［ら行］

［た行］

［な行］

［は行］

人名索引

浅見雅一（あさみ　まさかず）

慶應義塾大学文学部教授
1962年生まれ。慶應義塾大学大学院文学研究科修士課程修了。東京大学史料編纂所助手、同助教授、ハーバード大学客員研究員などを経て、現職。
専攻：キリシタン史
主要著作：『キリシタン時代の偶像崇拝』（東京大学出版会、2009年）、『フランシスコ＝ザビエル――東方布教に身をささげた宣教師』（山川出版社、2011年）、共著『韓国とキリスト教――いかにして“国家的宗教”になりえたか』（中央公論新社、2012年）など。

概説 キリシタン史

2016年4月30日　初版第1刷発行

著　者――――浅見雅一
発行者――――古屋正博
発行所――――慶應義塾大学出版会株式会社
〒108-8346　東京都港区三田2-19-30
TEL〔編集部〕03-3451-0931
〔営業部〕03-3451-3584〈ご注文〉
〔　〃　〕03-3451-6926
FAX〔営業部〕03-3451-3122
振替　00190-8-155497
http://www.keio-up.co.jp/
装　丁――――鈴木　衛
印刷・製本――萩原印刷株式会社
カバー印刷――株式会社太平印刷社

Printed in Japan ISBN 978-4-7664-2329-7